哈佛培养优秀孩子的500个逻辑推理游戏

谈旭◎著

台海出版社

图书在版编目(CIP)数据

哈佛培养优秀孩子的500个逻辑推理游戏 / 谈旭著.
-- 北京 : 台海出版社, 2017.5

ISBN 978-7-5168-1370-6

Ⅰ. ①哈… Ⅱ. ①谈… Ⅲ. ①智力游戏-青少年读物
Ⅳ. ①G898.2

中国版本图书馆CIP数据核字(2017)第082668号

哈佛培养优秀孩子的500个逻辑推理游戏

著 者:谈 旭

责任编辑:戴 晨
装帧设计:芒 果　　版式设计:通联图文
责任校对:王 杰　　责任印制:蔡 旭

出版发行:台海出版社
地 址:北京市东城区景山东街20号　邮政编码: 100009
电 话:010-64041652(发行,邮购)
传 真:010-84045799(总编室)
网 址:www.taimeng.org.cn/thcbs/default.htm
E-mail:thcbs@126.com

经 销:全国各地新华书店
印 刷:北京鑫瑞兴印刷有限公司
本书如有破损、缺页、装订错误,请与本社联系调换

开 本:710mm×1000 mm　1/16
字 数:400千字　印 张:23.5
版 次:2017年7月第1版　印 次:2017年7月第1次印刷
书 号:ISBN 978-7-5168-1370-6

定 价:49.80元

前言

Preface

也许您的孩子没有机会成为哈佛的学子，不能坐在哈佛大学的课堂里学习，接受哈佛教授的培养，但是他（她）完全可以和哈佛优等生们一样接受智慧之光的照射。

与其他一些大学更看重分数不同，哈佛大学更看重学生的综合素质，更注重对学生的兴趣和爱好进行培养，和其综合能力的提高。

哈佛大学教授、著名心理学家丹尼尔·戈尔曼有句至理名言，揭示了哈佛学子乃至其他全部精英取得成功的最核心要素：让我们走向成功的原因20%是智商，80%是情商。

青少年的情商和智商水平，直接决定着他现阶段的学习状况和未来的发展。哈佛很重视对学生情商和智商的培养和提升。

情商是什么？情商就是EQ，Emotional Quotient的简称，即心理学上所指的人的情绪品质和对社会的适应能力，是与智商相对应的概念。它主要是指人在情绪、情感、意志、耐受挫折等方面的品质。

那么智商又是什么？智商就是IQ，Intelligence Quotient的简称，即智力商数，个人智力水平的数量化指标。智力测验者将一个人的智力测验分数与同龄组正常人的智力测验平均数之比标记为智商，以标识一个人的智力发展水平。

本书题目分为培养观察力、训练逻辑力、拓展想象力、激发创新力、增强应变力、锻炼判断力等板块，内容各有千秋，多角度、全方位地对思维进行提升。能系统化提高读者的思维能力，丰富读者解决问题的思路，提高人际沟通的能力，乃至提高工作、学习的效率。

本书目的在于开发孩子的大脑，让孩子在娱乐中大胆地设想、判断和推测，打破固有的思维模式，让孩子充分发挥创造性思维，多角度、多层次、多目标地审视问题，具有娱乐性和科学性。书中生动有趣的游戏，将带动孩子的思维高速运转，让孩子在不知不觉中，越玩越聪明，智商和情商不断上升。

本书建议中小学生及家长共同阅读。因为有一些家长对孩子要求很高，总觉得自己比孩子高明，事实往往并非如此。不如一起翻开本书，和您的孩子携手，共同成长、共同进步，共同打造孩子的美好未来！同时，您也可以收获一份意外而久违的快乐和童心，在繁忙的工作之余找到另类的亲子乐趣！

目录

Contents

第一章

蛛丝马迹——洞察逻辑推理测试

1. 神秘女郎………………………… 1
2. 面具……………………………… 2
3. 假口供…………………………… 2
4. 棉花之疑………………………… 3
5. 走私犯的伎俩…………………… 4
6. 酒吧里的发现…………………… 4
7. 伪造录音………………………… 5
8. 烟袋的主人……………………… 5
9. 调包的钞票……………………… 5
10. 东方列车讹诈案 ……………… 6
11. 拙劣的伪装 …………………… 7
12. 钱为什么会少？ ……………… 7
13. 珍邮藏在哪儿？ ……………… 7
14. 可疑的血迹 …………………… 9
15. 要命的野炊 …………………… 9
16. 特务是谁？ ………………… 10
17. 黑珍珠项链被盗案………… 10
18. 游船上的谋杀案…………… 11
19. 遗书上的签名……………… 12
20. 神秘黑屋…………………… 12
21. 失算的小偷………………… 13
22. 荒唐的劫机事件…………… 14
23. 凶器是什么？ ……………… 15
24. 全城捉拿真凶……………… 15
25. 海上求救…………………… 16
26. 无名纵火犯………………… 16
27. 照片上的时间……………… 17
28. 衣柜里的尸体……………… 18
29. 电风扇吹出假遗书………… 18
30. 轮胎仓库里的疑点………… 19
31. 内外勾结…………………… 20
32. 替罪羊……………………… 21
33. 毒药放哪了？ ……………… 21
34. 火车站谋杀案……………… 22
35. 巧识破绽…………………… 23
36. 凶手性别之谜……………… 24
37. 雨夜留下的脚印…………… 24
38. 包公审石头………………… 25
39. 巧寻官印…………………… 26
40. 奸诈的跳水教练…………… 26
41. 富足的法国人……………… 27

42. 鲍勃死于煤气中毒？……… 27
43. 全身都是红色的女人……… 28
44. 怪异的现场…………………… 29
45. 想考倒名侦探………………… 29
46. 疑点重重的帽子……………… 30
47. 枯萎的玫瑰花………………… 30
48. 帮忙的劫车犯………………… 31
49. 不欢而散的聚会……………… 32
50. 血字的暗示…………………… 33
51. 巧识假农民…………………… 33
52. 发黄的字据…………………… 34
53. 占卜 3 件事…………………… 34
54. 古壁画拓片…………………… 35
55. 放错的电影票………………… 35
56. 100 美元哪里去了？ ……… 35
57. 绘制世界地图………………… 35
58. 如何发出求救信号？……… 36
59. 女间谍去哪了？……………… 36
60. 能点燃吗？…………………… 36
61. 列车上的蒙面人……………… 37
62. 假造的现场…………………… 37
63. 可疑的血手印………………… 38
64. 大毒枭贝亚特的谎言……… 38

第二章

突破围城——发散逻辑推理测试

1. 军人保险 ……………………… 48
2. 不知道 ………………………… 49
3. 化缘的小和尚 ………………… 49
4. 征婚启事 ……………………… 49
5. 远方的礼物 …………………… 50
6. 当水缸满溢 …………………… 50
7. 未湿的手机 …………………… 51
8. 与风相关的生意 ……………… 51
9. 取款方法 ……………………… 52
10. 应急灯………………………… 52
11. 保护纪念馆…………………… 53
12. 雪地谜案……………………… 54
13. 曲别针用途…………………… 55
14. 半箱橘子……………………… 56
15. 福特公司的销售策略……… 56
16. 神秘的咖啡…………………… 57
17. 银行劫案……………………… 58
18. 牛的指示……………………… 59
19. 钦差选人才…………………… 60
20. 租房子………………………… 61
21. 会看见什么？………………… 61
22. 该选哪朵花？………………… 61
23. 圆号被盗之谜………………… 62
24. 伯父的遗产…………………… 63
25. 为国王画像…………………… 64
26. 全部满意……………………… 64
27. 把房间装满…………………… 65
28. 谁打伤了简妮？……………… 65
29. 好听的字母…………………… 66
30. 猫爪印………………………… 66
31. 巴特的智慧…………………… 67
32. 观星塔毒杀案………………… 67
33. 父亲在说谎吗？……………… 68

34. 盲人摸罐…………………… 68
35. 怪盗用什么工具逃离现场？……………………………………… 69
36. 姥姥的漏房子……………… 70
37. 毒蜂杀人案………………… 70
38. 珠宝罐头…………………… 71
39. 取纸飞机…………………… 72
40. 谁是敲诈者？……………… 72
41. 台历上的数字……………… 75
42. 脸上的煤灰………………… 76
43. 辨认通缉犯的小妙招……… 76
44. 飞行员卡洛巴德的险中求救……………………………………… 77
45. 划船的目击者……………… 78
46. 折叠报纸…………………… 78
47. 老人的年龄………………… 79
48. 喝了几杯牛奶和咖啡？…… 79
49. 丢失的日子………………… 79
50. 没有毒酒的酒杯…………… 80
51. 恐吓电话…………………… 80
52. 船沉的迷惑………………… 81
53. 横渡大西洋的航行………… 81
54. 继承人的智慧……………… 81
55. 山姆叔叔的影子…………… 82
56. 可疑的日本刀……………… 82
57. 最大的胜者………………… 83
58. 战争与干旱………………… 83
59. 应聘比尔·盖茨的助手…… 83
60. 被蒙蔽的收藏家…………… 84
61. 蓝色的玫瑰………………… 84
62. 小额硬币…………………… 85

第三章

举一反三——辩证逻辑推理测试

1. 左边的左边是左边吗？ …… 97
2. 老山羊买外套 ……………… 97
3. 这个结论正确吗？ ………… 98
4. 双胞胎的猜谜游戏 ………… 98
5. 是谁偷吃？ ………………… 98
6. 煤矿事故 …………………… 99
7. 选派商务代表 ……………… 99
8. 快递员遇到的难题………… 100
9. 杀死富翁的凶手…………… 100
10. 商船上的高射炮 ………… 100
11. 幽默的思维模式 ………… 101
12. 神奇的车牌号码 ………… 101
13. 艾米小姐的马脚 ………… 102
14. 猎人的脚印 ……………… 102
15. 谁是弟弟？ ……………… 103
16. 职业 ……………………… 103
17. 财主的女儿 ……………… 104
18. 难解的血缘关系 ………… 104
19. 剩下的一张 ……………… 104
20. 被隔开的夫妇 …………… 104
21. 博物馆盗窃案 …………… 105
22. 同学聚会 ………………… 105
23. 新买的鞋子 ……………… 105
24. 城市对号 ………………… 106
25. 家庭成员 ………………… 106

26. 选报项目 …………………… 107
26. 百元钞票 …………………… 107
27. 在看谁的照片？ ………… 107
28. 多多的玩具 ………………… 108
29. 什么职务？ ……………… 108
30. 4 个测试题………………… 108
31. 谎话妖精的城堡 ………… 108
32. 冠军球队 ………………… 109
33. 喜鹊的谎言 ……………… 109
34. 野炊分工 ………………… 110
35. 大少爷做运动 …………… 110
36. 午饭游戏 ………………… 110
37. 骑士与无赖 ……………… 111
38. 猜国籍 …………………… 111
39. 团圆的中秋节 …………… 111
40. 联欢晚会 ………………… 112
41. 有几个女人？ …………… 112
42. 为什么选择第一个理发师？……………………………… 112
43. 奇怪的石匠 ……………… 112
44. 水果在哪个盒子里呢？ … 112
45. 水果密码 ………………… 113
46. 到底什么时候会抽考呢？……………………………… 113
47. 意外的宝贝 ……………… 113
48. 岳父的遗嘱 ……………… 114
49. 话剧演出 ………………… 115
50. 嗜酒如命的先生 ………… 115
51. 谁盗走了古币？ ………… 116
52. 铁路公司投诉案 ………… 116
53. 判断身份 ………………… 117
54. 白色圣诞节 ……………… 117
55. 女盗贼与侦探 …………… 118
56. 深海里的谎言 …………… 118
57. 小偷被偷 ………………… 119
58. 老师的课程 ……………… 119
59. 女性解放的小岛 ………… 120
60. 3 部片子的经理各姓什么？……………………………… 120
61. 是谁偷走了答案？ ……… 121
62. 纠结的雨伞 ……………… 121

第四章

出奇制胜——迂回逻辑推理测试

1. 借驴找骡………………………… 132
2. 筷子风波………………………… 133
3. 一个小动作……………………… 133
4. 讨厌的狗吠声…………………… 134
5. 诚实的小贩……………………… 134
6. 药片的取法……………………… 135
7. 猫与古董………………………… 135
8. 最好的裁缝……………………… 136
9. 换票之后………………………… 136
10. 稽查员是谁？ ………………… 137
11. 102 岁的小孩子……………… 138
12. 纪晓岚逸事 …………………… 138
13. 海关的漏洞 …………………… 139
14. 海瑞断案 ……………………… 139
15. 铜钱朝上 ……………………… 140

16. 国王的第一双鞋 ………… 140
17. 小油漆工智斗贪心财主 ………………………………… 141
18. 变废为宝 ………………… 142
19. 贷款 1 美元 ……………… 143
20. 是熟鸡蛋吗？ …………… 144
21. 哪个才是最准的天平？ ………………………………… 145
22. 纪晓岚吃鸭风波 ………… 146
23. 买噪声 …………………… 146
24. 夜袭 ……………………… 147
25. 空保险箱 ………………… 147
26. 埃菲尔铁塔之谜 ………… 148
27. 秀才烧画 ………………… 149
28. 谈判高招 ………………… 150
29. 火场救名画 ……………… 150
30. 一样的答卷 ……………… 151
31. 连环诈骗 ………………… 151
32. 免费赠品 ………………… 152
33. 失踪的士兵 ……………… 153
34. 鬼苹果 …………………… 153
35. 救命的水 ………………… 154
36. 上帝的特使 ……………… 155
37. 木梳与和尚 ……………… 156
38. 机灵的丽莎 ……………… 157
39. 火葬场怪事 ……………… 158
40. 纪晓岚抓贼 ……………… 158
41. 雕像的差别 ……………… 159
42. 半决赛 …………………… 160
43. 蝗虫之祸 ………………… 161
44. 车上的提包 ……………… 161
45. 雪原惊魂 ………………… 162
46. 杨树作证 ………………… 163
47. 扭亏为盈的广告 ………… 164
48. 冰下少女案 ……………… 164
49. 知府的妙招 ……………… 165
50. 硬币的价值 ……………… 166
51. 无所不知的女子 ………… 166
52. 对号不入座 ……………… 167
53. 起诉的地点 ……………… 168
54. 寇准巧断案 ……………… 169
55. 宋太祖妙计 ……………… 170
56. "银子"和"银"字的区别 ………………………………… 170
57. 巧法分财 ………………… 171
58. 县令的智慧 ……………… 171
59. 圆珠笔改进 ……………… 172
60. 农夫宰牛 ………………… 172
61. 旅馆奇招 ………………… 173
62. 解雇书之用 ……………… 174

第五章

精益求精——运算逻辑推理测试

1. 提升上尉……………………… 189
2. 合伙生意算清账…………… 189
3. 诸葛亮神机妙算…………… 190
4. 蚂蚁搬兵…………………… 190
5. 八仙过海…………………… 190
6. 毛拉德巴斯的故事………… 190

7. D 代表什么？ …………………… 191
8. 取弹珠游戏…………………………… 191
9. 爬楼梯游戏…………………………… 192
10. 百货商城赔钱了吗？ …… 192
11. 最少要几架飞机？ ……… 192
12. 有多少个珠子呢？ ……… 192
13. 安瑞撕日历 ……………… 193
14. 打碎的花瓶 ……………… 193
15. 杀杀迈克的威风 ………… 193
16. 盖瑞装围棋 ……………… 194
17. 驴子和苹果 ……………… 194
18. 女儿的年龄 ……………… 194
19. 萝莉太太家的电话号码
…………………………………… 194
20. 吝啬的烟鬼 ……………… 195
21. 算算他们的滞留时间 …… 195
22. 39 条腿 ………………… 195
23. 彩色袜子 ………………… 196
24. 办公桌的价格 …………… 196
25. 奔跑的宠物狗 …………… 196
26. 巧算年龄 ………………… 196
27. 金公鸡 …………………… 197
28. 麻烦的密码锁 …………… 197
29. 巧算整除数 ……………… 198
30. 1000 米长跑训练 ………… 198
31. 免费购物车 ……………… 198
32. 糊涂的侍者 ……………… 198
33. 没有时间学习 …………… 199
34. 撕书的问题 ……………… 199
35. 相隔多远？ ……………… 199
36. 他们能赶上公车吗？ …… 200
37. 赔钱还是赚钱？ ………… 200
38. 高明的盗墓者 …………… 200
39. 成绩如何？ ……………… 201
40. 教室的钟表 ……………… 201
41. 该怎样下注？ …………… 201
42. 大草原上的野兽 ………… 202
43. 属相与几率 ……………… 202
44. 7 名头目什么时候一起碰面？
…………………………………… 203
45. 老赵养马 ………………… 203
46. 柠檬的数量 ……………… 203
47. 分月饼 …………………… 204
48. 和尚敲钟 ………………… 204
49. 弟弟的难题 ……………… 204
50. 多少个座位？ …………… 205
51. 怎样卖首饰？ …………… 205
52. 男女赛跑 ………………… 205
53. 白食的午餐 ……………… 206
54. 计算割草人数 …………… 206
55. 会不会天黑？ …………… 206
56. 笔记本和学生的数量 …… 207
57. 火车提前进站 …………… 207
58. 无价之宝上的钻石 ……… 207
59. 绿地到底多少钱呢？ …… 208
60. 有多少狮子和鸵鸟？ …… 208
61. 用空瓶子换汽水喝 ……… 208
62. 要迟到多久呢？ ………… 209

第六章

由此及彼——联想逻辑推理测试

1. 县令夫人的智慧…………… 224
2. 神奇的巫师……………… 224
3. 不受欢迎的聪明鹦鹉……… 225
4. 不会化的巧克力…………… 225
5. 入睡妙招………………… 225
6. 外星人的描述……………… 226
7. 痕迹的深浅……………… 226
8. 考警察的试卷……………… 226
9. 找地方…………………… 227
10. 跳不出去的圆圈 ………… 227
11. 真假钞票 ………………… 227
12. 过河谜题 ………………… 228
13. 超载机车巧过桥 ………… 228
14. 运动员的小腿肚 ………… 229
15. 自作聪明 ………………… 230
16. 难以模仿 ………………… 230
17. 不速之客 ………………… 231
18. 蚂蚁的路 ………………… 231
19. 乒乓球游戏 ……………… 232
20. 没有摔伤的技巧 ………… 232
21. 聪明的卫兵 ……………… 232
22. 你想不到吧？ …………… 233
23. 魔术的奥妙 ……………… 233
24. 掺水的威士忌 …………… 234
25. 死神从背后来 …………… 234
26. 拍出来的答案 …………… 235
27. 这时间是怎么回事儿？ … 236
28. 欢快的鱼 ………………… 236
29. 说假话 …………………… 237
30. 遗留的线索 ……………… 237
31. 把底部的大米倒出来 …… 238
32. 视力很好的证人 ………… 238
33. 来自鲜花的指证 ………… 239
34. 戴着墨镜的富商 ………… 239
35. 爷爷怎样把鱼竿带上飞机的？
………………………………… 240
36. 怎样看到对方的脸？ …… 241
37. 教授的新药 ……………… 241
38. 门铃不响 ………………… 242
39. 假酒鬼 …………………… 242
40. 王子能娶到公主吗？ …… 243
41. 黑暗中的绿光 …………… 243
42. 北极探险的故事 ………… 243
43. 异常工整的遗嘱 ………… 244
44. 陆倩和王琳 ……………… 244
45. 藏在哪里不被发现？ …… 245
46. 露馅儿的回答 …………… 245
47. 无穷旅馆 ………………… 245
48. 会发声的陶瓷品 ………… 246
49. 人车的位置 ……………… 246
50. 神色慌张的青年 ………… 246
51. 一张被丢弃的面巾纸 …… 247
52. 能够将网球取出来吗？ … 248
53. 谁是行凶者？ …………… 248
54. 调虎离山之计 …………… 248
55. 反常举动 ………………… 250
56. 追车人 …………………… 250

57. 没撞着穿黑衣的醉汉 …… 250
58. 抬病人 …………………… 250
59. 盲人的花招 ……………… 251
60. 坛子里的红枣 …………… 252
61. 让人惊慌的叫声 ………… 252
62. 列车上的失窃案 ………… 253

第七章
见机行事——应变逻辑推理测试

1. 军事机密…………………… 262
2. 我在想什么？……………… 262
3. 巧取约会…………………… 262
4. 资深的车迷侦探…………… 263
5. 以镜退敌…………………… 263
6. 解缗化险…………………… 264
7. 女演员的急智……………… 265
8. 谁能代表工人阶级………… 265
9. 猜谜大王…………………… 265
10. 出言不逊的年轻人 ……… 266
11. 富人和骗子 ……………… 266
12. 商人的请帖 ……………… 266
13. 傲气十足的局长 ………… 266
14. 纪晓岚的巧妙回答 ……… 266
15. 大臣抓阄 ………………… 267
16. 儿媳妇的机智 …………… 267
17. 求人不如求己 …………… 268
18. 和珅的答案 ……………… 268
19. 聪明的圆智和尚 ………… 269
20. 鱼该怎样吃？ …………… 269
21. 不存在的阳台 …………… 270
22. 小纸条的大作用 ………… 271
23. 急中生智的演员 ………… 271
24. 机智的海涅 ……………… 272
25. 小沙弥智斗丞相 ………… 272
26. 蒯祥妙造金刚腿 ………… 272
27. 狄仁杰的考题 …………… 273
28. 从天而降的警察 ………… 273
29. 丑角杜罗夫 ……………… 274
30. 水有多少桶？ …………… 274
31. 大科学家的司机 ………… 275
32. 阿凡提吃西瓜 …………… 276
33. 首相的尴尬 ……………… 277
34. 贵重的项链 ……………… 277
35. 无中生有的借据 ………… 278
36. 紫色的花圃 ……………… 279
37. 徐渭的竹片餐 …………… 279
38. 真假聋哑人 ……………… 279
39. 语意深长 ………………… 280
40. 复活的死坦克 …………… 280
41. 本杰明该怎么办？ ……… 281
42. 李时珍的药方 …………… 282
43. 沃其诺智得奖赏 ………… 282
44. 韩老大戏财主 …………… 283
45. 拉米诺买面粉 …………… 284
46. 夜半争吵 ………………… 284
47. 为慈禧画像 ……………… 285
48. 小男孩的暗示 …………… 286
49. 智斗公交车扒手 ………… 286
50. 拉夫托要工钱 …………… 287

51. 装聋作哑的老农 ………… 287
52. 齐白石的门 ………………… 288
53. 钱包里有多少钱？ ……… 288
54. 徐渭的酒令 ………………… 289
55. 雷布恩发工资 …………… 290
56. 约翰的灵感 ………………… 290
57. 刘伯温智救工匠 ………… 291
58. 富裕的观众 ………………… 292
59. 机智的店主 ………………… 292
60. 吝啬财主的请帖 ………… 293
61. 罗伯兄弟的火鸡 ………… 293
62. 杰西赶牛 …………………… 294

第八章

滴水不漏——缜密逻辑推理测试

1. 被绑架的富家千金………… 304
2. 悍妇笔迹鉴定……………… 305
3. 血型锁定真凶……………… 305
4. 缠着黑头巾的人…………… 306
5. 带血的树叶………………… 306
6. 爱因斯坦的谜题…………… 307
7. 情人节买花………………… 308
8. 这块地种的什么？………… 309
9. 服务员的证言……………… 310
10. 左轮手枪和百万美金 …… 311
11. 没有影子的目击者 ……… 312
12. 学生公寓的枪声 ………… 313
13. 透明的湖 ………………… 314
14. 形迹可疑的花匠 ………… 314
15. 是谁开了枪？ …………… 315
16. 案发现场的扑克牌 Q …… 315
17. 福尔摩斯也出错 ………… 316
18. 是谁的方糖？ …………… 317
19. 卡萨尔斯在哪儿？ ……… 318
20. 奇怪的列车抢劫案 ……… 319
21. 不翼而飞的几百万元 …… 320
22. 卡洛尔谜题 ……………… 321
23. 不在场的漏洞 …………… 322
24. 漏洞在哪里？ …………… 322
25. 怎样“揪”出大毒枭？ …… 323
26. 盗贼留下的手表残物 …… 323
27. 跳车的姿势 ……………… 324
28. 冬夜里的谋杀案 ………… 324
29. 离奇爆炸案 ……………… 326
30. 浴缸谋杀案 ……………… 326
31. 警长的根据 ……………… 327
32. 晒不黑的手 ……………… 327
33. 怪盗 H 的谎言 …………… 328
34. 偷电视的贼 ……………… 329
35. 月黑风高夜 ……………… 330
36. 奇妙寻宝之旅 …………… 330
37. 身高有问题 ……………… 331
38. 厚厚的窗帘 ……………… 331
39. 罪犯的暗示 ……………… 332
40. 关键唱片 ………………… 332
41. 纸条指证凶手 …………… 333
42. 现金被盗案 ……………… 334
43. 门口的雪茄烟头 ………… 335
44. 鸟类爱好者的谎言 ……… 335

45. 吃了安眠药 ················ 336
46. 失火的玫瑰园 ·············· 336
47. 挂钟里的秘密 ·············· 337
48. 地下室的暖炉 ·············· 338
49. 野花盛开的案发现场 ······ 338
50. 消失的弹头 ················ 339
51. 画中“凶手” ················ 340
52. 会移动的墓石 ·············· 340
53. 217 号房间杀人案············ 341
54. 超级名模与金发美男子 ··· 342
55. 彩虹抢劫案 ················ 343
56. 公园里的枪声 ·············· 343
57. 奇怪的脚印 ················ 344
58. 不能自圆其说 ·············· 345
59. 可疑的发型 ················ 346
60. 凶杀案现场的脚印 ········ 346
61. 穿红色毛衣的男子 ········ 347
62. 停电之夜 ·················· 348
63. 被刺杀的证人 ·············· 348
64. 白色领带上的调味汁 ······ 349

第一章

蛛丝马迹
——洞察逻辑推理测试

1. 神秘女郎

佛罗伦萨的一家小旅馆里，发生了一起凶杀案。当天上午，旅馆服务员到308房间打扫卫生，可是门铃响了很久，还是没有人来回应。服务员只好硬着头皮用备用钥匙开门进去，却见一位老人倒在地上，胸口还插了把尖刀。服务员被吓得惊叫出声。惊叫声引来了经理，不久警察也赶到了。

佛罗伦萨警方通过调查，获知老人名叫温尼特，是从纽约来旅游的，入住的时候有个女人陪着他，但是现在这个神秘女人失踪了。

老人的死亡让警方一筹莫展，于是就把案情通知了纽约警察局。纽约警察局的警察查看了温尼特的档案后，发现老人没有孩子，只有一个侄女海莉。海莉是一家小店的老板，也是老人财产的唯一继承人。

肖恩探长来到海莉的小店，出示了证件，然后问她："您是不是有一个叫温尼特的叔叔?"海莉很吃惊地反问说："您怎么知道我有个叔叔?"肖恩探长说："我们刚刚接到报案，他在外地不幸去世了。"海莉一听，伤心地哭起来："天哪，我的好叔叔啊，你怎么就离开我了啊!"

等海莉稍稍平静了，肖恩又问道："您的叔叔到外地去旅游，您知道吗?"海莉擦了擦眼泪，摇摇头说："我一点儿也不知道，叔叔他一直住在纽约，为什么要到佛罗伦萨去呢？平时我经常去看望他，最近因为生意忙，有一个星期没有去看他了，没想到竟然……"海莉说着又哭了起来。

肖恩探长没有任何同情的情绪，反而严肃地说道："即使是再好的演员，也骗不过最好的导演，这位导演就是真相！"

为什么肖恩探长会这么说呢？

2. 面具

菲利普是当地一位十分富有的银行家，但是他富有的家产并未给他带来好运。他在一起车祸中被严重毁容，他的太太和儿子也都死于那场车祸中。现在他身边的亲人只有他的弟弟和贪图他钱财的情人了。

自从毁容后，他那可怕的容貌令人胆寒，他不得不戴上面具。但回到家里的时候，他是从来不戴的。而且，只要没外人在，他会立即把令人生厌的面具拿下来。

这一天，噩运再一次降临到他的身上，这位银行家被人杀死在自己的高级轿车里：脸上戴着面具，手依旧握着方向盘。

经警方调查，嫌疑犯有三个。其一为他的情人，因为这位情人早就厌倦了他那可怕的容貌，只是迫于他的势力和贪图他的钱财，继续与其交往；其二为他的弟弟，他的弟弟因赌博欠了很多外债，急于继承他的遗产；其三为他的助理，因为最近这名助理被他发现挪用了巨额公款，他打算向法院起诉。

探长克莱斯特思索了一会儿，说道："我知道凶手是谁了。"

那么，你知道凶手是谁了吗？

3. 假口供

马特是一个赌徒，经常到赌场去赌钱，家中的积蓄和房产都被马特在赌桌上输得一干二净。左邻右舍的人几乎都被他借过钱，但是他从来都没有还过，所以大家都很讨厌他。

马特输掉自己的房子后，就到外边租了一间房子居住。这天早上，房东发现马特死在他租住的小屋里。

警方接到报案，立刻赶到现场。他们发现马特的尸体躺在地板上，旁边的桌子上还放着一杯充满泡沫的啤酒。

房主告诉斯特恩警官："我想马特很可能是凌晨一点被人杀害的，因为在凌晨一点我起床上厕所的时候，曾经听到从马特房间里传来争吵声和打斗声，但是我太疲倦了，所以并没有太在意，回来后很快就睡着了。今天早上，我看马特还没起床上班，怕他迟到，于是就开门叫他，没想到却发现他已经倒在地上死去多时了。"

斯特恩听完之后，立刻指出房东是在做假口供。随着警方对案件的调查深入，房东终于承认是他杀死了马特。马特总是拖延房租，为此，早上房东和马特发生了激烈争执，一气之下房东用刀将他杀死。

你知道斯特恩是如何看出房东在作假口供吗？

4. 棉花之疑

一位木材加工厂的老板被人发现死在了家里，格林警长带着杰伊紧急出动。到达现场后他们发现，死者单身，而且一直独居，遇害时双手被反绑，嗓子里和嘴里都塞着一大团棉花，两只鼻孔里也塞有小团棉花。验尸结果证明，死者是被这些棉花堵住呼吸器官窒息而死的。格林仔细看了看这些堵住死者呼吸器官的棉花，他断定这是医用棉花，并且是新的。于是，他命令下属到各药房去调查情况，详细询问老板和售货员。经过 4 小时的走访，一家药房的老板向警方提供了一条重要线索。警方借助此线索很快便锁定了凶手。

你知道格林是如何判断出棉花是医用棉花而非普通棉花的吗？药房老板又提供了什么样的重要线索呢？

解题提醒：平时使用的普通棉花上附有油脂，因此不能大量吸收水分和药物。而医用棉花是经过脱脂加工而成的，目的就是大量吸收水分和药物。格林通过揉搓棉花的质感判断棉花是否含有油脂，进而断定是医用棉花还是普通棉花。

5. 走私犯的伎俩

史泰克是某一个边防检查站的检查员，他观察力极强。走私犯任何一个细微的表情，都逃不过史泰克的眼睛，而且史泰克做事也极其细致。只要听到史泰克的大名，走私犯们无不闻风丧胆，宁可绕远过海关，也不愿与史泰克打交道。

然而，史泰克也有遗憾，就是他认定一个叫迈克的人是走私犯，但是他却找不到迈克的破绽，这让史泰克异常沮丧。

这一次，迈克还是像往常一样，开着奔驰车过关。史泰克仔细检查，依然没发现走私品，无奈之下，只好放行。这天晚上，史泰克坐在沙发上看电视新闻，听见新闻里报道了一件事，这让史泰克豁然开朗。“原来迈克一直在走私这件物品，难怪无法查到走私品。”

终于，史泰克找到了迈克走私的证据。

请问，迈克走私的是什么？

6. 酒吧里的发现

刚刚发生了一场枪击案，枪响后，酒吧里只有哈瑞一个顾客。

他刚刚喝了一口咖啡，就看到3个人从银行里跑出来，穿过马路，跳上了一辆等在路边的汽车。

不一会儿，一个修女和一个司机进了酒吧。

“二位受惊了吧！”善良的哈瑞也没有仔细打量这两个人，就说，“来，我请客，每人喝一杯咖啡。”

两个人谢了他。修女要了一杯咖啡，司机要了一杯啤酒。3个人谈起了刚才的枪声和飞过的子弹，偶尔喝一口杯子里的饮料。这时，街上又响起了警笛声。抢劫银行的罪犯抓住了，送回银行验证。哈瑞走到前边的大玻璃窗前去看热闹。当他回到柜台边时，那个修女和司机再次谢谢他，就走了。

哈瑞回到座位上，看着旁边空空的座位和杯子，有一个杯子的杯口处还隐约有些红色，他好像突然明白了什么：“哦，这两个家伙是刚才抢银行罪犯的帮手!”他赶紧报了警。

请问，是什么东西引起了哈瑞的怀疑呢?

7. 伪造录音

某公寓发生了一起凶杀案，死者是已婚妇女。探长来到现场观察。法医说:“经过检验，死者被一把刀刺中心脏而死。”

探长发现桌上有一台录音机，问其他警员:“你们开过录音机没有?”警员都说没开过。于是，探长按下放音键，里面传出了死者死前挣扎的声音:“是我老公想杀我，他一直想杀我。我看到他进来了，他手里拿着一把刀。他不知道我在录音，我要关录音机了，我马上要被他杀死了……”咔嚓，录音到此中止。

探长听到录音后，马上对众警员说，这段录音是伪造的。

你知道探长为什么这么快就认定这段录音是伪造的吗?

8. 烟袋的主人

古时候，有王李两人，因一管旱烟袋来到衙门请县令明断。李说烟袋是他重金所买，王说烟袋是他家祖上传下来的宝贝，已用20多年了。两人争执不休。

县令说:“这梨木烟袋确实不错，我也喜欢。这样吧，我出二十两银子买下了。你们每人在堂上各抽三袋烟，然后各取一半银子回家去吧。”

抽烟时，姓李的那个人吹不出烟灰，就用一根小竹片将烟灰挑出;而姓王的却将烟袋用力地在地上磕打以磕出烟灰。县令见后，就把烟袋判给了姓李的那个人。

请问:县令是怎么知道烟袋的主人是姓李的那个人呢?

9. 调包的钞票

艾文精品屋的生意火爆，有一个窃贼假装往邮筒中投信，经常观察艾文的举动，尤其是现金的存放动向。

终于，这个窃贼逮着一个下手的机会，但他没跑出多远，就因神色异常而被警察叫住。这时，警察接到艾文的报案。于是警察就对窃贼进行搜身，但奇怪的是，此人身上连一分钱也没有，警察无奈只好将其释放。

但警察没放弃，继续暗中监视他。过了两天，他果然看到那个窃贼顺利地取走了钞票。

那么，你知道窃贼到底把钞票藏到哪里去了吗？

10. 东方列车讹诈案

多事的、带有神秘色彩的“东方列车”，这一天又发生了一起讹诈案件。

喜欢侦探故事的海顿先生打扮得衣冠楚楚：嵌绒领的海蓝色大衣、真丝领带、锃亮的皮鞋。他一手提着黑色的小皮箱，一手拿着一顶礼帽，上了一等车厢。彬彬有礼的乘务员指引他进了自己预定的包厢。海顿先生刚被PRPR电器公司任命为驻德黑兰的商务代表，今天他是怀着愉悦的心情去上任的。

列车驶出了君士坦丁堡站，夜已经很深了。海顿先生看了一会儿侦探小说，准备上床睡觉。突然，一个女人闪进他的包厢。她长得很标致，说不定是哪一家皮货店的模特。一进门，她就把门反锁上，胁迫海顿先生乖乖交出钱包，否则就要扯开衣服，叫嚷说海顿先生把她强拉进包厢，企图强奸她。

看到海顿先生没有反应，这个女人嬉皮笑脸地说：“先生，即使你床头的警铃也帮不了你的忙，因为，我只需要把我的衣服轻轻一扯……”

海顿先生陷入困境，他只好讷讷地说：“让我想想，让我想想。”说着，他点燃了一支“哈瓦那”牌雪茄。

就这样，双方僵持了三四分钟。出乎这个女人的意料，海顿先生还是轻轻地按了一下床头的警铃。

这个女人不由得气急败坏，她果然说到做到，立即脱了外衣，扯破了胸前的衣衫。待乘警闻声赶到，躺在床上的这个女人又哭又闹，她直着嗓子嚷道："三四分钟前，这个道貌岸然的家伙把我强行拉进了包厢。"这时，海顿先生依旧平静地站在那里，悠闲地抽着雪茄，雪茄上留着一段长长的烟灰。

乘警目睹了这一切，没有立即做出判断。他仔细地进行观察，不一会儿他就明白了：这个女人想讹诈海顿先生。于是，他毫不犹豫地把这个女人带走了。

乘警根据什么做出判断这个女人是在进行讹诈呢？

11. 拙劣的伪装

有一天，罪犯A为了灭口，把一名了解自己底细的女子杀死，并将她伪装成上吊自杀的样子。被绳圈勒住脖子的尸体，两只赤脚离地大约有50厘米。A戴上手套，将化妆台边的凳子放倒在死者的脚下。那是一个外面包有牛皮的圆凳。这样一来，就变成那名女子用这个凳子来垫脚而上吊自杀的。

但当尸体被人发现后，公安人员检查了那个凳子后说："这绝不是自杀，而是他杀！"

那么，是哪儿露馅了？

12. 钱为什么会少？

一个人由于下午要出差，就给他的儿子打电话，要求儿子买一些出差需要的东西。他告诉儿子，桌子上的信封里有钱。儿子找到了装钱的信封，上面写着98。于是，儿子就拿着这些钱到超市买了90元钱的东西。当他准备付钱时发现，不仅信封里没剩下8元钱，反而还不够90元。

这是怎么回事呢？钱为什么会少？

13. 珍邮藏在哪儿？

夜幕降临，一家三星级宾馆一楼大厅里的吊灯刚刚亮起，这时，一阵急促的脚步声从3楼传来。不一会儿，一位两鬓斑白、头发还是湿漉漉的老者气喘吁吁地跑下楼来。总台的服务员一看，原来是当日一早就住进宾馆的邮票收藏家李教授。只见他上气不接下气地对服务员说："赶快报……警！我的邮票被……被盗了！"

不一会儿，警局的两名侦察员老王和小张来到宾馆。李教授对老王说道："我是应邀来本市参加一个邮票拍卖会的。下午我带着自己收藏多年的价值30万的珍贵邮票去了一趟拍卖会现场，与主办方负责人见了一面，并给他们看了那枚珍邮。回到宾馆后，我将装着那枚邮票的邮册塞在枕头下，就去卫生间洗澡了。等我洗完澡走出卫生间，发现房间的门是开着的。我赶紧来到床前，翻开枕头一看，邮册没有了！"

老王向服务员询问下午有什么可疑人员进出过宾馆。服务员说："今天住店的客人不多，3楼一共开了3间房。李教授隔壁住进两位采购员，对门住进一位持有记者证的小报记者。下午李教授出去大约5分钟后，他也出去了。李教授回来刚上楼，他也回来了。几分钟后他从楼上下来进了对面的邮局。后来，他到总台对我说：'今晚我可能要9点以后回来，如果有人找我，请他9点以后来。'"

这时，李教授回忆说："我在拍卖会现场觉得有一个人的眼睛一直盯着我的那枚邮票，莫非就是他？"

听完服务员和李教授的介绍，老王和小张初步推测这位记者是一个非常可疑的作案者。

老王叫服务员打开了小报记者的房间。这时，大家发现里面没有记者带来的东西，这家伙可能已经逃了。

老王和小张带着李教授立即下楼来到宾馆对面的邮局。他们向邮局工作人员出示了工作证并说明情况以后，请工作人员拿出了刚才那位小报记者交寄的东西。这是一封挂号信，大信封上贴着一张大大的刚刚发行的纪念邮票，收信人是本市某住宅小区的某某先生，寄信人的姓名正是小报记者在宾馆登记住宿的姓名。透过灯光看着信封，里面什么东西也没有，奇怪！

这时，邮局门口闪过一个黑影。小张反应迅速，立即追出门去。那个黑影发现有人追来，拔腿就跑。小张猛跑上去一把抓住那人，带回邮局。

李教授一看，正是下午在拍卖会现场见到的那个非常可疑的小报记者。老王将手中的挂号信拿到那人眼前，说："这是你寄的吧？"那人腿有些发软，身子往后一倒。小张一把将他拽住。

"走，跟我们去宾馆的保卫科一趟！"老王3人将那人带回宾馆，总台服务员一眼就认出了他。

等到了宾馆保卫科，他居然开始抵赖，说他并没有偷，随即就把他随身携带的包，以及口袋里的东西统统倒了出来。

老王说："我们还没说你偷东西，你怎么就不打自招了呢？我知道邮册已经被你扔了，而你将盗了的珍邮藏在什么地方我心里也有数了！"

请问：珍邮被藏在哪儿了？

14. 可疑的血迹

候补女演员维拉用刀把著名女演员安吉拉给杀了，清理现场的时候发现自己的护腕上沾到了血迹，但因为血迹与护腕的颜色相同，就没有特意去清理。午夜，她把现场完全清理之后就匆匆地回到了家里。

第二天，安吉拉的尸体被发现，案子由年轻的警官杰克来调查。他分别拜访了几个候补演员，最后找到了维拉。

"你是说昨天晚上吗？我一直不舒服，待在家里看电视呢。"维拉撒了个谎，还故意装作头晕似的把手放在额头上。

"维拉小姐，请你和我到警局走一趟吧。"杰克突然说了一句。

请问：维拉什么地方露出了破绽？

15. 要命的野炊

4个高中生马克、威廉、汤姆和约翰一起到森林里野炊。由于头一天下了雨，无法骑自行车，他们步行到了野炊的地点。到了吃饭时间，他们发现装食物的篮子丢了。

4个人商量之后，马克、威廉、汤姆3人分头行事，而约翰留守。可是15分钟后，马克等人回来时，却发现约翰竟然被人杀了！

警察闻讯赶来，对这3个人进行询问。

马克说，他拿了渔具到河边去钓鱼，但是水太浑，一条也没钓到。

威廉说，他到附近去找找看有没有商店可以买吃的，但那些小店今天没有开门。

汤姆说，他到森林里去拾木柴准备回来生火，当他拾完木柴回来时，被一棵树绊倒了，木柴掉到了地上。他看到木柴全部湿了，又怕大家等得太久，就回来了。

警察看了看附近的地面说："没有别人来过这里，凶手就是你们3个其中之一。"

那么，凶手是谁？

16. 特务是谁？

一个特务潜进了一家医院。目前，警方把目标锁定在两个人身上：A和B。

警长走进了A的房间，他正坐在椅子上，脚下放了一罐啤酒。护士说他患的是很严重的颈椎病，一动就疼，他喜欢喝罐装啤酒。警长不小心踢倒了立在地上的啤酒罐，但没有酒溅出来。

B是腿摔断了，但他很喜欢足球，每天都要看足球比赛的转播，是一个十足的球迷，每天足球都不离手。可惜的是现在踢不成了，因为他踢足球时摔倒了，腿断了。

警长看过后，马上就知道特务是谁了。

请问：特务是谁？为什么？

17. 黑珍珠项链被盗案

某天夜里，卢班在驻巴黎的日本大使馆举行的宴会上盗取了珍贵的项链之后，回到自己的秘密住所，急忙摘掉化装用的假发和胡须，穿上丝绸长袍坐到书房的沙发上。他刚刚松了一口气，门铃响了。来人是一个小个子日本男人，穿着皱巴巴的和服。这个日本人刚才在宴会上好像露过面。

“晚上好，卢班君，我叫金田一耕助。”他自我介绍道。

金田一耕助！卢班熟悉这个日本名探的名字，于是内心警觉起来，但还是露出一副笑脸，热情地把这位不速之客引到书房，在一张桌子旁坐下。桌子上摆着一个插满红色郁金香的花瓶，而郁金香的所有花瓣都是闭合的。

“卢班君，今晚你在哪儿?”耕助开门见山地问道。

“我是一直待在家里的。你到来之前，我一直安静地在书房里看书。你看，就是那本书。”卢班指着桌上扣着的那本书。

耕助把卢班递过来的书翻了一下，放在桌上，他突然发现花瓶里插着的郁金香不知什么时候花瓣都张开了。他拔出一支看了看，又把花插进去，然后肯定地说：“卢班君，装也没用，你那套不在作案现场的证明纯属谎言，还是把黑珍珠项链交出来吧。”

耕助是如何识破卢班谎言的？证据是什么?

18. 游船上的谋杀案

狂风怒号，海浪滔天，台风就像一个喝醉了酒的狂人，在肆意地发着酒疯，把海水搅得天昏地暗。海面上已经看不见任何船只了。渔船都避到港湾里，落下了帆，抛下了锚，等待着台风过去。

这时候，海岸警卫队接到 SOS 求救信号：有一艘游船被困在大海里，随时有沉没的危险！海岸警卫队立刻派出救生快艇，冒着大风大浪，向出事海域驶去。

天漆黑一团，再加上十几米高的海浪，冲撞着快艇。快艇就像一片树叶，一会儿被抛上了半空，一会儿又被压到了浪底。几个小时以后，快艇来到发出信号的海面上，打开探照灯，四处搜寻着。

忽然负责观察的水手叫起来：“快看！那边有人!”探照灯“刷”地照射过去，在雪亮的光柱下，只见一艘小游船在海面上游荡，一个男子用力挥手，旁边还躺着一个人。快艇赶快靠过去，经过无数次努力，终于把他们救了上来。可惜，躺着的男子已经死了，他头上有一个大窟窿。

活着的那个男子满头大汗，他擦了一把脸，喘着气说：“我叫保罗，已经3天没有喝上淡水了。3天前，我和汤姆驾着小帆船，出海去游玩。我们只顾着高兴，来到离海岸很远的地方。这时候，船出了故障，无法再行驶了，又遇上台风。船上没有食品和淡水，我们都又渴又饿。今天汤姆实在忍不住了，到船舷边舀海水喝，脚下一滑，头撞到船锚上死了。幸亏你们来了，不然我也没命了！”

艇长听了他的话，立刻命令士兵：“他就是凶手，马上把他监禁起来！”

艇长为什么断定保罗是凶手？

19. 遗书上的签名

杰克是一个职业杀手，这一次，他受雇谋杀一位百万富翁。雇主要求杰克在杀死富翁后，把现场伪装成自杀的模样。他还给杰克准备好了一张纸，上面有富翁的亲笔签名，好让杰克在杀死富翁之后，伪造一份遗书。

深夜，杰克潜入富翁的家，开枪打死了他。然后，杰克又将手枪塞到富翁的右手里，把那张纸塞进了屋里的打字机，伪造了一份遗书，然后满意地离开了。在整个过程中，他一直带着橡胶手套，因此不担心有指纹留下。

第二天，清洁工发现富翁的尸体，立刻报了案。警方在现场勘查后，判定这是一宗谋杀案，虽然遗书上的签名确实是富翁的亲笔签名，但上面的文字并非他本人所打。

请问：警方是如何知道这一点的呢？

20. 神秘黑屋

三更天的时候，早已酣然入睡的侦探迈克突然被一阵急促的敲门声惊醒。开门一看，门外站的是哈德里教授的外甥希尔。

希尔焦急地对迈克说：“哈德里舅舅本来约了我晚上8点到他家去，但是我有点事耽误了，所以迟到了1个小时。等我到了舅舅家时，敲门没有人答应，不知道舅舅是不是出了什么事，我又不敢一人进去，您可不可以陪我一起去看看?”迈克立即穿上外衣和希尔出了门。

希尔对迈克说：“最近，我舅舅的一项发明成功申请到了专利，因此获得了一大笔发明费，许多人都眼红，我非常担心他可能会因此招来麻烦。”

说着说着，两人来到了哈德里家门口。迈克推开门，摸黑找寻墙上的吊灯开关，灯却怎么都不亮。希尔说：“里屋还有盏灯，我去开。”说着，便走进了漆黑无比的屋子，不一会儿灯就亮了。他们发现哈德里就倒在距离门廊约一米远的过道上。希尔低低地叫了声：“舅舅!”匆忙跨过尸体，走回迈克身边。

迈克立刻小心地检查了尸体，发现教授死亡已经有一段时间了。在屋角的保险柜门是开着的，里面已空无一物。希尔惊慌地说：“这到底是谁干的呢?”

迈克对希尔冷笑了一声说道：“希尔先生，不要再装了，你就是凶手!”

侦探迈克是根据什么断定希尔就是杀人凶手的呢?

21. 失算的小偷

为了能够细致观察大厦四楼B室里面那个老式保险柜，坂上特意买回一架高倍望远镜。经过一个星期的坚守，这天夜里，他终于从望远镜里看到了期待已久的一幕：主人从书桌最底下的抽屉里取出一把钥匙，插入保险柜锁孔，在号码盘上依次按下6948，又转一下钥匙，轻松打开了柜门，接着放进去厚厚一摞现钞。刚合上柜门，书桌上的手机响起来，主人将钥匙扔在桌上，边接电话边急匆匆出了门。

真是个大好机会！坂上注意到对方走出大厦，钻进汽车倏然而去，于是立即行动起来。十分钟后，这个入室行窃的老手已站在B室的保险柜跟前。他蹲下身子屏住呼吸，将钥匙插入保险柜锁孔，而后按下6948几个数字，再转了下钥匙。只听“咔嚓”一声，坂上去拉柜门，门却纹丝不动，再拉一下还是没能打开。“怎么回事？难道我看错了？再来一次。”坂上深深呼吸一下，将数字换了个排序二次按下，柜门依然没有动静，他额头上立即渗出细细密密的汗珠。

坂上强迫自己平静下来，在接下来的15分钟里，他几乎将四个数字的所有组合都试了一遍，可是那架老式保险柜就像故意跟他做对一样，固执而安静地立在那里。更糟糕的是，B室的主人回来了！他发现房门大开心知不妙，从门后抽出一支铁棍一步步摸进了书房。

“不许动！转过身来。”主人厉声喝道。

“完了!”坂上从那个令他绝望的保险柜跟前站起来，慢慢转过了身子。

在被带往警局以前，这个处心积虑却得不偿失的惯偷问主人：“能告诉我密码到底是什么？我怎么也打不开它。”主人哈哈笑了：“看我的吧。”他一步不差地操作一番，按下6948几个数字，柜门顿时轻松打开。坂上猛然反应过来，气得眼前一黑，差点扑倒在地。

请问，那一刻他想到了什么？

22. 荒唐的劫机事件

在世界各国的劫机事件中，不乏有恐怖袭击、避难、索要赎金或自暴自弃的自杀等各种原因，但也偶有人因奇特动机而劫机的。

在由迈阿密直飞纽约的一架大型客机上发生了一起劫机事件。在机舱内卫生间的镜子上贴着这样一封恐吓信：

“该机上装有炸弹，可随时遥控引爆。途中不要在任何机场降落，直飞华盛顿，否则就引爆炸弹。”

飞机刚刚离开地面不久，一名乘客就发现了这封恐吓信，大吃一惊，因而引起了机舱内一片混乱。机长虽然觉得这是个恶作剧，但为以防万一，飞机还是按恐吓信的要求把航线改为飞向华盛顿，并平安地在华盛顿机场着陆，没有任何意外。而罪犯却始终没有露面。

那么，该劫机犯的目的到底是什么呢？

23. 凶器是什么?

六月的纽约已经进入夏季了，天气闷热让人觉得心烦，这个时候人最容易脾气暴躁了。在办公室的伊诺克警探正在吹着空调，忽然接到报案，一个居民区发生凶杀案，妻子杀死了自己的丈夫，于是伊诺克警探很快便赶到了现场。

死者是一男子，倒在厨房的地上，头上正流着血，而身上围着围裙，似乎死之前正在厨房做饭。

伊诺克警探很快就得到检验结果，死者是后脑勺被棍棒类的硬物击中，造成颅底骨折死亡。可令伊诺克警探惊讶的是现场竟然找不到棍棒类的硬物，厨房里灶台上只有砧板、菜刀和一条大青鱼。讯问杀死自己丈夫的女主人，女主人却沉默不语。伊诺克警探纳闷了，根据情况来看，女主人一刻也没有离开现场，不可能藏匿凶器，那么凶器究竟是什么呢?

再次认真看过厨房周围的摆设后，伊诺克警探兴奋地喊了一声：“我知道凶器是什么了!”

那么凶器到底是什么呢?

24. 全城捉拿真凶

一天，电视台播报了一则令全市倍感悲痛的消息，现任市长罗伯特被人谋杀了。报道称，市长死于今天早上，他在公园里晨练时，遭人袭击毙命。

消息一传出，全市市民都在积极捉拿真凶。警方的取证调查显示，市长罗伯特是被凶手用硬物击中后脑，受重伤而死亡的。残暴的凶手打死市长后，还搜刮了市长身上所有的财物。在一连串的详细侦查后，警方发现了三个有可能是凶犯的人。

A. 蒙戈，案发时他曾牵着狗在公园里出现；

B. 卡登夫人，案发时她正在公园里织毛衣；

C. 画家查理，案发时他曾在公园里写生。

警方推断，凶手是利用自己身边的工具来袭击罗伯特的。现在，市警察局出重金奖赏能够破案的人，那么你会是那个拿到奖金的人吗？如果是，请你推理一下，A、B、C三人谁有可能是凶手呢？

25. 海上求救

最近，瓦格纳警长一直在调查市政府官员约翰逊被害的案子。这天黄昏，瓦格纳驾车来到海边的港口，踏上一艘帆船。找到了嫌疑人索菲格。索菲格听瓦格纳警长说他的朋友约翰逊被人杀害后，惊得嘴里的雪茄差点掉下来。瓦格纳向索菲格询问："出事的时候——也就是那天下午2－4点，你在什么地方？"

索菲格歪着头想了想，说："哦，那天天气很好，中午12点我驾船出海办事，不料船开出两个小时后。发动机就坏了。那天海面上一丝风也没有，船上又没有桨，我的船被困在大海上，无法靠岸。情急之下，我在船上找到了一块大白布，在上面写上'救命'两个黑色大字，然后把桅杆上的旗子降下来，再把这块白布升上去。"

"哦？"瓦格纳警长很有兴趣地问，"有人看见它了吗？"

索菲格笑着回答："说来我也挺幸运的。大概半小时后，就有人驾着汽艇过来了，那人说，他是在3英里外的海面上看见我的呼救信号的，后来，他就用汽艇把我的船拖回了港口，那时已近黄昏了。"

索菲格说完，轻轻地呼了口气。谁知瓦格纳警长却对他说："索菲格，假如现在方便的话，请马上随我到警局走一趟。"

索菲格的脸唰地白了："这是为什么？"

你知道这是为什么吗？

26. 无名纵火犯

库伯先生最近正准备修缮房屋，他先从石灰厂里买来几百斤生石灰，堆满大半个院子，又找了几个邻居帮忙，到木料厂买了一些木料。当邻居们七手八脚地将木料卸下来放好的时候，天开始下起雨来。慌乱之中，有几个人将几根木料堆在石灰上面。

库伯一看没办法开工，只能让大家早点回去休息，自己也因为劳累早早就睡下了。第二天早上天快亮的时候，库伯先生被阵阵浓烟呛醒了。睁眼往窗外一看，哎呀，不得了，原来是昨天刚买来的木料着火了。

他赶紧下床，招呼邻居来救火。很快，大家拿着水桶，手忙脚乱地将火扑灭了。好在火势不是很大，扑灭火没有花费太多的时间。库伯觉得木料不会无缘无故地起火，之所以会燃烧，一定是有人纵火。

想到这里，他赶紧报了警。杰瑞德带着助手赶到，将现场里里外外地做了仔细的勘查，然后笑着对库伯先生说："这并不是有人故意纵火，要怪也只能怪您自己疏忽了。"说完他就将勘查的结论告诉了库伯先生。听完杰瑞德的解释，库伯明白了自己的失误，没有办法，只能自认倒霉了。

那么，库伯先生的失误是什么呢？

27. 照片上的时间

这天，A 市发生了一起杀人案，65 岁的鲁姆被邻居发现死在家中。警方到达现场后，发现这是一起盗窃杀人案。鲁姆的家中被窃贼翻得乱七八糟，衣服扔了一地，鲁姆家中的财物已被盗窃一空。警方推测，很可能是窃贼被下午 4 点刚刚回到家的鲁姆发现，窃贼怕鲁姆报警，便起了杀心，用刀将鲁姆杀死。

一周之后，警方抓住了嫌疑犯。嫌疑犯却说当天下午 4 点他正在钟楼广场上放风筝，随后还拿出一张他在钟楼广场照的照片。

约翰警官看到，照片上钟楼上的大钟显示的时间果真是 4 点钟，钟楼上挂着的彩旗正在迎风向西飘扬着，疑犯在广场上牵着风筝往西边的方向跑，风筝高高地飘舞在东边的天空上。

约翰立刻厉声说道："不要以为用这种合成照片就可以骗得了我们，你现在分明是在说谎。"

约翰是如何看出嫌疑犯的破绽的呢？

28. 衣柜里的尸体

雷蒂诺到利物浦找一位当警长的好朋友，结果却意外碰上了一宗案件。原来，利物浦有位大富翁叫康纳利，他已经年过半百，妻子早年病故，膝下只有一个女儿，他将独生女儿视为掌上明珠。但不幸的是，有一天女儿被人绑架了，数日之后，女儿的尸体在附近的一幢房子里被找到，她被人用枪打死后塞进了衣柜里。

雷蒂诺和担任警长的好朋友查理一起来到了这幢房子的所在地。房子的主人对他们说："我是做木材生意的，经常外出，我的妻子和孩子都在外地和我的父母住在一起，这幢房子大概已经有3年没有人住了，我和家人也从不来这里。最近我想将此房出售，于是昨晚我就回来看了看，顺便检查一下房子的状况，又打扫了一下卫生，没想到就在打扫卫生时，在衣柜里发现了这具女尸。我感觉这名绑匪对这里的情况很熟悉啊，居然知道我这幢房子长时间没有人住，把尸体藏在这里，如果我不回来看看的话，这具尸体还不知道要什么时候才能被发现呢！"

两个人听完他的叙述后，又认真地对房子进行了一番检查，他们在藏尸的衣柜里发现了少量的小颗粒状的樟脑丸。雷蒂诺拿着这些樟脑丸对查理说："那个屋主在说谎，这就是证据。"

"对！来人，将屋主抓起来，押回警局！"查理命令道。

你知道雷蒂诺和查理是怎么看出来屋主在说谎的吗？

29. 电风扇吹出假遗书

炎炎夏日，秋山警长带队赶往晚山别墅。晚山别墅是千万富翁田村国秀的私人庄园，两年前田村的妻子病逝，唯一的女儿又出国留学，家里除了他以外只有保姆和秘书两人。因为保姆仅是每周过来一次进行例行打扫，而秘书身兼司机之职，所以偌大一幢别墅里常在的只有他和秘书。

听过助手的汇报，秋山警长大致了解了田村的家庭背景。不多时，他带队到达现场进入书房，看到田村右手握枪头部中弹倒在地板上。书房里比较整齐，没有明显的打斗痕迹，书桌上有一台电风扇，风扇前端端正正摆放着一封用打字机打出来的遗书。警长大致扫了一眼，遗书大意是说田村因经营失败面临破产的境地，无力承担巨大的压力遂开枪自杀。

这时，秘书跟过来说："老板进了书房后，我一直守在门外，忽然听到一声枪响，冲进去时发现他已经死了。"警长点点头，围着书桌转了一圈，发现田村倒地时上半身绊住了电源线，将风扇插头从墙上的插座里拽出。他弯下身子，将插头重新插入，风扇立即呼呼地转起来，把书桌上的遗书吹落在地。

秋山想了想问秘书："你进屋以后，动过屋里的东西吗？"

"没有，一点也没动，我知道要保护好现场。"秘书回答。

"那么，我可以肯定是你先杀了田村，再摆上一封遗书，制造了田村自杀的假象。"秋山语气坚定地说。

"你，你凭什么诬陷我？你有什么证据？"秘书结巴起来。

"好吧，来看看我的证据。"秋山摆出证据，又冷静地分析了一遍现场，秘书不得不认罪。那么，秋山的证据是什么呢？

30. 轮胎仓库里的疑点

彭松、李光、张嘉是同一届的大学校友，同时进入一个跨国公司工作。李光每年都升职，三年过去已是部门主管，就连在彭松眼中一无是处的张嘉最近也升了职，只有彭松还是个小文员。

这天晚上，三个好友在公司附近的酒吧庆祝张嘉升职，看着两个意气风发的朋友，彭松恨得牙根痒痒。三个人，一直喝到酒吧打烊才离开。李光先独自离开，彭松与张嘉到小巷无人处小便。借着酒劲，彭松恨意高涨，突然冲到张嘉后面，紧紧勒住张嘉的脖子，直到他没了呼吸一动不动。

彭松酒醒了大半，吓得浑身直冒冷汗，一时间不知所措。渐渐地他冷静下来，把张嘉背到附近的一个轮胎仓库里，将其放在一摞轮胎的后面。然后，彭松跑到外面给李光打电话："快回来帮帮我，张嘉耍酒疯，自己跑到轮胎仓库那边去了，我追都追不上。"

过了一会儿，李光来到仓库里，刚走到那摞轮胎附近，早已守候的警察便冲进去将他铐起来。找到张嘉的尸体后，李光连连否认自己是凶手。报案人彭松大哭着说：“我远远看到李光鬼鬼祟祟地背着张嘉走进仓库，便在仓库窗户那观望，见到他把张嘉藏到高4米多的白边汽车轮胎后面，我们三个关系那么好，他怎么能害死张嘉呢?”警察听了彭松的话，立即铐上了他：“也许你该将真相告诉我们!”

请问，警察为何会认为彭松是凶手?

31. 内外勾结

一家银行发生了一起抢劫案，劫匪抢走了保险柜里的几十万美元，然后劫持了银行的助理会计阿里先生，坐进小汽车里逃跑了。

不久，警察接到电话，是阿里先生打来的，他说自己已经成功地从劫匪那儿逃跑了。他向警长讲述了自己的经历：“我刚走进银行，三个蒙面的劫匪就冲了过来，用枪指着我，逼我打开了银行的保险柜。他们把里面的钱洗劫一空之后，还把我拖上汽车，然后就发动汽车向外逃走了。”

“那你是怎么逃出来的呢?”警长问道。

“离开银行之后，一个劫匪就把抢来的钱从银行的钱袋里倒出来，放到一个他们自己准备的包裹里。然后，他们把钱袋扔出了车窗。又过了两个街区，正好碰上了红灯，车子停住了。我瞅准机会，突然打开车门，从车里跳了出来，然后飞快地跑到最近的一所房子里。很幸运，劫匪没有追赶我，他们继续逃跑了。”

“请你领我们沿着刚才劫匪逃跑的路线回到银行去，看看路上有什么线索吧。”

“好的。”阿里先生说完，跟着警长坐进警车，往银行的方向开去。不久他叫了起来：“就是这里！钱袋就在这里!”他们停下车，捡起钱袋，然后继续往银行开去。过了几分钟，他们来到了一个红绿灯前。“这就是我逃跑的地方。”阿里先生说。

回到银行后，警长拿出手铐，将阿里先生铐了起来，“别再编造故事了，快告诉我们你是如何勾结劫匪抢银行的吧!”

警长为什么那么肯定阿里先生参与了这起抢劫案?

32. 替罪羊

一天晚上，在逃犯肖恩又在某市作案了，他抢劫了狄龙和琼斯合股开设的珠宝店。

警方接到报案后，立马调出了肖恩的资料。肖恩是一名在逃犯。他从监狱逃出后，一个月内作了5次案，以前都是在乡下和交通要道上作案，而这次竟在城里作起案来。

警员奥尼尔将这些情况告诉了侦探比利斯，比利斯问道："警方已经有足够的证据证明抢劫那家珠宝店的强盗就是在逃犯肖恩吗？"

奥尼尔说："警方是根据珠宝店的合伙老板狄龙提供的情况判定的。"说着拿出了一本笔记本念着狄龙的原话笔录："店里只有我一个人。突然有个男人闯进来喝道'举起手来'！我吃了一惊，急忙抬头一看，站在我面前的正是在逃犯肖恩，他身穿灰大衣，后面束着皮带，和报纸上登载的完全一样。肖恩命令我脸朝墙壁，我只好听从他的话，等我回过头来时，他已经溜掉了。店里的钱财被他抢劫一空。"

侦探比利斯听完了笔录，问道："之前报上登载过肖恩的照片吗？"

"登过，不过相貌模糊不清，主要的特征就是灰大衣和背后束着皮带，这是人所共知的。"

比利斯说："这个案件很容易破解。"

警员奥尼尔惊讶地问："现在连肖恩的踪影都无从了解，怎么就可以破案了呢？"

侦探比利斯说："我是说狄龙的珠宝店根本没有来过什么强盗。"

"噢，那你认为狄龙在说谎喽！你根据什么来断定？"

"我能断定，"侦探比利斯说，"按狄龙自己提供的情况。"

那么，你知道侦探是按狄龙所提供的什么情况破案的吗？

33. 毒药放哪了？

纽约市的老城区电路出现了问题，所以供电局发布了告示，说最近要检修电路，因此每天或许会不定时停电。

这一天，在老城区的一家酒吧中，四位男子麦克、威尔逊、大卫还有格桑正在包厢中喝着酒。突然间，整个酒吧内一片漆黑。原来是停电了。不一会儿，酒吧侍者送来了蜡烛，他们又接着喝了起来。几分钟后，格桑痛苦地挣扎起来，很快地就伏在了桌上，停止了呼吸。

哈里特警探很快赶到，发现格桑喝的啤酒中有烈性毒药。但包厢中的三人都说没有任何人进来过，就连停电的时候也没有感觉到有人进入。

哈里特警探对麦克、威尔逊、大卫三人随身携带的物品进行了仔细检查，威尔逊携带的有香烟、火柴、感冒胶囊；大卫携带的有一个钱包，里面有一千元美金外加几张信用卡；麦克携带的有手表、手帕、口香糖、记事本、老式钢笔和几十元钱。看到三人的物品，哈里特警探想了想，便很快指出了投毒者。

哈里特警探根据什么判断出凶手是谁呢？

34. 火车站谋杀案

侦探安东尼奥站在火车站熙熙攘攘的人群中，他准备到得克萨斯州去度假。

“对不起，请让一让。”身后有人礼貌地说。安东尼奥连忙让到一旁，只见一个身穿黑色长裙的贵妇打扮的女人，推着轮椅走了过来，轮椅上坐着一位老人，他蜷缩在轮椅里，表情十分呆滞。

“有什么需要帮忙的吗？”安东尼奥询问道。

“谢谢，我想不用了。”贵妇打扮的人婉言谢绝，她叹了口气说道：“这是我的父亲，他偏瘫已经有一年多了，现在，我打算带他去得克萨斯州治病。”

安东尼奥接着彬彬有礼地说：“得克萨斯州吗？正巧我也去那里，要不结伴同行吧，如有什么需要帮忙的地方，我一定尽力效劳。”

贵妇人婉言拒绝了安东尼奥的好意。她推着轮椅，慢慢消失在人群中。看着她的背影，安东尼奥忽然觉得有点不对劲，可到底哪里有问题，却又说不上。转眼开车的时间到了，一列从远处开来的火车此时马上就要进站了，安东尼奥拿起行李准备上车。

突然，尖厉的刹车声响彻车站，刹车片在铁轨上磨起阵阵火花，伴随着旁边乘客的尖叫，刚刚进站的火车以飞快的速度撞上了出现在铁轨上的那辆轮椅车，可怜的老人当场死亡。

安东尼奥马上停住要上车的脚步急忙赶过去，见刚才的那位黑衣贵妇正坐在地上哭泣。她嘶哑地号哭，自责地拍打着自己的脸，然后开始对火车司机怒骂。几位乘客试图安慰她，但是她的情绪始终无法平静。警察迅速赶到，一位年轻警员开始向她了解情况。

贵妇打扮的人哭诉道："刚才我在等车，想送我父亲到得克萨斯州治病。谁知道火车进站的时候，一股强大的气流向我吹过来，把我一下子向外吹，我一时站不稳，跌倒在地上。而我父亲的轮椅顿时失去控制，一下子冲下站台，卡在铁轨上！然后……都是这该死的站台设计，我要告这该死的火车站！"

"女士，很遗憾你说的是假话，"安东尼奥在一旁冷冷地说，"不管你是因为遗产还是其他的原因下这样的毒手，你都不能逃脱法律的制裁。警察先生，你应该立刻拘捕她。"

你知道安东尼奥侦探是怎样知道她在撒谎的吗？

35. 巧识破绽

弗兰克是一个食品公司的负责人。一天晚上，他在家中被人用棒球的球棒打中头部而死。亨特警官来到现场后，发现死者趴在书桌上，旁边是未写完的文件，书桌紧挨着窗台，厚厚的窗帘遮挡住了窗户，书房里的台灯依然还亮着。看来死者是在书写文件时，被凶手从背后偷袭而死。

报案的加文是住在弗兰克对面的邻居。亨特警官问："你是如何发现弗兰克被害的？"

加文说："我亲眼看见有一个身影站在弗兰克后面，高高举起球棒，向弗兰克的头部挥去。当时我就想大事不妙，弗兰克一定出事了。"

亨特问："你确定看到凶手挥动球棒的影子了吗？"

"我确定，当时我去厨房倒水，无意间看到对面弗兰克的家中窗帘上，显现出凶手挥动球棒的影子。我担心弗兰克遭到毒手，所以才立刻报了警。”

亨特说：“看来，你还挺关心弗兰克的。”

“那当然，我们是好邻居嘛!”

亨特突然脸色一变，严厉地问道：“既然你们是好邻居，那为什么你还要杀害弗兰克?”

加文慌张地回答说：“没有，我没有杀害他。”

“不要再狡辩了，我已经看出你的破绽来了。你就是杀害弗兰克的真正凶手。”亨特说道。

请问，你知道亨特从哪里看出加文的破绽了吗?

36. 凶手性别之谜

超级名模安奈小姐长相出众，身材高挑且气质独特，不但在英国家喻户晓，而且在全世界也很有名。但是，令人费解的是，她的私生活非常不检点，经常找一些不三不四的人在家里开派对。

周末的时候，邻居来借菜刀，发现安奈身亡后立即报警，警察随后赶到。经法医鉴定，安奈是被人用啤酒瓶猛击头部导致颅内大出血死亡的。据邻居反映，昨天是周末，安奈带领一大群人在自己家里开派对，非常热闹。直到凌晨的时候，众人才散去，但之后有吵闹声传出，声音不知是男是女。

勘查现场的警察看到安奈死在卫生间里，花洒还在向外喷水，马桶用的坐垫被掀开了，里面有死者的头发。

你知道凶手是男的还是女的吗?

37. 雨夜留下的脚印

一个雨夜，罗密欧先生被杀死在公园里。尸体在第二天中午被人发现，此时大雨早就停了，阳光出来了，非常温暖。警方在距离死者不远处发现了一个清晰的鞋印，这个鞋印是一种非常流行的旅游鞋的鞋印，穿这种旅游鞋的人非常多。

邓肯警官问公园的门卫："昨晚下雨时，除了死者以外，还有什么人来过吗?"

因为这个公园是一个小区内的公园，来公园的人绝大多数都是小区内的住户，门卫对他们都很熟悉。于是，门卫想了想说："昨晚雨下得很大时没有人来，在雨小了很多后，罗密欧先生就来了，他是穿过公园回家的，他每天都这样。过了 5 分钟左右，墨菲先生也来了，他走得很急。"

邓肯立即来到墨菲家，并在他家找到了和案发现场鞋印一模一样的一双旅游鞋，而且鞋子的尺寸也与公园中留下的尺码完全一样。

助手眼睛一亮，对邓肯说："警长先生，凶手就是墨菲，证据确凿啊!"

墨菲在一旁一听就急了，连忙大喊自己冤枉。邓肯拍了拍墨菲的肩膀说："你不用着急，你的确不是凶手。"

你知道邓肯为什么会这么说吗?

38. 包公审石头

开封府人潮汹涌热闹非凡，包公本来打算微服私访，可他面黑如墨，再加上名气太大，一眼就让街上行人认了出来。有个小男孩钻进人群，费了好大劲才见到包公，哇的一声就哭了起来。包公赶紧问其发生了什么事。小男孩说，他在街上卖完油条，数数得了 100 个铜钱，就把铜钱放在篮子里，靠着街边的大石头小睡了一会儿。没想到醒来后，篮子里居然一个铜钱都没有了!

包公想想说："肯定是被石头偷走了，待本官好好审审它。"说完就让小男孩带他到那块石头跟前，命令衙役们将其重责五十大板。人们哪里见过石头被审还挨打的? 纷纷围上来看个究竟，包公见围观者越来越多，开口说道："这个小男孩辛辛苦苦卖油条，刚挣下 100 个铜钱，结果又让石头偷走了。本官见他太可怜，判你们在场的每个人贡献 1 个铜钱。"然后，他让衙役端来一盆水，自己带头先扔进一个。人们见包公带头捐钱，那孩子又确实可怜，便自觉排队，挨个儿往盆里扔钱。

包公仔细盯着，眼瞅着有个铜钱进了盆里，他立即命令衙役：“把这人抓起来，就是他偷了小孩的钱！”那人吓得撒腿要跑，碰上一干衙役正围上来，只得乖乖束手就擒。包公没审两句，这家伙便当场交出了剩下的99个铜钱，小男孩见卖油条的钱失而复得，顿时破涕为笑好不高兴。

请问，包公是如何断定那人就是偷走100个铜钱的贼呢？

39. 巧寻官印

金华县新任知县曹严华刚上任两个月，就发现官印丢失了，不禁大吃一惊。曹严华不敢声张，私下叫来师爷丁玄和商量。丁玄和分析说：“这人偷去官印，也没有什么用处，可是你却落下一个丢印的罪名，我想偷印的人无非是想让你丢掉官职，因此可以断定此人偷印是报复你。你有没有什么仇人啊？”

曹严华想了想，说：“我刚来此地，也没有什么仇人啊！要说得罪人，我上任不足两个月，会得罪谁呢？只有狱吏谢坤，他贪赃枉法，曾经被我责罚过。只有他有偷印的可能，可又没有什么凭据，也不好办啊。”

丁玄和沉思了一会儿，附耳给曹严华出了个主意。曹严华听后，不禁拍案叫绝。

这天晚上，谢坤正在县衙做事，突然后院起火。曹严华立即当着众下属的面，把封好的官印盒交给谢坤拿回家保管，自己立即转身指挥救火。

第二天，谢坤当着众官的面把官印盒还给知县。曹知县打开一看，官印在里面，于是当着众衙役的面，表彰谢坤保护官印有功，发了赏钱。

你知道谢坤为什么盗了官印又偷偷还回来吗？

40. 奸诈的跳水教练

深夜，游泳馆外的马路上发生了一起拦路抢劫杀人案，一名年轻女性被杀了。希尔斯奉命调查此案，他很顺利地找到了一名目击证人，就是在游泳馆内跳水的运动员泰勒，泰勒的家就在游泳馆附近，案发现场距离泰勒家的阳台不到100米远。

泰勒对希尔斯说：“那天晚上，月色很好，我一个人坐在阳台上品咖啡，看见了凶手行凶的过程。我当时就惊呆了，本来想要呼喊，但仔细一看我更加吃惊了，那个抢劫杀人犯不是别人，正是游泳馆里的游泳教练伦尼。”

希尔斯便根据泰勒的证言找到了伦尼，并在伦尼家搜出了一把与受害人伤口相吻合的大号的尖刀，但伦尼面对这些铁证却拒不承认自己犯了罪，他对希尔斯说：“警官先生，那天晚上，我到朋友家去了，因为他妻子生孩子，我们都去祝贺了，一直到后半夜才回家，怎么可能回到游泳馆杀人呢?”

希尔斯经过了解，果然如伦尼所说，这下希尔斯也有些糊涂了：“伦尼不会分身术，不可能来到现场杀人的，但是那把刀该怎么解释呢?”

没办法，希尔斯只好重新梳理案情，终于发现了泰勒证词中的巨大漏洞。原来泰勒才是这起凶杀案的真凶。

你知道泰勒证词中的漏洞在哪里吗?

41. 富足的法国人

有一个富足的法国人，8 年前在香榭丽舍大道上接近戴高乐广场的地段开了一间餐厅，生意一直很红火。担任主厨的安德里的厨艺也越来越好。他最拿手的是鸡肉料理，鸡肉和鹅肝是绝妙的搭配。餐厅里一共有 128 个位子，每到周末几乎都客满。

最近还跟年轻歌手蜜雪儿签了约，经常在餐厅现场演唱，使得老板的银行账户位数逐渐增加。

请问：餐厅的老板多少岁?

42. 鲍勃死于煤气中毒?

这个故事发生在 20 世纪 50 年代的美国。鲍勃是一个成功的商人，可他与其他的富商不同，鲍勃非常喜欢小白鼠，在他家里，饲养着几只非常可爱的小白鼠。

一天早晨，当钟点工准时来到鲍勃家里的时候，发现鲍勃倒在地板上，已经死亡。钟点工立即报警。

警察查看了现场，发现鲍勃是由于煤气中毒而死。警察仔细摇了摇煤气罐，发现罐中的煤气的确是空的，于是准备将此当成自杀事件来结案。

但正当他们准备离开时，一位警察发现那几只关在笼子里的小白鼠正在健康地跳跃，这让他心头一震，不由自主地喊了起来："不对，应该是他杀。"

他说出自己的想法，其他警察也认为他讲得有道理，便展开了侦查，最终抓获犯罪嫌疑人。

请问，那名警察通过观察想到了什么？

43. 全身都是红色的女人

在日本有一家温泉度假村，一天晚上，该度假村501号房间的女房客自杀身亡了。酒店经理急忙报案，警察从酒店登记处得知，死者名叫山口惠中，45岁，是东京的女富豪，趁过节之际，一个人来到度假村享受休闲时光。

大家都以为这名死者是山口惠中无疑了，不料，探长大岛茂却觉得这名女子并非是山口惠中。原因是，这名女子头上红红的，而酒店衣架上的衣服也全是红色的，他认为这与常理相违背。

大岛茂问酒店服务生："你们亲眼见过山口惠中本人吗？"

服务生回答说："她这个人非常奇怪，出门时常戴着帽子，住了几天，我都没看清楚她长什么样！"

"那就是说，你们都没见过山口惠中？"大岛茂问。

"是的。"服务生回答说。

"死者应该不是山口惠中，而是另外的人。至于为什么要在山口惠中房间里自杀，可能另有原因。"大岛茂说。

经过警察周密调查，发现死者名叫美枝子，与山口惠中年纪相仿，由于工作上的关系，二人结下了很深的仇恨。美枝子想通过自杀的方法嫁祸于山口惠中，结果不但没嫁祸成功，反而丢掉了性命。

那么，大岛茂是如何知道死者不是山口惠中的呢？

44. 怪异的现场

一个商人被发现头部中弹死在家中。经警方调查，发现该商人生前做生意亏损，因此动了自杀的念头。

警方仔细勘查了现场，并没有发现什么疑点，于是，便打算按自杀结案。

就在这时，一名警察发现了疑点：死者躺在床上，身上盖着被子，死者头部伸在外面，而手却放在被子里。这个警察虽然不能准确地说出疑点所在，但直觉告诉他，这里面一定有问题。他将自己的想法讲出来后，同事都认为他的怀疑是正确的，并为他做出了正确解释。

请问，问题出在什么地方？

45. 想难倒名侦探

沃恩斯是一位著名的私家侦探，有他参与的案子，不管有多棘手，都被悉数侦破。有一个名叫爱丽丝的贵妇，与沃恩斯是好朋友，爱丽丝想考考沃恩斯是不是如人们传说的那样神奇，于是，她便和自己的管家哈斯合演了一曲双簧。

凌晨一点钟，哈斯给沃恩斯打去电话，说爱丽丝家中被盗，请沃恩斯立即过来。

爱丽丝向沃恩斯介绍说："晚上我正对着蜡烛看书，就在这时，门开了，一股强劲的穿堂风扑面而来，我赶紧吩咐哈斯前去关门。不料，这时走进来一个戴着面具、持枪的抢劫犯，问我珠宝放在哪儿。我顿时吓坏了。这时，哈斯走了过来，但他很快被抢劫犯制伏了，还被用绳子绑了起来。无奈之下，我只好交出珠宝，然后又被抢劫犯捆了起来。就这样，半个小时后，当哈斯挣脱绳索后，我才被解救。"

听完爱丽丝的诉说，沃恩斯若有所思地点点头。他仔细地查看爱丽丝的客厅，发现一个奇怪的现象，凌乱的写字台上放着一支燃烧得所剩无几的蜡烛，烛泪朝着门的方向流淌着。当然，此时已凝固。

沃恩斯看完后，当即意识到了问题，他对爱丽丝说："我们是老朋友了，但你却用这种方法捉弄我，我希望这种戏弄只有一次。"

请问，沃恩斯为什么这样说？他发现了什么？

46. 疑点重重的帽子

凌晨时分，某地警方接到报案，说在一条公路旁发现了一具尸体。警方立即赶往现场。

警察几经波折到达现场，因为案发前一晚刮了一夜的台风，公路上堆满了各种杂物。

警方发现，现场除一具尸体外，就只有一顶帽子。尸体有明显的被外物砸伤的痕迹。警方粗略判断，这个人可能是由于刮台风时被外物砸倒而死。

不过，警长杰克却不同意这种判断，他对着那顶帽子若有所思。随后，杰克让法医鉴定那顶帽子是否是死者的遗物。法医鉴定后说，这顶帽子是死者的。杰克点点头，对警员说："这不是意外，而是他杀。这里也不是第一现场，尽快找到第一现场进行勘查。"

经过警员们的努力，第一现场终于被找到。警方顺着线索，最终找到了真凶。

请问，杰克为什么认为这是一桩谋杀案？

47. 枯萎的玫瑰花

温莎已经70多岁了，由于老伴几年前去世，所以现在温莎一个人住在公寓内。

温莎一辈子都爱玫瑰花。自从老伴去世后，她的这个个性依然没有改变。她坚持每三天买一次花，因此，花店的老板同她非常熟悉。但让花店老板奇怪的是，温莎一连几个星期都没来店里了。"难道她出去了？怎么可能？一个70多岁的老太太不大可能独自出行。"花店老板越想越感到蹊跷，于是赶忙去温莎家探望。可无论他怎样敲门，就是没人答应。花店老板随即报了警。

警察来到温莎家中时，发现温莎中弹而亡。从现场来看，除了温莎的脚印和指纹，其他地方一尘不染。从这些表象判断，好像温莎是自杀而亡的。

然而探长史蒂文森却有自己的想法，他认为，一个爱花的老太太，是不可能自杀的。何况，她天性开朗，不应该做出这种事。史蒂文森仔细查看着现场，突然，一朵已经枯萎的玫瑰花映入了他的眼帘，它只剩下枯枝，却没有看见凋谢了的花瓣。史蒂文森大声说：“罪犯很狡猾，杀人后，销毁了一切证据。可是百密一疏，还是留下了证据。”经过警方周密调查，嫌疑犯终于落网。

请问，史蒂文森看到了什么？

48. 帮忙的劫车犯

这件事发生在多年前的英国。一天，一辆运钞车正行驶在公路上，在中途，突然遭到一群身份不明的人的袭击。

经过一番激烈的战斗，劫匪终于被打跑了，可是押运一方也损失惨重，两个押运员一个死亡，一个生命垂危，车子也被打坏了，无法动弹。

这时，迎面开过来一辆军用汽车，军用汽车在运钞车面前停下。从车上下来两个军医，他们看看受重伤的押运员，说：“等一会儿，有急救车赶来，你们不要着急。”随即对运钞车的司机说：“这个地方很危险，你帮我们一下，将车里的钞票搬到军车上。”

司机想了一下，没有答应，只是含糊其辞地应答着：“刚才受到了惊吓，我想去方便一下。”司机趁方便之际，拨打了报警电话。

一会儿工夫，从远方传来警笛的鸣叫声，那几个开军车的人匆忙开车逃走了。

请问，司机是如何看出开军车的人同劫匪是一伙的，他观察到了什么？

49. 不欢而散的聚会

冬天将要过去的时候，人们的心情随着温度的上升变得越来越好。这个时候，很多居住在明尼苏达州蒙特班市的人喜欢在家里开派对，著名富商扎克的太太就热衷于此。

那天宾客云集，在大家玩兴正酣的时候，扎克太太发现自己家客厅的一个中国明代的小花瓶不见了。此时已经有不少宾客离开了，这个案子该怎么查呢？

警察到来之前，在场的宾客暂时不能离开，扎克太太简直像一头发怒的狮子，逮谁就想咬谁。警察搜查了所有宾客的车，未发现失踪的花瓶，而花瓶之前就被摆在大门入口处。

随后，警察询问了在场的宾客。

阿曼达拎着自己的外套说："其间我也是和大家一起喝酒唱歌，中途我想抽烟，但是看到屋里有很多女士，于是披上外套，去了二楼的阳台。"他说完，披上外套走了。

扎克太太的好朋友阿德莱德说："像这样的聚会，我们都会玩得非常尽兴，自己做了些什么都不一定记得住，更别提注意到身边的人了。我是最早到的一批客人，不过我没有出去过，我一直在房间里喝酒，吃桌子上的美食。"说完，他从门口挂满了衣服的衣架顶端拿出自己的外套也离开了。

最后接受询问的是与阿曼达一起来的一个刚结婚的年轻人，他的新婚妻子总是催促他尽快挣钱，她可不想过穷日子。年轻人说："聚会到一半的时候，妻子打电话催我回家，屋子里太吵，我就拿着外套到院子里接了半个小时的电话。"

眼看没有问出来什么事情，扎克太太有些气急败坏。警察这时慢悠悠地说："甭着急夫人，我已经找到了一个嫌疑人。"

嫌疑人是谁？你也知道了吧？

50. 血字的暗示

在某一酒店的 3 楼发生了一起命案，一房客惨死在房中。警察接到报警后，及时赶到现场，发现现场凌乱不堪，凶手已破坏了现场。

细心的警察惊奇地发现，在死者的右手边有一行血字：正，正，正。警察不明其意。“这是不是死者留下的线索？”一警察小声嘀咕道。

经过警方的调查，最后确定住在 315 房间的房客姓王，笔画只有四画；住在 317 房间里的房客姓易，笔画是 8 画，难道这三个“正”还有另外的用意。

就在这时，一名警察恍然大悟地说道：“原来是这样，可以确定凶手就是他。”

请问，警察所说的“他”指的是谁？

51. 巧识假农民

北宋时，寇准进京当京官。一些官员见寇准穿得寒酸，长得其貌不扬，便从心底里瞧不起寇准，都想看他出洋相。

有个叫王坦之的四品官，很不服寇准，认为寇准根本没什么才学和智慧，因此决定捉弄一下寇准。王坦之叫来两个手下，让他们化装成农民，去寇准衙上告状。于是这两个人换上农民的衣服，去衙门击鼓告状。

一个人说道：“大人，我春起种了棵葫芦，我一瓢水一瓢水侍弄大了，葫芦爬上墙头，遇上好年头风调雨顺长得甚是喜人。不想这几天不见了，找来找去发现葫芦在隔壁院子里的坛子中了。本想拿回自己的葫芦，可是他家不让，请大老爷做主。”

寇准对另一个人说：“把人家的东西还给人家不就行了？这点小事也要大惊小怪闹到衙门上吗？”“清官大老爷啊，俺冤枉啊，那葫芦确是他家的，俺又不是不还给他，只是因为那葫芦的藤爬到俺们两家共用的墙头，不知道什么时候被风吹掉进了我家的坛子里了，在坛子里继续生长，如今已经长得太大了，我家坛子口又小，他让我打碎我家的坛子，拿回他的葫芦，这公平吗？又不是我拿了他的葫芦，我为什么要打碎自己的坛子呢？

还请大老爷明示。”另一个人说。

寇准听了两人的陈诉，已经明白了事情的真相，于是说道：“嗯，这还真是个难题。”听了寇准的话，两个人互相对视，暗暗偷笑，心想：“都说你寇准很有能耐，看你怎样解决。”

哪知这时寇准大喝一声，说道：“你们两个根本就不是农民，是来戏弄本官的，你们好大的胆子。”听寇准这样一说，那两个人顿时惊呆了。他们做梦也没有想到，自己的把戏竟然被寇准戳穿了？

请问，寇准是如何看出他们的破绽的？

52. 发黄的字据

北宋天圣年间，四川仁寿县的江知县上任不久，就受理了一桩田地诉讼案。原告张某是个专管征收赋税的小吏，告他的邻居汪某无端霸占他家良田20亩。汪某申辩：“并无此事，这20亩田是我祖父留下来的。去年张某来我家收税，说如把田产划归他名下，可以不交赋税，不服徭役。我正为交不出赋税犯愁，就答应了。当时我们商定在字据上写明将我的田产过户给他，但实际上田产还是属于我的。”张某则说：“10年前，汪家遇上急事，主动提出把20亩田卖给我，有字据为证。”

知县接过字据，仔细审阅。这张叠起来的字据是用白宣纸写的，纸的两面都已发黄，纸的边缘也磨损了不少，像是年代很久了。知县将字据叠起又展开，展开又叠起。突然，知县眼前一亮，把惊堂木一拍，喝道：“大胆刁民，竟敢伪造字据，瞒骗本县，还不从实招来！”

知县从字据上发现了什么破绽？

53. 占卜3件事

城隍庙里有一个瞎子算命很灵，一个人想找他为自己的婚姻、疾病、前程三件事算命。这个算命的瞎子为了骗更多的钱，在门口立了一块牌子，上写“两问20两纹银”。可来人身上只有25两。于是他问：“很短的1句话也算1问吗？”瞎子说：“当然。”他又问：“很长的1句话也算1问吗？”瞎子说：“也算。”

于是这个人冥思苦想，想找到一种提问方法。请问，他能找到什么样的方法？他原来准备的问题到底能问几个？

54. 古壁画拓片

亨特利是收藏世家子弟。有一天，他在偏僻遥远的非洲山村以重金买到一张古壁画拓片。拓片上有3组图案：猛犸图、猎人追赶恐龙图和羽人图。他欣喜若狂，赶忙拿回家去送给父亲。他父亲接过拓片看了一眼，立刻仰天长叹：“你这笔学费交得太冤枉了！”请问，这是为什么？

55. 放错的电影票

父亲叫小刚过来，说：“你到书房里把一张电影票拿来，电影票夹在《故事会》杂志的57、58页之间。”小刚听了，马上对父亲说：“您大概记错了。”小刚凭什么说爸爸记错了？

56. 100美元哪里去了？

3个朋友住进了一家宾馆。结账时，金额总计3000美元。3个朋友每人分摊1000美元，并把这3000美元如数交给了服务员，委托他到总台代为交账，但交账时，正逢宾馆实施价格优惠，总台退还给服务员500美元，实收2500美元。服务员从这500美元退款中扣下了200美元，只退还3位客人300美元。3位客人平分了这300美元，每人取回了100美元。这样，3位客人每人实际支付900美元，共支付2700美元，加上服务员克扣的200美元，共计2900美元，那么，这100美元的差额到哪里去了？

57. 绘制世界地图

某人想要制作一幅准确无误的世界地图，便邀请现今国家最知名的地理学家们来绘制。可是，把所有人的作品集中后，这人却决定不了该采用谁的地图。需附带一提的是，他们都采用了相同的胶片、测量工具与制图方法。究竟出了什么差错?

58. 如何发出求救信号?

初春时节，西伯利亚仍然寒气袭人，美国特务史密夫在那里执行任务时，失手被擒，其后被关在高原上的木屋内。木屋囚室内没有纸、笔、电筒，只有1扇窗、1张床、1台冰箱及1罐汽水。晚上，史密夫利用囚室内的设备发出了求救信号，通知同伴来救援。最后，他成功地逃脱了。

史密夫是如何发出求救信号的呢?

59. 女间谍去哪了?

英格兰的春天阳光明媚，花木繁盛。在伦敦大道上，一名外国特务正在跟踪一名妙龄少女。该少女是东南亚某国的著名女间谍，身上藏有该国的机密情报。女间谍发现被人跟踪后，立即躲入一条横巷内。据特务所知，这条小巷是没有出口的，只要守住入口，等她出来，便可立刻将她捉拿。

可是等了10分钟左右，仍未见少女出来，特务着急了，跑入巷内察看。只见一间没有镜子而且简陋的理发店内放着两张长木椅、一张木凳，一个老伯正在替一名小孩理发；另有一老妇领着她的孙儿，正等待理发，其余什么人也没有。

奇怪，那个女间谍究竟逃到哪里去了呢?

60. 能点燃吗?

在一次宇宙航行中，航天飞机降落到一个奇怪的星球上，这里只有一种气体——氢气。因为没有一点光亮，无法观察地形地貌，于是，宇航员想点燃打火机照明。请问：宇航员能点燃打火机吗？如果点燃了会出现什么情况，是会带来光明呢，还是会引起爆炸？

61. 列车上的蒙面人

一辆特供列车上，一大批即将被销毁的老版钱币被人洗劫一空。据调查，案发时间是凌晨3点左右，本次押运任务的直接负责人约书亚被打得头破血流，脸上还有划痕。

史密斯警官奉命调查此案件。他仔细排查后发现，除了两支只吸了一半的香烟，再没有其他有价值的线索。

史密斯询问案发时的情况，约书亚说：“我知道这次的任务非常重要，所以不敢掉以轻心，自打登上列车后就没敢出去过，食物都是专门的列车员送进来的。后半夜，我准备睡一会儿，养足精力。谁知突然闯进来两个全副武装、戴着面具和手套的人，他们将我打晕，并拎走了箱子。我清醒后，就赶紧报了警。”

听完约书亚的陈述，史密斯拿起那两个烟头问道：“这是你抽的吗？”

“不，是他们抽的。他俩进来时每人嘴里叼着一支香烟。”

“很好！这两个烟头会给捉拿案犯提供有力证据。”

史密斯说完又问道：“那么你脸上的划伤是怎么回事？”

约书亚答道：“这是高个子强盗打我时他手上的戒指划破的。”

史密斯听完后，立刻将约书亚抓了起来，并说出了原因，约书亚只得乖乖地低下头。

史密斯认定约书亚是劫匪的依据是什么？

62. 假造的现场

这天凌晨，基诺接到报案，在收藏家的花园洋房里发生了一起抢劫案。

赶到案发现场后，基诺发现二楼的书房里，有两扇敞开的落地窗，书桌上立着两支已经燃烧大半的蜡烛，桌子上淌着一大摊烛液，桌子底下散落着不少文件，像是打斗后留下的。文件旁边还有一根绳子。

收藏家告诉基诺："昨晚，房间突然停电了，于是我点了蜡烛，打算看看到手的珍贵手稿。谁知蜡烛刚被点亮，门就被推开了，一个蒙面人从窗户爬进来将我捆绑起来，并将我的嘴塞上，然后抢走了我的书稿。我费了很大的劲才挣脱绳子，报了警。"

基诺听完，环顾了一下四周，哈哈大笑起来："先生，虽然您制造假现场的本事很大，但是您还是忽略了关键的细节。"请问，基诺是如何发现破绽的呢？

63. 可疑的血手印

大侦探福尔摩斯接受了一个调查凶杀案的委托，案情是这样的：一个富商在自己的公寓中被人用刀刺死了。在案发现场，卧室的墙壁上印着一个清晰的血手印，五个手指的指纹全部是正面紧贴墙壁印上去的，手掌的纹路也很清晰。警方将其视为重要的破案线索，认为是凶手逃跑时，不小心把沾满血的右手按到了墙壁上。

福尔摩斯赶到现场时，见到老熟人巴特警官正在小心地收集墙壁上的指纹。

福尔摩斯仔细观察了一下，便笑着对巴特说："你还是看看有没有其他的线索吧！"

巴特依然专心做着自己的工作，随口问道："这些指纹不就是重要的线索吗？"

福尔摩斯耸了耸肩，说："但是，这个血手印很可能是嫌犯故意伪造的，目的就是要误导警方。"

巴特转过脸，问："你怎么知道的？"

福尔摩斯说道："你试着用右手在墙上印个手印就知道了。"

福尔摩斯是怎么看出手印有问题的呢？

64. 大毒枭贝亚特的谎言

费斯警官几经周折，终于掌握了大毒枭贝亚特的行踪，并且迅速将其拘捕了。

在审讯室中，费斯警官问道："经过我们的调查，上个月的15号，你正在非洲的撒哈拉沙漠中带领一队人偷运海洛因，没错吧？"

贝亚特答道："警官先生，你弄错了吧，上个月15号，我正在中亚的戈壁沙漠呢。"

费斯警官追问道："是吗？有何证据？"

"当然有。"贝亚特说着，从口袋中取出一张照片，照片上他正骑在一匹单峰骆驼上在沙漠中漫步。"这就是我的向导帮我拍摄的，不信的话，你可以去找他查问。"

费斯警官看了看照片，猛一拍桌："你撒谎！"

这是为什么？

※　※　※

答　案

1. 神秘女郎

肖恩探长始终都没有说温尼特死于哪个城市，但海莉先是很明白地说了她并不知道叔叔去旅行了，后来又说他到佛罗伦萨去了，说明她在撒谎，她为了得到遗产，杀害了叔叔。

2. 面具

是兄弟。死者手依旧握着方向盘，说明是被他很信任的、让他毫无防范的人杀死的。由于，死者打算向法院起诉他的助理，所以他对助理还是会加以防范的，那么凶手就剩下情人和弟弟了。按理说，情人和弟弟都可能接近死者，但是情人为了钱不会杀他，而恰恰是弟弟为了继承他的遗产，杀死了自己的哥哥。

3. 假口供

斯特恩根据马特房间中那杯充满气泡的啤酒看出，这是刚刚倒出不久的啤酒。如果说马特是在凌晨一点被人杀害的，他杯子中的啤酒就不会有泡沫了，显然房东是在说谎。

4. 棉花之疑

药房老板提供的线索是：有个人来买医用棉花，但却不买任何药物，也不买纱布、绷带和胶布，这个人的嫌疑很大，警方可以根据药房老板提供的犯罪嫌疑人的相貌制作画像，进而锁定凶手。

5. 走私犯的伎俩

新闻作了汽车走私的报道。迈克走私奔驰车，史泰克当然查不到走私品。由此可见，观察不仅要仔细，而且还要善于动脑筋，只有两者结合，才会在第一时间得出答案。

6. 酒吧里的发现

杯子上的红色，也就是唇印，一般修女是不会涂口红的。因为修女和司机进来的时候，哈瑞并没有注意看修女的唇，因此没有立即发现这个疑点。

7. 伪造录音

如果真的是他老公杀的话，死者就不可能说："他不知道我在录音，我要关录音机了。"如果死者录音不被凶手所知，录音就不会有咔嚓声。有了声音，凶手就可能知道录音机在何处，离开时会把录音机销毁，也就不会存在这个录音了。

8. 烟袋的主人

因为姓李的人很爱惜烟袋。姓王的人虽然嘴上说是自己家的传家宝，但他用力地磕烟袋里的烟灰，一点都不爱惜烟袋，所以可以推断他是说谎的。

9. 调包的钞票

题目中有这样的字眼"假装往邮筒中投信"，说明邮筒就在附近。那么，窃贼事先准备好若干个信封，上面写好自己的地址，然后贴好邮票。他从精品屋里出来后，就直接将这些钞票分装在信封里，寄给自己。

10. 东方列车讹诈案

乘警赶到海顿先生的包厢时，发现海顿先生正悠闲地抽着雪茄，雪茄上留着一段长长的烟灰。乘警据此断定：在三四分钟前，海顿先生是在抽雪茄，而并不是像那女人说的那样。

11. 拙劣的伪装

如果这名女子是自己踩凳子上吊的，那么凳子上一定会留下她的足迹。

12. 钱为什么会少？

儿子把信封上的数字看反了，其实信封上写的是 86 元。因此，儿子去买东西时钱不够，还少了 4 元。

13. 珍邮藏在哪儿？

人们邮信一般都贴普通邮票，很少有贴纪念邮票的。老王见大信封上贴的是一张大大的纪念邮票，因而怀疑那枚丢失的珍邮就藏在纪念邮票的下面。

14. 谋杀

血迹的颜色会随着时间来变化，过了一个晚上，血迹的颜色自然与护腕的颜色不再吻合。维拉把手放在额头上的时候，正好让杰看到了护腕上的血迹。

15. 要命的野炊

凶手是汤姆。因为下雨之后的木柴本来就是湿的，不会因为掉到地上才会变湿，所以他在说谎。

16. 锁定特务

颈椎病患者 A。严重的颈椎病患者不躺下是喝不光罐装啤酒里的酒的。警长进门时，他是坐着的，啤酒罐就在脚下。

17. 黑珍珠项链被盗案

郁金香一到夜里花就会合上，灯光照射 10 多分钟才会自然张开。耕助进门时，花瓣是闭着的，而现在张开了。这说明书房原来一直是黑着的，卢班不会在黑暗中读书。

18. 游船上的谋杀案

3 天没有喝水的人是不可能满头大汗的，说明保罗在撒谎。实际上是为了独吞淡水，他把汤姆杀了。

19. 遗书上的签名

打字机上没有指纹。如果是富翁自己打遗书，会留下指纹。

20. 神秘黑屋

希尔摸黑进屋去开灯，却没有被横在走廊里的尸体绊倒，说明他早已知道有具尸体横在那里，他故意迈过去了。

21. 失算的小偷

密码确实是6948，主人出门前忘了锁上保险柜，坂上第一次对准号码盘转动钥匙，其实是将柜门锁死了。接下来无论他怎样调整数字排序，自然都无法打开。

22. 荒唐的劫机事件

罪犯因无从纽约到华盛顿的旅费，买了到纽约的机票登上飞机，并在厕所的镜子上贴了恐吓信。这样一来，他就可以作为受劫机牵连的乘客顺利地到达华盛顿了。这样既不会被强制送回迈阿密，又不需补交不足的费用。

23. 凶器是什么?

杀死死者的凶器就是那条大青鱼，夏天的时候大青鱼被冻在厨房的冰箱里面，刚刚拿出来的时候，大青鱼是硬着的，死者的妻子就是拿着冰冻的大青鱼在自己丈夫后面猛然敲死了自己的丈夫。而拿出来一段时间后的大青鱼因为天气热，很快便软了。

24. 全城捉拿真凶

凶手应该是A（蒙戈），只有他带有可致人于死命的凶器，只要把狗链绕在手上，一击即可致人死亡。

25. 海上求救

白布和旗子一样，没有风绝对不可能飘起来，人们当然也就无法看清楚上面的字。索菲格正是在这个问题上露出了马脚。

26. 无名纵火犯

库伯先生的失误就是他没有及时检查那堆放在生石灰上的木料。木料压住了生石灰，天又在下雨，生石灰因为受潮而产生了大量的热量，没办法散发，温度越来越高，达到了起火点，木料就燃烧了起来，引起了一场无妄之灾。

27. 照片上的时间

因为风筝飘舞的方向是向东，而彩旗飘舞的方向是向西，这两个方向完全相反，这违反自然规律，是根本不可能出现的事情。按照常理，彩旗飘舞的方向和风筝飘舞的方向应该是相同的才对，所以约翰立刻判断出嫌疑犯是在说谎。

28. 衣柜里的尸体

他们通过藏尸衣柜里的樟脑丸判断出了屋主在说谎。樟脑丸是小颗粒状的，就说明这些樟脑丸尚未挥发完，应该是有人在不久前刚刚放置的。在一间3年没人住过的房间的衣柜里是不可能发现尚未挥发完的樟脑丸的。

29. 电风扇吹出假遗书

警长插上电源，风扇立即转动起来，说明田村倒地以前，风扇仍然开着。既然如此，一张薄薄的纸页怎么可能端端正正摆在转动的风扇跟前呢？他认为遗书有假，继而推断是秘书伪造了现场。

30. 轮胎仓库里的疑点

从仓库的窗外只能看到轮胎的正面，彭松知道轮胎内边是白色，可见他进过仓库。

31. 内外勾结

按照阿里先生的叙述，他们在回银行的路上，不应该先看到钱袋，再来到他逃走的地方，因为钱袋是在阿里先生逃走之前扔掉的。所以，阿里先生说的是假话，他肯定参与了这起抢劫案。

32. 替罪羊

根据狄龙说，强盗进门时，开始他面对强盗，后来又面对墙壁，怎能看到强盗背后束着皮带呢？原本他是想吞没店里的公款，他不想让他的合伙人琼斯知道他吞没店里的钱，所以把自己的罪过推到强盗身上。在逃犯肖恩在一个月里作了5次案，狄龙认为他最适合做自己的替罪羊。

33. 毒药放哪了？

根据情况来看，凶手很显然就在麦克、威尔逊、大卫这三人之中。从威尔逊带的物品中看不出有携带毒药的条件，虽然胶囊中或许可以放毒药，但要想在黑暗中很快将胶囊里的毒药投到格桑的酒杯再放胶囊回去似乎是不可能的；大卫也可以排除了；剩下的麦克才是最有可能的，因为他的钢笔笔囊里面的墨水最有可能融入了毒药，最后证明也是这样。原来麦克知道了停电预告，事先在自己的钢笔墨水里面融入了毒药，在停电的时候乘机拿出钢笔，将钢笔里面的毒药挤到了死者酒杯中。

34. 火车站谋杀案

火车进站的时候，由于车速很快，所以会在火车周围形成强大的低气压，但是这样的气压不会将人向后吹倒，反而会把穿宽大衣服的人吸过去。因此，贵妇显然在说谎。而且她送父亲到得克萨斯州治病，竟然没有携带任何行李，这更让人怀疑她早有预谋，治病只是个幌子而已。

35. 巧识破绽

因为台灯和窗户的位置都在死者前面，是不可能把凶手的影子照在窗帘上的。所以当加文说他从窗帘上看到了凶手的影子，亨特就立刻知道他是在说谎。

36. 凶手性别之谜

使用抽水马桶不必用坐垫的当然是男的。他一夜住在这里，肯定得上厕所。所以，凶手准是男性。

37. 雨夜留下的脚印

土地在经过雨水浸泡后，都会出现些许膨胀现象，这在肉眼是看不出来的，就像一些植物经过水的浸泡会膨胀一样。而雨过天晴，太阳出来后，土地又会因为阳光直接照进土壤而变干，变干的泥土会呈现收缩状态。因此，下雨时留下的鞋印在晴天阳光照射过后，往往会收缩半码左右。所以，墨菲的鞋码和现场留下的鞋码一致，反倒说明墨菲不是凶手。真正的凶手穿的鞋要比现场留下的鞋印大半码。

38. 包公审石头

卖油条的小男孩手上沾满了油。数过的铜钱上也一定沾过油。包公先以审石头为名吸引众人再当众验币，哪一枚铜钱在水面上漂起油花，那个扔钱人就是小偷。

39. 巧寻官印

当曹严华将封好的官印盒子交给谢坤时，谢坤就面临着两个选择：或者当场打开盒子，说明盒中无印；或者拿回盒子，送还时，再说明盒中无印。如果选择前者，说明他早知道盒中无印，他有偷印的嫌疑；如果选择后者，得承担丢印的罪名。谢坤为了摆脱罪名，只有将偷来的官印，再放回盒中。

40. 奸诈的跳水教练

跳水运动员都有职业病，就是眼角膜损伤，因此，跳水运动员的视力往往比较差。泰勒的证词是要诬陷伦尼，他事先买来尖刀，在行凶后，趁着伦尼家中无人，便将刀藏到了伦尼家。

41. 富足的法国人

餐厅的老板就是那个法国人，所以老板的岁数就是法国人的岁数。题目之所以绕来绕去说这么多，目的是想迷惑你。

42. 鲍勃死于煤气中毒？

如果是在家中煤气中毒，为什么笼子中的白鼠却没有中毒而亡。显然死者是被杀后才被移到家中。至于死者家中的煤气罐没气了，那只是巧合。

43. 全身都是红色的女人

从房间衣架上可以看出，山口惠中喜欢穿红颜色的衣服，而死者的头发是红颜色的。如果一个人从上到下都是红颜色的，那肯定有违常理。

44. 怪异的现场

死者头部中枪，而死者的双手是在被子里面，已经死亡的人是没有可能将双手放进被子里面的，这无疑是一桩谋杀案。

45. 想考倒名侦探

烛泪朝着门那一边流淌着，说明风一直朝着门那个方向吹。如果真如爱丽斯所说，门敞开得很久，烛泪就不会朝一个方向流淌了。

46. 疑点重重的帽子

案发前一晚刮了一夜的台风，帽子没有被吹走，这不符合常理，只能说明一个问题：凶手将死者杀害后，等台风平息下来，将尸体移到此地，伪装成死者被外物砸死的假象。

47. 枯萎的玫瑰花

如果是自杀，玫瑰花枯萎后留下的花瓣必定遗落在家中，可现场却没有看见玫瑰花瓣，显然是有人伪造了现场。另外，一个人如果想自杀，也不大可能将屋子打扫得干干净净。

48. 帮忙的劫车犯

救死扶伤是医生的天职，如果他们是真正的军医，一定会将重伤病人迅速送往医院抢救，而不是急于搬运钞票。

49. 不欢而散的聚会

是阿德莱德。

阿德莱德说自己是第一批来到的客人，他也声称从未出去过，但是他的大衣却挂在衣架的顶端。而如果是第一批到的客人，他的大衣应该是在衣架的最里端。

50. 血字的暗示

三个“正”加在一起，是15画，暗示凶手是315房间的房客。

51. 巧识假农民

如果是农民，长期劳作，手肯定会很粗糙，而这两个人给四品官当差，不需要干体力活，所以手很细腻。寇准就是从手上看出他们不是农民的。

52. 发黄的字据

如果是10年前的字据，并且是叠起来保存的话，就应当是外面发黄，而里面还是白色的。但这张字据里外都呈黄色。

53. 占卜3件事

这个人总想把自己最希望知道的问题提出来，可是在准备的时候他已经白白浪费了两次宝贵的机会（他问瞎子的两句话也算两次提问了），因此他实际上已经无法再问问题了。

54. 古壁画拓片

这张古壁画拓片是伪造的。因为恐龙与人类并不生活在同一历史时期，恐龙灭绝几千万年之后才出现人类。

55. 放错的电影票

假如你熟悉我们的书刊是怎样编页的，就能明白小刚为什么这样说了。通常来讲，57、58页正好是一页书的两面，中间当然不可能夹电影票。

56. 100美元哪里去了？

这题纯粹是文字游戏，但是如果你的头脑不够清晰，你很可能会被搞糊涂。客人实际支付2700美元，就等于总台实际结收的2500美元加上服务员克扣的200美元。在这2700美元的基础上加上200美元是毫无道理的，只有2700美元加退回的300美元，才是有道理的，因为这等于客人原先交给服务员的3000美元。

57. 绘制世界地图

这是因为各国的地理学家各自以祖国为中心来制作地图。当这点无法统一时，无论如何正确的地图，都不是完全统一的地图。

58. 如何发出求救信号?

史密夫先将冰箱移至窗户前，再将冰箱门开开关关，利用冰箱内的灯光来将信号发送出去。

59. 女间谍去哪了?

在当时的情况下，女间谍跑入一条没出口的横巷，当然不能回头让别国特务生擒。要是扮老妇，同是女性，他也一定会发觉，只好坐在理发椅上，因为没有镜子，这名东南亚少女可反串男孩子，把外套脱去，换上老伯的羊毛衫。到任务完成时，再由其他小孩交回老伯，便可从容逃走了。

60. 能点燃吗?

不能。因为没有氧气。

61. 列车上的蒙面人

首先，既然两名劫匪进门时头戴面具，只露出眼睛，怎么可能嘴里叼着烟呢?

然后，既然歹徒戴着手套，戒指又怎么可能划破约书亚的脸呢?约书亚的回答漏洞百出。

62. 假造的现场

外面有大风，而落地窗一直打开，所以，燃烧着的蜡烛应该很快就熄灭，可是桌上却有一大摊烛液，显然有问题。

63. 可疑的血手印

福尔摩斯看到“五个手指的指纹全部是正面紧贴墙壁印上去的，手掌的纹路也很清晰”，这才产生了怀疑。因为当手掌贴在墙上时，拇指和其他四个手指不同，是侧面贴着墙的，所以正常情况下，拇指的正面指纹是不会在墙上印出来的。

64. 大毒枭贝亚特的谎言

亚洲只有双峰骆驼，而照片中的是一个驼峰的骆驼，所以肯定并非在亚洲拍摄而是在非洲拍摄的。

第二章

突破围城
——发散逻辑推理测试

1. 军人保险

美国有一个很有名的推销员叫亨曼，有一次，他被分派到美国的一家新兵培训中心去进行军人保险的推广。军人保险是非常不好推广的，因为对于他们来说，金钱是永远换不来生命的。但是，只要是亨曼去过的新兵培训中心，几乎所有的新兵都自愿购买了保险。

于是，一个对他的推销之道十分好奇的人悄悄地尾随着亨曼来到了他的演讲课堂上，想要看看他究竟对那些新兵讲了些什么使他们下定决心购买军人保险。

只听见亨曼和其他推销员很相似地开场了："小伙子们，现在由我来向大家解释军人保险的好处。假如国家有战争发生，而你在战场上不幸英勇地阵亡了。如果你已经购买了军人保险，我们将会给您的家属 20 万美元的赔偿，但如果你们没有保险，你的家人仅仅能从政府得到 6000 美元的抚恤金。这是相当大的差距。"

偷听的人想，这和其他推销并没有什么区别，他甚至可以想到下面的新兵反对的话。果然，一个新兵站起来悲愤地说："钱有什么用？多少钱也换不回我们的生命。"这句话一说出来，台下便响起了此起彼伏的赞成声。

但是亨曼却不慌不忙地说了一句话，仅仅是一句话，台下的新兵们都沉默了，偷听的人恍然大悟，终于明白亨曼的高明之处了。

你知道亨曼说的是什么吗？如果是你的话，你会用怎样的方法去说服那些新兵呢？

2. 不知道

什么问题是人人知道而答“不知道”的？

3. 化缘的小和尚

有一座山，山上有座庙，只有一条路可以从山上的庙走到山脚。每周一早上 8 点，有一个聪明的小和尚会去山下化缘，周二早上 8 点从山脚回山上的庙里。小和尚的上下山速度是任意的，在每次往返途中，他总是能在周一和周二的同一时间到达山路上的同一点。例如，有一次他发现在星期一的 8：30 和星期二的 8：30 他都到了山路靠山脚的 3/4 的地方。这是为什么？

4. 征婚启事

毛姆是非常著名的小说家，但是在他真正成名之前，他的小说根本无人问津。即使书商们想了非常多的办法来推销，它们仍然是整齐地排列在书架上销售不出去。

毛姆因为这件事情十分沮丧，他非常相信自己的作品，问题是怎么让没有看过自己作品的人选择购买呢？眼看着自己的生活因为没有收入即将陷入窘境，他开始拼命寻找办法。突然间他灵光一闪，用自己剩下的最后一点钱在当地的报纸上登了一条征婚启事。

这条征婚启事刊登出去不久，毛姆的小说就销售一空。书商们不得不加印小说才能够应付纷纷前来购买的人。毛姆的名声也一下子在小说界打响了。

你知道毛姆刊登的这则征婚启事的内容是什么吗？

5. 远方的礼物

华若德克是美国实业界举足轻重的一个人物，有他在的展销会总是吸引很多人光顾。但是在他真正成名之前，这些是他想都不敢想的。曾经有一次，他好不容易参加了在休斯敦举行的商品展销会，但是他十分沮丧地发现，自己的展销摊位是在一个非常偏僻的角落里，这个角落很少有人经过，想要成功是几乎不可能的。

就连为华若德克装饰摊位的工程师都奉劝他放弃这个摊位，因为这里的偏僻足以让任何好的产品被埋没起来。但是华若德克却不甘心放弃这样一次机会，他沉思着想找到办法来克服不好的地理位置带来的弱势。但是怎么样才能使这个偏僻的角落变成这个展销会的热点呢？

就在他一筹莫展的时候，他开始回忆起自己创业的不容易，想到自己受到的歧视和排斥，连这个摊位也被安排在了最偏僻的地方。带着满心的感慨他再次观察起自己的摊位，突然一个异想天开的念头出现在他的脑海里。

于是他赶紧找到设计师，让他将自己的摊位打造成非洲建筑的样子，并且将各种具有非洲风情的小饰物布置在摊位的角落，就连摊位前面那一条冷清的路都被他变成了沙漠的样子。在这里工作的员工也都身着非洲当地服装，运输货物的工具也由双峰骆驼来代替。这下子非洲的气息完全体现了出来。

华若德克还安排人准备了大量的气球，他高兴地说："这些气球将会为我带来源源不断的顾客。"果然，到了展销会开幕的当天，这个小小的偏僻的摊位聚集了非常非常多的人。

你知道华若德克是怎样利用那些气球带来客人的吗？

6. 当水缸满溢

院子里有一口大缸，下雨的时候，水缸可以在两个小时内落满雨水。如果这天雨的大小并没有改变，只是雨水是倾斜着落下来的，试问：要盛满这口缸的时间变长了还是变短了？

7. 未湿的手机

有个人不小心把自己的手机掉进装满咖啡的杯子里，他急忙伸手从杯子中取出手机。此时，不但他的手指没有湿，而且连手机也没有湿。这是为什么呢？

8. 与风相关的生意

松下公司是日本非常有名的一家电器公司，它在不断发展的过程中曾经与日本的一家电器制造厂合资，并且创建了大谷精品电器公司，这家公司专门生产电风扇。而这家公司的总经理就是非常有名的西田千秋。

这家公司的产品类型一直都非常单一，主要是电风扇；即使到了后来经过开发也只是增加了排风扇。所以西田千秋上任之后就打算开发新的产品，于是他去咨询当时作为顾问的松下的意见。松下希望自己的附属公司尽量专业化，在一个专业点上进行突破，所以就对兴致勃勃的西田千秋说："这家公司只做风的生意。"之后，不管西田千秋如何解释现在公司已经发展成熟可以有新的突破，松下都不肯同意。

开始的时候西田是有一些失落，但是很快他开始利用自己的发散思维思考起来，于是他再次确认地问松下："只要是与风相关的产品就可以做？"

松下一下子没有仔细思考就回答说："对，没问题。"

一晃5年的时间过去了，松下再次来到这家公司进行视察，他发现工厂里正在生产一种暖风机，于是他问西田："这是电风扇吗？"

西田轻松地回答了他的问题，松下听后不但没有生气，反而高兴地赞赏了他。这家公司在西田千秋的努力之下成为松下产业附属公司中的佼佼者，生产的产品更是包括了电风扇、排风扇、暖风机、鼓风机、换气扇等。

你知道西田是怎样回答松下的吗？

9. 取款方法

一天下午，警察局接到了当地最有名的食品公司总经理肖恩的报警电话。亨利带着助手，迅速赶到了食品公司。

肖恩看到亨利的助手，有些迟疑。亨利道：“肖恩先生，您不必担心，有什么事情您尽管说吧。”

肖恩说：“我昨天接到了一个恐吓电话，是一个男人。他在电话中说，要我准备五十万元现金，放在黑色旅行包里，在今晚十二点左右将它放在F街道旁边的花圃里。如果我不这样做的话，他就会让人在我们厂生产的食品中投毒。本来我是不想报警的，因为这个家伙告诉我，要是报警后果会很严重。但是，我思来想去，还是决定报警。”

亨利点头说：“您做得对，肖恩先生。我明白了，您放心，我们一定会将歹徒抓获。”

亨利和助手迅速地赶回了警局，找到有关部门，将F街附近的路线图调了出来，详细研究。

夜幕降临，随着夜深，路上的行人越来越少。肖恩先生按照电话中歹徒的吩咐，将钱装在黑色旅行袋里，放在了花圃里。

十二点一刻，忽然不远处传来闷闷的叫喊声。亨利的助手对埋伏在旁边的警察说：“长官已经成功了。”

那么，亨利的助手是怎么知道的呢？

10. 应急灯

女作家琳达被人发现死在了自己家中。希尔斯在第一时间赶到现场，从现场看，死者应该是在伏案写书时，被人从后面重击头部而死。死者的书桌上放着一盏应急灯和一盏台灯，应急灯的开关开着，台灯的开关闭着。

希尔斯问大楼的管理员：“今天停过电吗？”

管理员回答：“停过，晚上9点到10点停了一小时。警官先生，琳达女士是不是用应急灯照明写作时被杀的？看，她的应急灯还开着呢。”

希尔斯没有理会管理员的话，继续问道："晚上有什么人来过吗？"

管理员回答："有，一共两个。一个是琳达女士的前夫，他是在停电前来的，停电后便匆匆离开了；另一个是一名40岁左右的陌生男子，他是停电后来的，他从死者住的楼层下来，但我不知道他是否进过死者的房间。"

希尔斯听到这里，已经知道谁是凶手了。那么，你知道这两个人中谁是凶手吗？

11. 保护纪念馆

美国华盛顿广场上最有名的建筑就是杰弗逊纪念馆了，这个历史悠久的纪念馆在吸引了众多人参观的同时，也有着非常多的烦恼。由于修建的时间过长，纪念馆的表面已经斑驳不堪，有些地方甚至都已经开裂。政府因此十分担忧，派了很多调查员前来调查原因。

调查结果很快就出来了，原来是因为纪念馆每天都需要被冲洗，而冲洗墙壁的水里面添加了大量的清洁剂，这些清洁剂大都是酸性的，所以这种清洗方式就类似使纪念馆受到酸雨的腐蚀一般。

那停止冲洗就可以了吧？不可以，因为如果不利用清洁剂冲洗的话，纪念馆的墙壁上就会被大量的鸟屎覆盖，这些鸟屎大多是来自于燕子。

于是调查员们开始顺着这个问题问下去：

为什么纪念馆会有这么多燕子呢？因为纪念馆的墙壁上有非常多燕子喜欢吃的蜘蛛。

为什么墙壁上蜘蛛很多？因为墙壁上有蜘蛛最爱的食物飞虫。

为什么飞虫那么多？因为这里的灰尘特别适合飞虫的繁殖。

为什么这里的灰尘才适合飞虫繁殖呢？因为这里的窗子很大，阳光常年从这里照射下来，非常充足，飞虫们非常喜欢，所以就都聚集在了这里。

于是问题的最根本原因被找到了，那么如何去解决呢？有人提出了五种方法，分别是禁用清洁剂、驱逐燕子、消灭蜘蛛、消灭飞虫还有拉上窗帘。你会选择哪一种呢？

12. 雪地谜案

今年，高原的别墅圣地的第一场大雪，比往年要早上半个月，到现在为止已经积了30厘米厚的雪。

大雪一直到星期六早晨6点钟才停。午餐过后，被大雪封住出口的圆木造型的别墅里，发现了著名作家梅本大作的尸体。是梅本夫人发现的，她刚从东京赶来。死者胸部、腹部都被砍伤，他的身体倒在血泊里。尸检回报死亡时间是当天上午9点左右。

被害人几天前为了新剧本一个人来到这里。房门的后门放着一套滑雪板，积雪上面还留着两条滑雪的痕迹，一直通往离此处大概有40米远的另外一所红砖别墅。通往那幢别墅的路是上坡路。

这栋房子里住的是当红电影演员小池美江子，她是来此疗养的。

刑警来找她做笔录，发现这两人关系不简单。她作了如下回答：

“星期五中午梅本来到我的别墅。不久下了大雪，于是就在我这里过了一夜。今天早晨起来一看，大雪已经停了，我们一起喝了咖啡，是速溶的。8点多时，他回到自己的别墅去了。因为有消息说他的夫人中午会来看他，也许是怕我们的关系被发现，他便慌慌张张地离开了。”

“那别墅外面的滑雪痕迹是他回去时留下的吗？”

“是的。我家本就有两套滑雪板，把其中一套借给了他。他不会滑雪，所以抬起屁股、似站非站地滑回去了。”

“你滑得好吗？”

“昨天有点感冒，所以并没有出去过，你也看见了，我家附近除了梅本回家的滑雪板的痕迹外再没别的痕迹。”小池美江子一直强调说雪上并没有自己的脚印。

没错，在这段回去的路上，只有滑雪板的痕迹，没有其他任何滑雪和鞋子的痕迹。

梅本的滑雪板痕迹并不是一气呵成的，应该中途停了很多次，左右滑雪板的痕迹或是分开较宽或是压在一起，显得很乱。他滑雪技术果真很差。

距离梅本被杀已经3个小时了，雪停之后，如果罪犯从现场逃跑的话，当然会在雪地上留下足迹的。可死者太太发现丈夫的尸体时，并没有发现足迹，所以小池美江子仍值得被怀疑。于是，警察严厉地追问她。

“死者太太说一定是你杀害了他，因为他们并没有离婚，你却想取而代之，死者没有勇气和妻子离婚，你所以一气之下杀了他。”

“那是她胡说。雪停之后我从没有离开过屋子，怎么可能杀人呢？”美江子很冷静地反驳说。

但是，没过多久，她的犯罪行为就被揭穿了。问题的关键就是她别墅门外的那棵松树。松树上有一半雪都落在了地上，警察也因此发现了她的巧妙的手段。

凶手使用了怎样的手段呢？

13. 曲别针的用途

大家看这个故事之前，可以先自己思考一下曲别针究竟可以做些什么？如果你想到的作用只有几种或者十几种的话，那么我只好告诉你这还远远不够，你还没有学到发散思维的精髓。不信的话，就随我一起看看故事中曲别针的用处吧。

在日本一次关于创造力开发的研讨会上，有一个叫村上幸雄的人站了起来，他从自己的上衣口袋里拿出了一把曲别针对研讨会的成员说道：“请大家都动一动脑，开发自己的创造力，打破原有的框架，看看谁能够说出这个曲别针的多种用途，说得越多越奇特越好。”

这个问题一出来就引起了大家的兴趣，几乎所有的代表都纷纷举手回答：

“可以用来别相片，别讲义和稿件。”

“可以用曲别针固定自己脱落的纽扣。”

“……”

大家七嘴八舌，不一会儿就已经有了十多种曲别针的用途，但是眼看着讨论也就到此结束了，再也没有什么新奇的想法从大家嘴里说出来了。这时候大家注意到村上幸雄一副胸有成竹的样子，就问道：“村上先生，您能够说出多少种用途呢?”

村上伸出三根手指。

“30种?”村上摇头。“那是300种?”村上点头。

看着有些人明显有些怀疑的样子，村上轻轻松松地点开自己早就已经准备好的幻灯片，将300种用途完完整整地演示给大家看。正当大家佩服不已的时候，一位参与会议的中国人站了起来说：“曲别针的用途，我可以说3000种，甚至30000种。”

大家都纷纷表示不信。于是，这位中国人走上讲台，拿起一根粉笔写上“村上幸雄曲别针的用途求解”。人们都把注意力集中过来，不一会儿，大家脸上就露出了了然的笑容，响起了经久不息的掌声。

你知道他是怎么想到30000种用途的吗?

14. 半箱橘子

往一个箱子里放橘子，假定箱子里的橘子数目每分钟增加一倍，一小时后，箱子满了。请问：在什么时候是半箱橘子?

15. 福特公司的销售策略

美国的福特公司是整个美国最早也是最大的汽车公司，但是就是这样一家公司，当它在1956年生产了一款新的汽车时，推广遭遇了很大的困难。这款新车从款式到功能都非常好，但就是销量一般，不管公司怎么宣传，购买量一直都上不去。

公司的经理们非常焦急，这与开始的预想太不相同了。就在大家完全想不出办法的时候，一个在福特公司见习的大学毕业生对这款汽车的销售产生了兴趣，这个人就是艾柯卡。他其实只是福特公司的一名见习工程师，跟销售完全无关，但是他看到这么多经理为这款车的销售急得团团转，就开始思考起如何销售这款车的问题来了。

终于有一天，艾柯卡想到了一个非常好的创意。于是他来到了经理的办公室，向他说明了这个创意，这就是“56元钱买一辆56型福特汽车”。

经理采纳了他的建议，不久这条短小的广告经过报纸散发到了人群之中。短短三个月的时间，这款汽车的销量就从原来的排行榜末尾一下子蹿到了第一。艾柯卡也受到了经理的赏识，得到了转正。

这款 56 型福特汽车真的只需要 56 元钱吗?

16. 神秘的咖啡

青年侦探萨拉里因故来到警察局办案，顺道拜访了刑事部。

“部长先生，您的神情比较焦虑，是不是遇上什么事让您伤神?”

“是的，眼下有件咖啡毒杀案，不知怎么继续，案子毫无进展。我们怎么也想不出凶手究竟是怎么让死者喝下毒药的，所以迟迟不能结案。”

“你能否说得更具体一些呢?”

这宗案件发生在某公司的上班时间里，而且几乎是众目睽睽之下发生的。

小白领贝克拿着杯子去开水间倒了一杯清水，回到座位上。“为什么不来杯咖啡，而是要杯开水呢。”一个女同事殷勤地说。

“我要喝感冒药，所以得用白水送服，但是如果您能给我杯咖啡就再好不过了。”贝克边说边从上衣口袋里掏出药包。

“我也要一杯咖啡，谢谢了。”坐在贝克邻桌的布朗也抬起头。布朗非常喜欢喝咖啡，公司上下都知道。经过布朗这么一说，屋里很多人都想要喝咖啡，女同事不得不为每人都准备了一杯咖啡，另一位女职员也过去帮忙。当然，这样的情形十分常见，而且很正常。

布朗从女同事的托盘中随意取了两杯，将其中一杯递给了邻桌的贝克，并从砂糖壶中取了两勺糖放在自己的杯中。布朗喝了一大口咖啡然后就猛地咳嗽起来，以致咖啡溅到桌前的稿纸上。贝克见此状立刻将自己喝药剩下的半杯水递给了布朗，布朗一口饮进，但痛苦程度变得更加厉害起来，杯子也从手中脱落掉在地上摔碎了。

“喂，怎么啦!”贝克快速跑过来一探究竟，发现布朗已经倒地，并且停止了呼吸。

“贝克这个人非常灵活，发生了这样的事情，他第一时间把所有的杯子都封存了起来，所以我们赶到现场时，所有的证据都很完好。”刑事部长向萨拉里说明道。

“可是鉴定结果是只有布朗的杯子有毒，其他人的杯子还有砂糖壶上都没有毒药。案发时这两名女职员首先被怀疑，但是她们几乎一起准备的咖啡，而且所有人的杯子基本一样，根本难以区别，所以除非两人是串通的，不然很难把有毒的一杯恰好分给布朗。而且她们两位根本没有什么杀人动机也无同谋之嫌。”

“邻座的贝克也没有什么杀人动机吗？”萨拉里问道。

“好像有，有人说过他们玩纸牌，贝克欠了布朗很多钱。他们两个人是相邻坐着的，中间或多或少都隔着许多杂物，如果想这么明目张胆地投毒恐怕不太可能。”

“他们说布朗死前喝过的咖啡溅到了纸上，那张纸你们保管起来了吗？”

“我想是的。”

“为什么不去化验一下那张纸呢，还有布朗用过的杯子里也放了些毒药，您也取证收起来吧？”按照萨拉里的意思，一小时从鉴定科传来了结果，部长开心地说道：“真是意外，果不出你所料。”

布朗是怎样被贝克毒死的呢？

17. 银行劫案

皮特是一个非常聪明的小孩，他从小就喜欢看一些有关破案的推理故事，甚至还帮警察破过案子。这天皮特上街去帮妈妈买罐头，刚到街口就听到一声枪响，机灵的他马上意识到出了事，于是他悄悄躲在墙角处，朝外张望。他看到一个戴着帽子和黑墨镜的男人左手里拎着一个黑色的皮包，右手握着一支手枪，从银行跑出来。皮特知道他一定是抢劫银行的罪犯。正当皮特想偷偷跟踪罪犯，看他要逃往哪里时，罪犯不小心撞倒在一个戴墨镜的乞丐身上，乞丐的手杖和书包都被撞飞在地上，罪犯很快从地上爬起，逃到另一条小路上。这时唐纳德警官和警员们赶到了现场，皮特立刻向唐纳德警官报告了罪犯逃跑的方向。

在皮特的指点下，警察们朝小路追去，他们很快就抓住了罪犯。但是出人意料的是，他们搜遍了罪犯的身上和他手上的黑色皮包，都没有找到从银行劫走的钱。罪犯一口咬定自己没有抢劫银行。由于没有物证，很难判定他有罪。

小皮特看到这个情况后，找到唐纳德警官说："唐纳德警官，刚才在街口我看到罪犯撞倒了街边的一个乞丐，我们可以问问那个乞丐有没有看清罪犯。"

唐纳德经过打听，得知那个乞丐是个瞎子，就住在不远处的一个旅馆中。小皮特一听那个乞丐是个瞎子，顿时有些失望："本来想让那个乞丐来指认罪犯，可是没想到他竟然是个瞎子，真是太可惜了。"

唐纳德警官摸摸小皮特的头说："好孩子，你已经做得很不错了！谢谢你！我觉得找到那个乞丐会有利于破案的。"

接着，唐纳德警官来到乞丐住的旅馆，令他惊奇的是，这竟然是一家中档旅馆。唐纳德来到乞丐所住的房间，发现里面并没有人，于是他找服务员打开房门，进去看了看。他发现屋里的桌子上开着一盏昏暗的台灯，桌子上还放着一份当天的报纸和一杯咖啡。这时，唐纳德听到走廊里传来"嗒、嗒"的声音，乞丐点着手杖回来了。

乞丐问道："你是谁呀？我这儿已经好久没来客人啦！"

唐纳德说："你好，我想请你到警局走一趟，因为我怀疑你跟那个银行抢劫犯是一伙的。"

请问，唐纳德是从哪里看出乞丐跟抢劫犯是一伙的呢？

18. 牛的指示

发散思维说起来最重要的一点还是从看似无关的事物中寻找到相联系的地方，而索尼公司的卯木肇正是这样一位擅长发散思维的精英。现在大家都知道索尼公司生产的彩电在世界各地都占有很大的市场。但是在20世纪的时候，索尼公司的彩电还仅仅是在日本地区享有名气，在美国却根本不被顾客接受。

索尼公司正在发展之中，所以是不可能放弃美国这片市场的，他们将卯木肇派往芝加哥进行销售管理。当卯木肇来到芝加哥的时候，他简直不敢相信自己的眼睛，整整一排索尼彩电在美国当地的寄卖商店里落满了灰尘，无人问津。

为了改变这种状况，卯木肇开始寻找办法，但是始终找不到。一天，他开着车到郊外散心，在回来的路上，他看见一个牧童正将一头公牛赶进牛栏。公牛脖子上的铃铛叮当作响，在它的身后一群牛温顺地跟着，逐个进入牛栏。看到这个景象的卯木肇突然觉得一直困扰自己的问题终于可以解决了。

他感到非常高兴。第二天马上就找到了当时芝加哥最大的电器零售商马歇尔公司。他几次登门都被拒绝，但是他却一直没有放弃。同时，他取消了索尼彩电的降价策略，开始在报纸上大面积刊登索尼彩电的广告，塑造索尼的形象。他的一系列努力终于感动了马歇尔公司的经理，答应引进索尼彩电来销售。随后，索尼彩电在短短的一个月时间里卖出了整整700台，索尼公司和马歇尔公司都获得了巨大的利益。此后，索尼彩电更是一发不可收拾，在美国的彩电市场上占据了自己的一席之地。

可是，这和放牛究竟有什么关系呢？为什么卯木肇要选定马歇尔公司呢？

19. 钦差选人才

从前，一位钦差奉旨到各郡县选拔人才。但由于身边有人走漏了风声，在他所进行的初试中，有9个人的成绩是相同的，并且全部是第一名；还有一个农家书生的成绩略微差一些，为第二名。

钦差一下便猜中这其中的蹊跷，于是决定复试。他吩咐下人把10名考生叫到内堂，给他们每人发了100粒谷种，让他们回家播种，以秋后的产谷数量来定。

时间过得很快，转眼就到了收割的季节，其中的9名考生让家人背筐挑担地来交谷子。唯有那第二名的考生，只是手里拿着一个小钵过来。

轮到他交粮时，钦差问："你为什么只收了这么点谷子呀？"

书生不安地回答："您给我的100粒谷种中，只有3粒发芽，因此只能收这么多。”

站在一旁的人都哄笑起来，但钦差却以赞许的眼光看着这个农家书生。

读者朋友，你知道钦差的这一举动是为什么吗？

20. 租房子

有一家三口因为工作原因想要搬到城里去住，于是他们开始四处寻找房子。但是，夫妻两个带着5岁的孩子跑了整整一天，傍晚的时候才看到一条招租启事，于是他们赶忙前往询问。

长相温和的房东听到敲门声出来后开始打量一家三口人，看起来有点不愿意的样子。

丈夫只能先开口询问：“请问，您的房屋是要出租吗？”

“对不起，我们公寓不租给有孩子的住户。”房东不无遗憾地说。

夫妻两人听了，只能默默走开了。但是他们那个只有5岁的孩子却觉得奇怪，既然有房子，为什么不能租给我们呢？他悄悄松开父母的手，返回到房东的门前，轻轻地按了按门铃。夫妻两人和刚刚出来的房东都奇怪地望着这个5岁的孩子，只见孩子大大方方地说了一句话，房东随即哈哈大笑起来，同意将房子租给一家三口。

你知道这个5岁的小孩子说了怎样的一句话说服了房东吗？

21. 会看见什么？

有一个房子里，四周布满了镜子，包括天花板和地面。这时，一个摔跤手走进来并关上房门。你认为他会看到什么现象？

22. 该选哪朵花？

一个靠卖唱为生的美少年阿尔芒，在英国卖唱期间遇见了当地的第一美人玛格丽特，他一下子就被对方的美貌深深迷住了。自那之后，阿尔芒天天到玛格丽特的窗户下弹唱情歌，倾诉自己的爱慕之情，终于赢得了玛格丽特的爱情。就在二人即将有情人终成眷属的时候，玛格丽特的父亲却坚决不同意这段门不当户不对的婚姻。

但是玛格丽特却已经非阿尔芒不嫁，不得已之下，她的父亲终于答应出一道难题考验阿尔芒，如果他答对了就将女儿嫁给他。

于是玛格丽特的父亲找来两个身材和自己女儿几乎一模一样的邻家少女，然后将她们两个和玛格丽特一样用纱巾整个蒙住全身，站在纱帘后面。这样，任谁也很难分辨出谁是谁了。三个少女每个人只能伸出一只手，拿着一朵鲜花。而阿尔芒要从中选出真正的玛格丽特才可以结婚。

玛格丽特无法和阿尔芒打招呼，正在她愁眉不展的时候，她突然发现另外两个少女选择了玫瑰花和月季花，于是一个计策出现在她脑海里。她选择了一朵郁金香。果然，阿尔芒看见三个少女手中的花之后，就说："我已经认出来了，手拿郁金香的才是您的女儿，我的爱人玛格丽特。"

玛格丽特的父亲无话可说，只好将自己的女儿嫁给他了。

你知道阿尔芒是怎么分辨出来的吗，他是如何看透玛格丽特的小计策的呢？

23. 圆号被盗之谜

一个周六的晚上，一个盗贼砸碎了乐器行的玻璃进入店内，撬开三个钱箱，盗走1225美元，又从陈列柜里拿走了一支价值14000美元的圆号。店主报案之后，警察马上对现场进行了仔细勘查。确定盗贼一定是对乐器行非常熟悉的人，因此将三个年轻学徒找来询问。

三个少年被同时带到探长面前，探长没有审问他们，而是发给一脸疑惑的他们每人一份纸笔，然后亲切地对他们说："今天请你们来，主要是想要你们配合我们找到罪犯。现在你们每个人都先写一个小短文，假设自己就是那个盗贼，然后设法进入乐器行偷些东西。30分钟之后我再来收卷。"说完转身离开了。

半个小时之后，探长重新回来，让三个学徒一一朗读自己的短文。

汉森第一个读道："星期六早晨，我对乐器行进行了仔细勘查，决定从后院入手。到晚上的时候，我趁人不注意打碎了一扇门的窗户，然后爬了进去。我先找钱，然后还顺手拿了一个很值钱的圆号，才悄悄溜出了乐器行。”

轮到莱格的时候，他读道：“我先用金刚刀在窗户上挖了个大洞，这样别人就不知道是我干的。然后我进入乐器行，但是我不会去撬开三个钱箱，因为那样会发出声音。我会拿一个值钱的圆号装进盒子里，藏到自己的大衣下面离开，这样人们就不会看到。”

最后一个学徒海格说：“深夜的时候，我在暗处撬开乐器行的门，戴着手套偷走钱箱里面的钱和橱窗里的圆号。我要好好花掉这笔钱，等风声过去之后，再把那个圆号也卖掉。”

探长听完之后，立即指着其中一个说：“你就是那个盗贼，告诉我你为什么要这么做?”

你知道他们三个里谁是盗贼吗？探长是怎么识破他的?

24. 伯父的遗产

一天，一个年轻的女子慕名前来拜访著名的福尔摩斯。她把困扰自己的事情告诉给福尔摩斯说：“我有一个伯父将自己大约 10 万元的财产换成了宝石和现金，保存在了银行的金库里面。因为他一直是独身一人，所以他把钥匙留给了我，并立下遗嘱，死后遗产将留给我继承。上个月的时候，伯父病故了，我到银行去领取遗产，却发现金库里面只是放着一个信封。”

说着，女子从手提包里取出了放在金库里的那个信封。

福尔摩斯接过信封仔细观察了一下，这是一个随处可见的信封，上面贴着两枚陈旧的邮票，信封上面并没有写明收信人的姓名和地址。看起来没有任何吸引人的地方。于是福尔摩斯起身走到窗前的明亮处对着阳光仔细照看，仍然是什么都没有发现。他想了一会儿问道：“请问你伯父生前有什么特别喜欢的东西，或者他的性格古怪吗?”

“我也不是很清楚，因为伯父是孤身一人住。但是我记得他很喜欢读侦探小说。”女子回答说。

福尔摩斯眼前一亮，笑着说：“原来是这样，你不用担心，你伯父的遗产安然无恙。”

你知道这价值10万元的遗产在哪里吗？

25. 为国王画像

从前有一个国王只有一只好眼睛，一条好腿。但是这个国王却十分爱美，有一天，国王命人召见三个画家进宫为自己画像。他说：“我希望你们能够画一幅画像给我，要真实，但是也要表现出我的神勇。画得好自然会有赏赐，画得不好就要杀头。”

国王下达了命令之后，三个画家就开始作画了。第一个画家很诚实，画画的技术也十分高超，他交上去的画像非常逼真，就好像是国王照的照片一样。但是画上的国王就和真实的国王一样有一只瞎掉的眼睛和一条瘸腿。国王看到这幅画之后大怒，下令将这个画家拖出去杀了。

第二个画家看到这个情况，就更加害怕了，于是他自作聪明地画了一幅美男子一般的国王。画上的国王双眼炯炯有神，两条腿也是完好的。原本以为自己这下子一定会得到国王的封赏，却没有想到国王撕碎了画像，大声斥责画家讽刺了他。第二个画家也被杀掉了。

第三个画家看到前两个画家的惨状吓坏了，但是他还是十分聪明地想了个办法。果然，他交上去的画像，国王看过之后赞不绝口，赏赐了他一大笔钱。

你知道他是怎么画的吗？

26. 全部满意

一个剧场老板在“五·一”期间邀请了三位著名的演员。三位演员虽然同意演出，但是他们都向剧场经理提出要把自己的名字写在海报前面，否则就退出演出。剧场经理并不想得罪其中任何一个演员，也希望他们三人能同来演出。

聪明的你能替剧场老板想一个好办法，使三位演员的名字都排在前面吗？

27. 把房间装满

一位富翁年事已高，他想把自己的另一间大房子分给三个儿子中的一个。

一天晚上，富翁把三个儿子带到那间大房子前。并对他们说："你们谁能用最短的时间，用一种东西把这个房子填满，这个房子就属于谁。"

三个儿子中，小儿子是最机敏的，他最先采取行动，并且很快用一种东西把房子填满了。老大和老二看了都自愧不如，所以小儿子理所当然得到了房子。

请问，你知道聪明的小儿子是用什么东西将房子填满的吗？

28. 谁打伤了简妮？

这天，希尔斯乘坐列车到纽卡斯尔，他要去参加一位朋友的婚礼。在列车上，他注意到过道对面的3个年轻人：男的是一名长相十分英俊的小伙子，另外两个是女孩。看得出来，她们都很喜欢那个小伙子，而小伙子却不知道自己喜欢的是谁。

因为座位很近，希尔斯就和这3个年轻人闲聊起来，通过闲聊希尔斯得知，那个小伙子是一名实业家的儿子，叫欧尼斯特，而那两个女孩，一个叫简妮，一个叫琳达，都是欧尼斯特的高中同学。

突然，就在列车穿过一个隧道时，车厢里传来一声枪响，简妮应声倒地，在列车刚出隧道的一刹那，希尔斯以最快的速度抱起简妮，跑向列车急救室。一会儿，他从急救室里走了出来，此时人们才多少从刚才惊魂的一幕中冷静下来，纷纷打听简妮的情况，希尔斯笑着对大家说："她没什么大事，子弹打到了小腿上，没有生命危险，等列车到站时就送她去医院。"

大家听到希尔斯这么说，才放下心来。希尔斯又转身对欧尼斯特和琳达说："简妮的鞋子让血浸湿了，没法穿了，你们给她送只鞋吧！"

琳达答应着，跑到自己的位置上，从包裹里拿出一只左脚穿的鞋子，就要跑向急救室，但被希尔斯喊住了，他接过鞋子，对琳达说：“你先别去了，我怕你再下手对付简妮小姐。你现在说说吧，刚才为什么要故意打伤简妮。”

你知道希尔斯这么说的依据是什么吗？

29. 好听的字母

26个英文字母中哪两个字母很多人都喜欢听呢？

30. 猫爪印

寒冷的冬天总是异常干燥。这天却是个例外，夜里下起了小雪，雪里又夹了小雨。雨夹雪的恶劣天气持续了一个多小时，然而，就在这段时间里，A市的郊外发生了一起交通事故，肇事司机是个醉汉，撞了行人后没有找人救援，反而火速逃离了现场。

半小时后，肇事司机回到家里，把车开进了院子里的车库。车库的顶棚很是简陋，只有一层薄薄的尼龙板，地面是坚硬的水泥地。他用水仔细擦洗了轮胎，还清理了车子出入留下的痕迹，并放掉了一个轮胎的气。

不过，当时逃离现场时，有目击者记下了他的车牌号码，所以警察很快找到了他。

当天晚上11点，刑警找到了该司机的家。检查了停在车库里的汽车，并询问他昨天晚上的去向。

“你也看到了，车胎昨天就没气了，所以我根本没法开出去。我看一定是目击者记错车牌号了，不可能是我。”司机辩解着说。

这时候刑警注意到了汽车前盖，上面多了几处猫爪印和卧睡的痕迹，这是猫的爪子沾上了泥再弄到车前盖上的。

“府上养猫了吗？”刑警问道。

“没有，这应该是邻居的猫，也可能是野猫吧。经常会有野猫钻进我家院子来，它们喜欢在车厢上跑来跳去。”

“如果是这样的话，你所说的这车昨天就没气了的说法不能让人信服呀！你可以若无其事地说谎，可猫和汽车都是不会骗人的。”刑警直接戳穿了司机的谎言。

你知道刑警是怎么发现真相的吗？

31. 巴特的智慧

巴特的爸爸是个牧场主人，他养了20只羊。一天爸爸对巴特说：“如果你能让4个栅栏里都有20只羊，我就把整个牧场给你。”巴特并没有去别的地方买羊，却很快就使4个栅栏里都有了20只羊。你知道他是怎么做到的吗？

32. 观星塔毒杀案

一天早上，科学院的教学楼发生了命案，该校的研究生严勤学离奇地死在了观星塔最高的平台上，他的身上并没有明显的外伤。经现场勘查，发现死者的右眼被长达3厘米的细毒针刺过。尸体旁，放着一枚针，针体沾有血迹。

就现场情况看来，严勤学应该是自己把穿进眼里的毒针拔出来以后才死亡的。这件事并没有公开发布死亡的具体原因，也没有查出什么具体的线索，所以这件事在整个科学院已引起了很大的骚动。

观星塔下面的大门是锁着的，很难设想如果没有钥匙，又没有被撬开，大门是怎么被打开的。严勤学可能是锁好大门才到平台上去的。所以凶手肯定不是从钟楼的大门进去的。

案发的平台在四楼的南侧，大概距地面有26米的高度，观星塔的下边有一条河，自钟楼到对岸也有40米的距离，昨夜又刮着很大的风，即使那凶手是从对岸把细毒针发射过来，也不可能那么准地打到严勤学的右眼。

到底是谁杀了严勤学呢，他究竟用了什么手段杀死了严勤学呢？这真是一件让人费解的奇案。

调查的过程中，大家发现严勤学为了可以更好地从事研究工作，晚上总是一个人跑到观星楼上观察行星的活动规律，大风大雨也从不间断，这一切的表现，更坚定了他的导师潘教授的信心，更坚持了严勤学是被杀而不是自杀的看法。

潘教授先是调查了严勤学的几个好朋友，发现，严勤学是名副其实的富二代，有一位同父异母的弟弟。夏天，父亲去世，严勤学继承了一大笔遗产，但是他打算将他所得到的那份遗产，全部捐给科学院。可是这遭到了严勤学弟弟的反对，弟弟还曾经威胁严勤学说：如果不马上停止这样愚蠢的行为，他就向法院提起诉讼，解除严勤学的继承权。

“死者去世的前一天，曾收到弟弟送来的包裹，但是严勤学没有告诉任何人，包裹里具体是什么，说不定，凶手是为了窃取小包裹，才对严勤学下毒手的。”院中的清洁工对潘授教说了以上的话。

潘老教授闭上了双眼，若有所思。他睁开眼望了望，那波光粼粼的河水在悠然地流着。

“这是我的简单推测，当然，根据常识和我的观察，这应该与事实很接近，在案情未公开之前，能不能叫人打捞此河。”他对前来调查的警察说。

是谁杀了严勤学呢？

33. 父亲在说谎吗？

一个宇航员骄傲地对他父亲说，他已经绕行地球二十圈了。他父亲说：“这有什么稀奇，我已经不定期绕行太阳五十圈了呢！”你说，他的父亲是在吹牛吗？

34. 盲人摸罐

阳光照在热闹的集市上，集市上一个商贩在卖罐子。他的摊位上摆着四只白罐和一只黑罐。一个盲人走到他的摊位前，用手触摸那些罐子以后，对商贩说：“我要这个黑罐子。”商贩大吃一惊：盲人是怎么知道这罐子是黑色的呢？

35. 怪盗用什么工具逃离现场?

爱尔兰高原上，有一幢19世纪末建造的别墅，里面住着一对年轻的男爵夫妇。一天夜里，一蒙面大盗闯入别墅，把住在别墅里的男爵夫妇用绳子捆绑起来关进厕所，然后扛着大量的珠宝消失在夜里。

负责这个案件的是大侦探布莱克，当他得知案发的前一天怪盗阿里在伦敦停留过的消息后，便猜想可能是他作的案，于是布莱克赶到阿里下榻的伦敦饭店。

“阿里先生，上周六晚上你是否夜访爱尔兰高原的别墅？有人亲眼看见你了，所以你想赖是赖不掉的。”布莱克说道。

“是的，我是有去过，有什么事儿吗?”阿里满不在乎地说道。

“上周六夜里男爵的别墅被一个蒙面强盗给打劫了，丢了很多昂贵的珠宝。我想那个罪犯就是你吧?”

“你胡说什么！事件到底是什么时候发生的?”阿里一本正经地反问道。

“罪犯盗走珠宝的时候，还用绳子把男爵夫妇捆起来，把他们关进厕所里。事后男爵说他看到卧室里的钟显示是晚上9点5分。”

“如果是晚上9点5分，那我就不可能是强盗了，因为我有当时不在作案现场的证明。那时我正在S车站。”

“噢！看来你对男爵的别墅很熟悉呀！”布朗克讽刺地说。

“去年赛马时应邀去住过一夜。”怪盗阿里强装着笑脸说。

S车站到爱尔兰高原别墅至少要步行30分钟。因此，阿里从S车站乘坐晚9点16分发的夜班车如果属实，他不在作案现场的证明就是成立的。

布莱克侦探已经去过S车站，让车站工作人员看过阿里的照片，证明他没有说谎。从S车站上车的旅客只有阿里一人，车站工作人员都清楚地记得他。

“阿里先生，如果坐马车的话，就算是10分钟也是有办法从别墅到S车站的。”布莱克侦探说，“对于你这个诡计多端的人来说，你绝对不会乘坐别人的马车。当然，别墅的马棚有一匹马，并且在马棚的外面还停靠着一辆自行车。”

“你的意思是我使用了这两种工具的一种？如果那样，我就会把它扔到车站附近的什么地方。你找到马或是自行车了吗？”阿里理直气壮地反驳。

“没有，男爵夫妇在强盗离开一个小时后才挣脱绳索，当主人巡查周遭时发现马和自行车都停在原地，没有动过。”

“但是马棚的门只能从外面推开，从里面是根本推不开的。所以，阿里先生，我已经清楚你搞的是什么把戏了。我觉得如果你能把那批珠宝物归原主，我也许能装作什么都不知道，否则我要报警了。”布莱克威严地说。

听到这里，怪盗阿里再也无法镇定了，老老实实地把珠宝交给了布莱克。

怪盗阿里是用什么工具只花10分钟就逃到S车站的呢？

36. 姥姥的漏房子

刘姥姥是一位孤寡老人，她的房子上面有几个地方破了。但是，这房子有的时候漏雨，有的时候不漏雨，你知道这是为什么吗？

37. 毒蜂杀人案

星期天的下午，罗斌探长接到报案，一位法国商人死在自家院子里一棵大树下的椅子上，地上丢着两个空啤酒罐和一些法文报纸。

罗斌立即赶到现场。报案的是这里的管家，他指着尸体对罗斌说：“主人当时正在凉爽的树阴下一边喝着啤酒，一边看报纸，不巧被毒蜂蜇了。你瞧，他胸部还有被毒蜂蜇过的痕迹呢。”

管家所说的毒蜂又叫胡蜂，或者非洲蜜蜂，它的产蜜量是普通蜜蜂的3倍，但它的攻击性极强，毒性也很大，一旦被这种蜜蜂蜇了，再强壮的人也会死掉，所以它也被称为杀人蜂。

罗斌看了看现场，推测：即使是被毒蜂蜇了，法国商人为何没来得及逃进屋里呢？这样看来，法国商人大概是喝了啤酒醉醺醺地昏睡过去了。

“这附近有毒蜂窝吗?”罗斌问道。

没等管家回答，罗斌就带领助手在附近查找线索，罗斌发现死者身后的树上有个很大的毒蜂窝，挂在树叶遮掩的树枝上。

当时已经是黄昏时分，毒蜂都已钻进了蜂窝里。罗斌探长蹑手蹑脚地走到跟前一看，发现在另一个树枝上挂着一台法国制的微型录音机。

“真奇怪！谁把录音机挂在这儿的?”罗斌取下录音机，把磁带倒回后一放，是盘音乐带。罗斌听了一会儿，突然想到了什么，马上断定说:“这个法国商人不是在院子午睡时偶然被毒蜂蜇死的，这是巧妙地利用毒蜂作案的杀人案。”

然后，罗斌探长仍把微型录音机小心地放回原处，并与助手隐藏在院子的角落里耐心监视着。一直到夜里 9 点多，突然闪出一个身影接近洋槐树，要取下录音机。

“喂，不许动，你被逮捕了。”罗斌与助手迅速跳出来追上想要逃跑的案犯并将其抓获。经过审查，原来这个案犯是被害人的手下，因贪污、违规贷款行为将败露而作案杀人。

可是，尽管如此，罗斌探长为什么只听了一会儿音乐，就能果断地识破案犯的诡计呢?

38. 珠宝罐头

一个夏日的清晨，F 市警方得到了可靠的情报，一个化名贝尔格的法国走私集团的成员，从别的城市弄到许多珠宝，装在一只柠檬罐头里面企图蒙混出境。

该走私犯所带的罐头和普通罐头完全一样，包括外形，标签，重量等等。为了抓获这个走私犯，女警官伊辛巴耶娃奉命前去海关协助检查。临行时，警长再三强调，一定不能损坏出境者的物品，以免判断失误，造成不良国际影响。

伊辛巴耶娃驱车来到海关后，开始注意带罐头的人。果然不出所料，目标已到了海关。在接受检查时，那个化名贝尔格的人，出境时带着 12 只罐头，外包装都是柠檬罐头。伊辛巴耶娃知道，靠摇晃罐头无济于事。于是她佯笑问道："先生，你带的全是柠檬果汁吗？"

"当然是。"走私犯彬彬有礼地含笑回答，毫无异色。

伊辛巴耶娃淡淡一笑，做了个实验，然后取出其中一只罐头厉声道："这只不是柠檬果汁！"打开一看，果然是珠宝。那个化名贝尔格的走私犯神情沮丧地低下了头。

你知道女警官伊辛巴耶娃做了什么实验，在不破坏罐头包装的情况下查出了藏珠宝的柠檬罐头吗？

39. 取纸飞机

虎子把一个纸飞机投掷到铺满地毯的房间中央。爷爷走过来对虎子说："不准你踩着地毯，不准你使用任何工具，也不用别人帮助你，你能把飞机从地毯中央拿回来吗？"虎子眼珠一转，有了主意。他用自己想出的办法，按爷爷的要求拿回了飞机。请你想一想，虎子用的是什么方法？

40. 谁是敲诈者？

电话铃响时，电影明星松隆子正在梳妆台前化着妆，她随手拿起电话。

"你的钱准备好了吗？"

听到对方这个男子的声音，松隆子不禁打了个寒战。

"嗯……啊……我正在努力……"

"好的，今天就给钱吧！"

"在哪里？"

"赫邱车站附近，有个敏栋公寓，到那所公寓的908号房间来。"

"什么时候去好呢？"

"你什么时候方便？"

"下午1点钟怎么样？"

"行，我等你。"对方发出夸张而尖锐的笑声，猛地挂断了电话。

松隆子呆住了，甚至忘记了放下电话。她思索了片刻，终于下定决心，从梳妆台的柜子里拿出一个小胶囊。

“只要给他钱，就能换回那个病例的副本，也许他复印了很多份，只要悄悄给药，也许可以……不知有没有合适的机会……”

松隆子看着胶囊中的粉末——氰化钾——是几天前，她从姐姐家的药房中悄悄偷来的。

几年前，在松隆子还是小明星时，曾受到某个知名导演的诱惑，后来怀孕并且做了流产手术。不知刚才的敲诈者，用什么手段把她住院时的病历搞到手，用其影印件来敲诈她。

电话铃响时，棒球选手小田敬业正在厕所里梳头，一听见铃响，他匆忙钻出了厕所，立即跑去接电话。

“你的钱准备好了吗？”

一听见那男人的声音，小田一下子挺直了身体。

“啊，正在想办法……”

“那么，今天把钱交给我吧。”

“在什么地方？”

“赫邱车站附近，有个敏栋公寓，到那所公寓的908号房间来。”

“几点？”

“就下午两点吧，恭候光临了。”

对方发出了尖锐的笑声，然后猛地挂断了电话。

小田敬业紧握听筒很久，不知道该如何是好，最后，他从箱子里取出一个装着粉末的药瓶，氰化钾，这是敬业从岳父的电镀工厂剧毒柜中偷偷取出来的，瓶子的外包装上还加封着玻璃纸。

那一天早上发生的事故，让敬业担惊受怕，那时，他刚打了一夜麻将，回家的路上，睡眼朦胧的他撞了正在送报纸的学生。那是天刚刚亮时发生的事故，好在没有人看到，于是敬业没有送学生去医院，而是开着车呼啸而去。但是，还是有人拍下了照片，并以此勒索他。

电话铃响时，当红歌星美智子正在客厅里吃着早餐，但是时间已经不早了。

“你的钱准备好了吗？”一听到这个男人的声音，美智子不由得浑身战栗。

“这个……嗯……”

“今天把钱交给我。”

“在哪儿?”

“赫邱车站附近，有个敏栋公寓，到那所公寓的908号房间来。”

“这个……今天我已经有约会了，所以……”

“你觉得是你的约会比较重要还是和我的交易比较重要呢?总之，下午1点到3点之间，可以进行交易，我等着你。”

对方气呼呼地挂断了电话。

美智子握着听筒，一阵沉默，最后心一狠，从柜子的抽屉里拿出一个手帕包着的纸包，纸包里有大约半勺子氰化钾。

这是两三年前，堂哥自杀时留下的剩余氰化钾。美智子和这位哥哥感情非常好，所以留下了这包氰化钾作为纪念。

“取回副本后，再用这包药把所有问题都解决了，以后不能再这样被敲诈了，不知道自己是否有胆量……”

过去的小偷小摸行为，让这个当红巨星追悔莫及。放暑假时，也许是一时好奇，也许是被迷惑了心智，总之，她在逛商场时偷了香水和高级化妆品，结果被逮了个正着，受了一通教育。不知这个敲诈犯是怎么把那时的警察案件记录弄到手的，复制了副本来敲诈她。

第二天（9月7日）的报纸上，刊登了一则消息：“八卦记者纯一内司死在区街敏栋公寓908号房间。”

是这栋公寓的房东下野东芝太太发现的尸体，下野太太说房客三天前外出旅行，他的朋友也就是死者借了这间房子。

死因是氰化钾中毒。尸检推测的死亡时间是9月6日下午一时至三时之间，桌上杯子里装有未喝完的果汁，果汁掺有氰化钾。

房间的冷气机始终开着，但同时窗户也是开着的，而且屋内有明显被翻动过的痕迹，所以警察怀疑是他杀，并已立案调查。

这栋公寓在当天下午一点半到两点半之间都是停电的。那是因为有个司机疲劳驾驶，撞了电线杆，电源被切断了。

松隆子读了这则消息后暗想：“从公寓回来时，电梯刚好到一楼以后就停电了，多亏时机好，晚这么一小步，就会被锁死在电梯里，千钧一发的时候运气不错，顺顺当当地干完事，那男人死了，真痛快呀。”

小田敬业也读了那则消息：“哼，这下就好了，麻烦也被解决了。当时走的匆忙没有注意停没停电，因为怕在电梯内遇见熟人，所以我走了楼梯，虽然楼梯间里遇到两位家庭主妇，但是我戴着太阳镜，而且他们也不认识908房间的那个家伙，这倒挺意外。”

美智子也把那则消息反复读了几遍。“在去那栋公寓的路上，我看到了巡逻车，以为是出了什么事，原来是发生了撞车事故。还好是白天，如果是晚上就麻烦了。虽然很多人都看见了我，但是我化了装，戴了太阳眼镜和假发，所以不用担心有人会认出我……”

三位嫌疑犯中是哪位用氰化钾毒杀敲诈者的呢?

41. 台历上的数字

莱姆警长接到斯柯达夫人打来的报警电话：斯柯达先生被绑架了。斯柯达是小镇的首富，坐拥百万身家。

莱姆警长立刻和助手赶往斯柯达的乡村别墅。斯柯达夫人告诉莱姆警长：“大概两个小时前，我接到一个陌生电话：‘您先生现在还活着，如果希望他继续活着，就必须给我20万。’接到电话，我才知道我丈夫被绑架了，是昨晚被绑架的。”

莱姆警长问：“昨天晚上您在哪儿，做了什么?”

斯柯达夫人说：“昨晚我到姨妈家去了，今天上午我才回来，想不到会发生这样的事情。”

“他们有没有讲怎么交付赎金呢?”莱姆警长问。

“他们没有说，只是让我把钱准备好，具体的交易方式会再通知我，如果报警，就等着为斯柯达收尸。”巴特太太抽泣着说。

莱姆警长又询问了斯柯达的仆人，仆人反映昨晚来了一位客人。仆人说：“并没有注意到这位客人的具体样貌，只是感觉他大概40多岁，戴着墨镜，帽檐压得很低……但从斯柯达先生把客人引向自己书房的行为看，可以很明确地知道，他一定是熟人，因为男主人从不随意带人去书房。”

莱姆警长发现问不出什么可靠的信息来了，便开始搜查房间。书房里并没有留下外人的痕迹，而且这位熟人用过的杯子上更是没有留下指纹或者唇印。虽然有鞋印，但是绑架犯一定是有备而来，穿着平底光面鞋。窗子被打开了，从窗子到别墅的后门这段小路上，留下了斯柯达先生的脚印和绑架犯留下的平底光面鞋印。

“犯罪分子逼迫斯柯达先生从后门离开，但是这本台历代表什么呢?”莱姆警长对斯柯达夫人说，“这上面歪歪扭扭地写着‘7891011’。斯柯达太太，之前您有留意过这些数字吗?”

“没有，斯柯达从没有这种习惯。”

“也许这些数字非常重要，代表某个人的名字或者地址。夫人，你知道斯柯达先生得罪过哪些人？也许你可以提供一个可疑分子名单……”

“舒特、利查斯、麦克尼尔、加森……可是，斯柯达的仇家不一定会是绑架犯吧?”巴特夫人不解地问。

“哦，我大概已经知道谁是凶手了。”莱姆警长笑了笑说。

后来，警长凭借这些线索找到了绑匪，并且在绑匪家里找到了斯柯达先生。

绑匪是谁呢？莱姆警长是如何破案的?

42. 脸上的煤灰

在一辆蒸汽机车中，靠窗坐有两名乘客。这时一阵风吹来，刮过来一些煤灰，把一个人的脸弄脏了，而另一个人脸上仍是干净的，可这时脸上没有煤灰的人却去洗了脸。请问这是为什么?

43. 辨认通缉犯的小妙招

苏珊小姐度假时，所住的旅馆叫湖滨旅馆。一天中午，苏珊小姐乘坐电梯时，看见了一对穿着入时的夫妇大吃了一惊，那个男子好像是警方通缉的杀人犯巴特勒，他俩虽然戴上大号太阳镜，但那名杀人犯嘴角的黑痣让人记忆深刻，因为凶手已经杀死了三人，到处都贴满了他的通缉照片。

苏珊小姐走进自己的房间时，看见那对夫妇走进了隔壁房间。

苏珊心想："说不定，他并不是巴特勒。假如没弄清事情，就请警察来打扰，这对正在海滨愉快度假的年轻人来说，真有点不忍心。不过，如果我能弄清楚他们在说什么，那倒可以给我提供一些线索。"

她使劲贴近墙壁，但只能听到一些分辨不清的微弱声音。她把一个玻璃杯反扣在粉红色的糊墙纸上，结果仍然听不到什么。

她给服务台挂了个电话，说明了情况。一会儿，进来了一个文质彬彬的中年人，带着一个黑色的小提包。苏珊向他解释了自己的疑虑和打算。那人耸了耸肩说："可能不行吧。"苏珊说："这种办法也许行。事关重大，还是试试吧。"

那个中年人是个医生。这时，他从小提包里取出一个随身携带的工具，用它贴在墙上偷听隔壁房间的谈话内容。啊，听清了！他们真是巴特勒夫妇，正在商量如何赶一趟飞往墨西哥的班机，以便脱离被逮捕的危险。

于是苏珊马上给警察局挂了电话。

第二天，报纸的头条新闻是夺走三条人命的杀人犯巴特勒在湖滨旅馆被捉拿归案的消息。

那么，你知道医生是用什么工具偷听到巴特勒夫妇谈话的吗？

44. 飞行员卡洛巴德的险中求救

在美丽的法国城市里维埃拉，有一个海滨浴场，那里阳光明媚，景色宜人，一架载客游览的小型飞机正在海滨上空飞行着。机上一共有四位游客，都是专门来里维埃拉游玩的。飞机沿着海岸慢慢地飞行着，突然那个一上飞机就对风景不怎么感兴趣的穿白色西装的乘客，拿出一把枪砸坏了飞机上的通信系统，然后用枪指着飞行员的脑袋命令道："赶快把飞机开到前面的那个小岛去！"

飞行员名叫卡洛巴德，他知道飞机上遇到了劫匪，看起来似乎有些慌乱，手脚也不听使唤了，飞机像法国的巡逻兵飞行表演一样，在空中打着旋。

"笨蛋，我不杀你，你只需听我的话，降落在那个小岛就行了。快让飞机正常飞行。快点，我可不想让我的子弹因为生气打穿你的脑袋。”白西装乘客用枪敲着飞行员卡洛巴德的脑袋说。

“好……好的，只要你不杀我，只要你不杀我。”飞行员卡洛巴德结巴地说道。

很快飞机就正常飞行了，眼看着就要着陆了，白西装乘客高兴地对卡洛巴德说：“朋友，你真是好样的，我不杀你，待会儿在你的腿上留点纪念就可以了。你看，我的朋友来接我了。我可不想在我的朋友面前展现野蛮的一面。”

“哈哈，蠢货，放下你的枪吧。睁大你的狗眼，看看是谁的朋友来了。”飞行员卡洛巴德大笑着说。

“啊！”白西装乘客看着小岛上面站着的法国海军陆战队士兵，绝望地叫道，“上帝！我明白你小子是怎么干的了。原来你刚才是故意装害怕的。”

飞机一着陆那名乘客就被抓了。你知道飞行员卡洛巴德是如何求救的吗？

45. 划船的目击者

一名年轻女孩死在了一条小河里，死因是溺水。杰伊在现场询问周围的人，一个男孩站在一条小船里对杰伊说：“我刚才向这边划过来时，看见这个女孩在桥上站了一会儿，突然就跳了下去。”

“你是一个人划船的？”杰伊问。

“是的，我喜欢一个人划船的感觉。”男孩回答。

就在周围的人为这个“自杀”的女孩感到惋惜时，杰伊已经将手铐铐住了男孩的手腕。

你知道杰伊是怎么看出来这个男孩就是凶手的吗？

46. 折叠报纸

这是一道很简单的题，你可以动手试试。你能把一张普通的报纸对折

10 次以上吗？那么，再大一倍的报纸呢？

47. 老人的年龄

一群小学生在敬老院里帮助打扫卫生，休息的时候，小明问四位年龄较高的老人的年龄。老人们笑而不答，但分别在地上写了几个字，这些字是“本”“米”“末”“白”。小明不明白这是什么意思。

聪明的读者，你知道这四位老人的年龄分别是多少吗？

48. 喝了几杯牛奶和咖啡？

有一杯牛奶，艾文喝了半杯后，用咖啡加满；再喝去半杯后，又用咖啡加满；然后全部喝光。那她一共喝了几杯牛奶，几杯咖啡呢？

49. 丢失的日子

这天晚上，达尼尔警官和朋友们在一起聚会。聚会上一个地理学家给大家讲了这样一个故事：

一个名叫迈克的航海家在 1519 年 9 月 12 日从西班牙出发，自西向东开始了他的环球旅行。在这次远航中，迈克的船队曾经遭遇到各种恶劣的天气和艰难险阻，一路上他损失了多艘大船，最后就连迈克本人也在 1521 年的一次战斗中殉难。剩下的船只在副船长卡诺的指挥下继续航行。经过三年的艰苦航行，1522 年他们终于环绕了地球一周，来到了欧洲的一座小岛上，这时船长卡诺拿出航海日记，记下：1522 年 7 月 10 日船队到达欧洲。

到了岸上，没想到船员们和当地的居民因为日期发生了争吵，船员按照航海记录，认为今天是 7 月 10 日，星期五；但是当地居民却说今天是 7 月 9 日，星期四。

地理学家笑着问达尼尔：“他们双方其实都没错，你知道为什么会相差一天吗？”

达尼尔想了想，确实不知道，只好向地理学家请教答案。

地理学家告诉大家一个地理小知识，大家立刻就明白了是什么原因造成这一天之差。

你知道到底是什么原因造成的吗？

50. 没有毒酒的酒杯

这天深夜，西瑞尔在警察局值班。凌晨两点，他接到一个报案电话，说H街某栋公寓里，发生了一起命案。西瑞尔赶紧和法医以及其他人员快速赶到H街的这栋公寓里。

这是一间不大的公寓，死者是个男子。从居住的迹象来判断，这个人是独居。此男子倒在沙发上，法医断定已经死亡。在死亡之前，此男子正在喝酒和看电视。电视还在响着，男子面前的茶几上摆着酒和酒杯，酒杯里有他还没喝完的半杯威士忌。

警员在屋里进行检查，发现屋内摆设整齐，没有任何争斗的痕迹。此时，法医的鉴定结果也出来了，此男子系中毒死亡。接着法医又对男子剩下的半杯威士忌进行了检测，但检测结果是这半杯威士忌并没有毒，并且，也没有发现其他有毒的迹象。

西瑞尔沉思片刻，说道："那么，此人不是自杀，这是一起有预谋的谋杀案。"

案件侦破的结果也显示了西瑞尔的说法是正确的，那么，西瑞尔是依据什么判断的呢？

51. 恐吓电话

20世纪70年代，位于美国迈阿密的一家银行的行长接到一个恐吓电话。电话中，恐吓者告诉对方前几天西南贝尔公司派去银行的技术人员是他的人，这个人在行长所在的银行中秘密安置了一枚炸弹。恐吓者声称，控制炸弹爆炸的遥控器就在自己手中。这位银行行长接到这个突然而至的恐吓电话，胆战心惊，吓得出了一身冷汗。但恐吓者接下来的话更是让他惊惧不已，恐吓者说他已经控制了行长的妻子，并要求行长给予他一笔钱才不会引爆炸弹并释放他妻子。

银行行长深爱着自己的妻子，听到妻子处于危险之中，行长马上让秘书给自己的妻子打电话。可是，电话中传来的是“嘟嘟”无人接听的声音。家中果然没有人接电话，行长很纳闷，因为他知道妻子一向是待在家里，不可能外出。那么，为什么没有人接听呢？于是，行长彻底相信了这个恐吓电话的内容，并答应了恐吓者的要求。挂上电话后，他马上报了警。

后来，经过仔细侦查，警方很快破获了这起所谓的“绑架勒索”案，并发现这其实是一起电话诈骗案，作案者并未安装任何炸弹，也没有控制他的妻子。这到底是怎么回事呢？

52. 沉船的迷惑

有一个人曾经有过这样的经历：他和很多人乘坐同一条船，他们在船上打牌或者喝咖啡。这时船慢慢沉了下去，但是没有人惊慌，也没有去穿救生衣，或者上救生艇逃命，大家还是按照原来正在做的事情继续做下去，直到船沉没了。你知道这是为什么吗？

53. 横渡大西洋的航行

艾玛·马士货轮公司每天正午从法国诺曼底大区滨海塞纳省的A港口发出一艘货轮，通过大西洋，开往大西洋另一侧的长岛海湾。在同一时间，这家公司也从长岛海湾发出一艘货轮开往滨海塞纳省的A港口。这些货轮的航行时间都是七天。请问：从滨海塞纳省的A港口开往长岛海湾的船，在航程内会遇上多少艘本公司从长岛海湾开来的货轮？

54. 继承人的智慧

有一个国王，他有两个非常聪明的儿子。后来国王得了一场大病，将不久于世。为了能从两个儿子中选出一个合适的继承人，他想到了一个好办法来考验他们。他派人将二位王子带到自己面前，并让仆人拿出了30颗硕大的宝石和两个盒子，盒子分别为蓝色和红色。然后他对两个王子说："我们来做一个游戏，在开始的时候，你们要蒙上眼睛，仆人把这30颗宝石分别往这两个盒子里面放，如果仆人要往红盒子里放，每次放一颗；如果仆人往蓝盒子里放，就每次放两颗。他每放一次宝石，旁边的另一位仆人就会拍一次掌，当他放完后，你们要说出在红盒子里有多少颗宝石，谁猜对谁就将继承王位。猜错的人虽然失去王位但可以获得这些宝石。可以吗?"王子们同意了。于是按要求去做，在这个过程中，两个王子听到21次拍掌。请问，红盒子里有多少颗宝石?

55. 山姆叔叔的影子

玛丽的叔叔山姆是一位海员，常常跟随货轮远洋航行。一天，山姆叔叔航海归来，给玛丽讲了一件不同寻常的事：货轮绕过非洲南端前往欧洲，在半年的航行途中，有三次他到货轮甲板上去透透气，虽然阳光很灿烂地照耀在他身上，但是山姆叔叔却发现自己没有影子。

请你想一想：山姆叔叔的影子跑到哪里去了呢?

56. 可疑的日本刀

一天早晨，神探罗斌在自家附近的公园里散步时，突然发现一片空地的中央处仰面躺着一个年轻女子。人已经死了，其左胸上插着一把细长的没有把手的日本刀，大概她被刺中后没走几步便气绝身亡了。

神探罗斌自己勘查了现场，由于刚刚下过雨，地面仍湿漉漉的。可是，令人感到奇怪的是，以尸体为中心半径25米的范围内，只留有被害人高跟皮鞋的鞋印，却不见凶手的足迹。而且四处找不到刀鞘，既不能认为是被害人自己拿着一把没有把手的日本刀刺进自己的胸膛自杀，也不能认为是凶手把刀拴在25米长的竹竿或木棒一端行刺的。如果拿那么长的棒子，被害人会及时发现逃脱的。

那么，凶手究竟是用什么手段杀人的呢？这个案子就连被称作“神探”的罗斌也思考了良久。当他再次注意到日本刀没有把手时才恍然大悟，进而识破了凶手巧妙的作案手段。

你知道是怎么一回事吗？

57. 最大的胜者

有三个从小一起长大的朋友，其中一位是开超市的，另两位是本省象棋冠军和羽毛球冠军。这天，三个人一起在俱乐部痛快地玩了一上午。在吃午饭的时候，开超市的这个人对周围的人说：“今天，我是最大的胜利者，我打了羽毛球，也下了象棋，我既战胜了本省羽毛球冠军，也战胜了本省象棋冠军。”周围的人都不相信：“他们一定是让着你的。”但两个冠军诚实地说：“我们没有让他，我们都尽了全力。”旁边的人都惊讶极了。你知道这是怎么回事吗？

58. 战争与干旱

有一种说法：美国的南北战争，导致了世界上许多国家和地区的干旱情况减少。你知道这是什么原因吗？

59. 应聘比尔·盖茨的助手

比尔·盖茨招聘助手，应聘者众多，盖茨先生对他们说，我给你们出一道题目，谁最先答出来谁就被录用了。

他随手在桌子上拿起自己的名片，一共拿出了 19 张，其中 8 张正面向上。他对应聘者说道：“如果蒙上你的眼睛，而你用手又摸不出名片的正反面。现在要求你把这些名片分成两部分，每一部分下面朝上的名片数都相同，应该怎样做呢？

盖茨先生话音刚落，应聘者中的朱迪站起来说道：“我知道怎样做了。”最终朱迪被录用了，你知道朱迪是怎么做的吗？

60. 被蒙蔽的收藏家

神偷皮尔斯这次的目标是一幅著名的油画《美狄亚的愿景》，它就挂在收藏家爱德蒙家里的二楼墙壁上。皮尔斯决定制造一次与众不同的偷盗事件，为此他精心准备了一个多月。万事俱备以后，他给收藏家爱德蒙发去了一封电邮，明确告知对方，自己将于今晚盗取《美狄亚的愿景》。爱德蒙如临大敌，立即加派人手严守别墅，就连一只老鼠也不放过。

当夜无事，第二天，爱德蒙收到皮尔斯的另一封电邮。邮件上说，《美狄亚的愿景》已成功盗走，为了表示谢意，他换上了另一幅不知名的油画作品。爱德蒙气得急忙跑到二楼，果然看到一幅普通油画作品代替了原画作品，赫然挂在二楼墙壁上。他搞不明白这是怎么回事，气得让保安扔了那幅替代品。

皮尔斯如愿以偿，带着《美狄亚的愿景》消失了。读者朋友们知道他是怎样做到的吗？

61. 蓝色的玫瑰

一个老年富翁患上心脏病，他留恋世间，特别怕死。这一天，富翁的特别护士给他带来了一封算命先生的信，上面写着："在满月的夜晚要小心，金色的樱草出现时要警戒，蓝色的立葵花出现表示危险，蓝色玫瑰出现，就是死亡的象征……"某天，富翁果然看到房间内的一枝樱草变成了金色，而那晚正是月圆的日子；不久，富翁又发现房间内红色的立葵花变成了蓝色，此时正是第二个满月之夜。于是富翁感到非常害怕，认为这是决定命运的时刻到来了。第二天，富翁房间里毫无动静，于是护士叫富翁的一个佣人把门撞开，发现富翁已经离开床倒毙在地板上，死了几个小时了。而富翁枕边，原本是深红色的玫瑰花，现在已变得很蓝很蓝。富翁死于心脏麻痹，据推测是看到蓝色的玫瑰后心脏受刺激而死。这到底是怎么回事呢？

62. 小额硬币

在澳大利亚，人们使用的小额硬币有 5 分、10 分、50 分、1 元和 2 元。如果你要支付 20 分，总共有多少种付款方法？

※　※　※

答　案

1. 军人保险

亨曼只是和颜悦色地说了一句："你们错了，你们想一想，如果真的有战争发生，政府会派哪种士兵到战场上去，是买了保险的，还是没有买保险的呢？"想必大家都知道这个问题的答案了，士兵们一听自然也就明白保险在这个时候已经不仅仅代表着阵亡之后的赔偿，还代表着免上战场的护身符，所以自然要购买了。这就是发散思维神奇的地方，我们在看问题的时候，绝对不能仅仅只专注于一个点，要从这个点发散出去，去寻找更多相关的东西来解决问题。亨曼正是擅长在推销之中使用发散思维，寻找到巧妙的地方去说服他人，才成就了他高明的推销之道。

2. 不知道

"不知道"这 3 个字怎么读？

3. 化缘的小和尚

这是必然的。假设有两个和尚，一个从山脚，一个从山顶，同时出发，两人又必须到达对方的地方，那么途中一定相遇，无论速度如何，否则他们不可能跑到对方的后面去。

4. 征婚启事

这条征婚启事的内容是："本人是一个百万富翁，年轻有为，喜好音乐和运动。现想征求一个和毛姆小说中的主角一样的女性结婚。"这条广告一经登出，那些还没有结婚的女子，不管是不是真的有想法和富翁结婚都跑到书店去买了一本毛姆的小说，来看一看是什么样的女性有这样大的魅力。男子们当然也会好奇，什么样的女子让一个百万富翁如此着迷，所以当然也忍不住买了本小说来看。于是销售狂潮自然就产生了。发散思维是非常灵活的，思路可以想怎样开阔就怎样开阔，只要找到相关的一点，就可以取得成功。

5. 远方的礼物

原来华若德克派人在气球中放入了一张小小的卡片，上面写着：亲爱的先生和女士，当你捡到这张卡片的时候，您的好运开始了，请您到华若德克的摊位，接受来自遥远的非洲的礼物和祝福。开幕的当天，无数的彩色气球升到空中爆炸，落下数不清的卡片。人们感到好奇，纷纷拿着卡片寻找到这个偏僻的角落，那些没有捡到卡片的客人，也觉得非常好奇，纷纷聚集到了华若德克的摊位前面。这为华若德克带来了非常多的生意和机会。这也是发散思维的奥妙，从一个特殊的点进行发散，给它新的定义，然后来吸引他人。

6. 当水缸满溢

所需时间和雨竖直下的时间一样长。

7. 未湿的手机

杯子中的咖啡是固体粉末，所以，这个人的手指与手机都没湿。

8. 与风相关的生意

原来西田回答说：“不是，但它是和风相关的。只不过这个是暖风，您说过只要是风的生意都可以做，不是吗?”松下一句“只做风的生意”看起来似乎封死了西田想要生产新项目的想法，但是却被西田利用发散思维将风发散成种种不同的形式，生产出许许多多的新型产品。

9. 取款方法

亨利在看F街附近的路线时，发现了歹徒交代的花圃旁边有一个下水道。他推测，歹徒也许会利用下水道取钱，于是兵分两路，一路在地面守候，一路在下水道里守候。果然，不出亨利所料，狡猾的歹徒就是通过下水道取钱的。当他拿完钱，背着黑色旅行袋正往外走的时候，就被藏在下水道里的警察抓住了。

10. 应急灯

凶手是后来的那个陌生男子。通常情况下，人们在停电时都会在屋里留下一盏灯不关闭，用以确定什么时候恢复供电，这盏灯一般都是距离人们最近最便利的，琳达也会在停电时开着台灯的开关。现在台灯的开关是闭着的，应急灯的开关是开着的，这就说明是有人故意布置成死者在停电期间被杀害的假象，但却弄巧成拙，露出了破绽。

11. 保护纪念馆

相信你肯定也猜到了，解决问题最简单最节约成本的方式就是将窗帘拉上。为什么一个困扰了政府这么久的问题这么简单就解决了呢？这全都是发散思维的功劳。正是因为调查员们懂得在调查的过程中进行本源发散，不停留在调查的表面上，而是不断地追问寻找造成这种伤害的最根本的原因，如果发散思维在中途的任何一个追问上停了下来，没有进一步发散，我们就只能选择前面几种方法中的一种。而现在不但保护了杰弗逊纪念馆，还节省了大批的经费。

12. 雪地谜案

梅本昨晚并没有在小池美江子的房子里过夜。死者在下雪时就已经待在自己的别墅里，没有出去过。周六早上，雪停之后，美江子曾滑雪来到梅本的别墅。当时她只用了单只滑雪板。在自己房子门前的松树上拴了一条绳子，边放开绳子边往下滑。当到达目的地后，她把绳子拴到了后门的柱子上。

返回别墅时，凶手又拽着那条绳子，边往身上缠绕，边往上坡路上前行回自己的别墅。这样，雪地上就只会有这两条滑雪板的痕迹，好像他从她的别墅里回去一样。

梅本别墅后门的确有两块滑雪板，那是因为美江子为了实施这一切，结合天气预报，而提前准备的。滑雪板痕迹不规则，甚至有点凌乱，是因为拉着绳子用一只滑雪板往返造成的。因为拉着拴在树上的绳子前进，所以松树被晃动，树上的积雪也掉了下来。

13. 曲别针用途

只见这个中国人对大家说：“曲别针的用途可以用四个字概括，就是钩、挂、别、连。而曲别针的总体信息却可以分成重量、体积、长度、弹性、颜色等多个元素。将这些元素联系在一起，不断切换组合，不要说30000 种，这曲别针的用途简直可以称为无穷。”在他列举的例子中，甚至包括将曲别针做成阿拉伯数字和四则运算符号来进行运算，还有串联起来导电，与其他物质反应生成物质，等等。利用发散思维，如果想要说下去真的是源源不断的。

14. 半箱橘子

箱子里的橘子在60分钟时全满，一分钟之前，即59分钟的时候是半箱橘子。

15. 福特公司的销售策略

原来“56元买一辆56型福特汽车”只是一句广告语。艾柯卡想到的创意是，如果有人想要购买这款1956年生产的福特汽车，只需要先付全额的百分之二十，剩下的部分可以分期付款，每月付款56元就可以了。这就是方法上的发散，销售方法不是只有一种，分期付款的形式加上56这个关键的数字，在报纸上非常醒目。而且大家潜意识里就会认为每个月才需要56元钱，真的是太划算了。于是很多人的疑虑都被打消了，销量自然就上去了。

16. 神秘的咖啡

贝克故意将两人共用的糖壶中的糖放成了盐。布朗喝了变咸的咖啡自然就咳嗽起来，实际上这时候的杯子里是没有毒药的，在场的人不过是事后回忆起来，以为那些症状是中毒了，而真正有毒的是贝克给布朗先生的那杯水。

贝克是假装要吃药，所以特地准备了一杯水，然后趁人不备将毒药放了进去。至于布朗杯子里的毒，应该是在布朗死后，贝克偷偷将余下的毒药放进布朗杯中的。所以，即使去检测稿纸上的咖啡沫也肯定不会找到什么证据。为了不引起众人怀疑，贝克也喝了加了盐的咖啡。

17. 银行劫案

当小皮特说那个银行抢劫犯曾经撞倒过一个乞丐时，唐纳德警官就怀疑他们是一伙的。因为抢劫犯从抢劫银行到被警察抓住的这段时间内，只跟乞丐有过接触。抢劫犯很可能是在撞倒乞丐时，趁机把抢来的钱偷偷调包，所以警察在抓住他时并没有在他身上搜到钱。后来唐纳德来到乞丐住的旅馆，发现乞丐的房间里开着灯，桌子上还放着当天的报纸，而且乞丐还告诉唐纳德很久没有来过客人，说明那份报纸不可能是别人在他的房间留下的，而是乞丐看的，这说明乞丐眼睛并不瞎，而是装瞎。因此唐纳德确定乞丐就是抢劫犯的同伙。

18. 牛的指示

因为卯木肇非常擅长从无关的事物中找到关联，他看到一个小小的牧童竟然可以管住一大群牛，完全是那只带着铃铛的头牛的原因。所以，他马上想到想要让索尼彩电畅销首先就需要芝加哥最大的电器零售商来销售索尼彩电，这样其他零售商自然就会跟着马歇尔公司纷纷销售索尼彩电。这样一来，问题就迎刃而解了。

19. 钦差选人才

其实，钦差发给每个人的谷种里，都只有 3 粒是生的，其他的 97 粒都是煮熟的。因此可以断定，这个农家书生是一个诚实的人。所以钦差正是凭着这点来判断其他人是弄虚作假的。

20. 租房子

这个 5 岁的小孩子说："老爷爷，这个房子可以租给我吗？我没有孩子，我只有两个大人。"按照正常的思维来说，想要得到这个房子的租用权似乎必须从孩子身上下功夫，或者苦苦哀求或者说明自己的孩子听话懂事。但是这个 5 岁的孩子，他也许不懂得发散思维，但他正在使用发散思维，他没有那么多大人的常规思维，所以他本身的想法就是发散的。既然不能租给带孩子的大人，那么租给带大人的孩子就好了。于是，一个看似不好解决的问题就这样简单地解决了。

21. 会看见什么

什么也看不见。因为没有光线能射进房间里面，到处一团漆黑。

22. 该选哪朵花？

原来，玛格丽特之所以选择郁金香，是为了告诉阿尔芒，自己爱他，所以不会伤害他。玫瑰和月季都有刺，但是郁金香却不会伤手，就如同玛格丽特对阿尔芒的爱。这又是一种发散思维，不能只考虑花的种类，而是要发散性地思考花与花的不同，花与人的相同，在不同和相同之中进行选择就简单得多了。小小的一朵花，却可以指引人找到妻子，这就是发散思维的奇妙。

23. 圆号被盗之谜

莱格正是那个盗贼。探长并没有直接审讯他们，而是利用发散思维想了一个办法，让他们自己在短文里露出马脚。大家应该注意到，莱格的短文里通通避开了真正的盗贼使用的方法，因为他知道盗贼是怎么偷盗的，所以故意用相反的来说。但是越这样，越是暴露了自己。发散思维的好处就是我们在解决问题的时候不必要一定依靠自己去找到证据，反而可以不费力气让别人主动暴露出来。

24. 伯父的遗产

其实价值10万元的遗产正是那两枚看起来非常陈旧的邮票。伯父生前很喜欢侦探小说，所以才采用了这样的方式。福尔摩斯根据对方喜欢侦探小说这一点发散地思考，不再将遗产局限在金钱和珠宝上，而是发散到一切具有价值的事物上去，很快就想明白真正价值10万元的是那两枚邮票。

25. 为国王画像

这个画家看到前两个一个是因为太过真实，一个是因为太不真实，于是就发散性地将自己这幅画介于两者之间。他聪明地将国王画成打猎时候的样子，画面上的国王把猎枪放在一块大石头上，一只眼睛闭着，一只眼睛瞄准，这样瞎眼的毛病就被掩盖了。而国王的那条瘸腿也跪在地上，完好的腿则弓在身前，看上去威风凛凛。他虽然没有回避国王的任何缺点，但是也没有将这些缺点暴露出来，因此才令国王十分满意。作画也是，做事也是，都离不开发散思维，只要我们利用好发散思维，再困难的问题也可以找到一个巧妙的角度，使之完美地得到解决。

26. 全部满意

这位经理改掉用海报写名字的形式，采用了一个不断转动的大灯笼，并将三个演员的名字都写在灯笼上，三个名字转圈出现，那么谁都可以说自己的名字排在前面了。

27. 把房间装满

小儿子把蜡烛拿进空房子，用烛光填满了房子。

28. 谁打伤了简妮？

希尔斯并没有指明简妮需要哪只脚的鞋，琳达却只拿出了左脚穿的鞋，显然她是知道简妮伤在哪里的。

29. 好听的字母

CD。

30. 猫爪印

寒冷的冬季，猫非常喜欢爬到汽车前盖上去，因为那里是人造的暖箱，司机抛下被撞的行人不管，逃回家中，将车停放在车库内。但是，即使马达停转，汽车前盖内的热量也不会马上散失掉，而这对于猫来说绝对是一个免费的暖炉。

另外，因为是昨晚才下的雪，而前些天天气一直很干燥，如果猫是之前爬上了车前盖的话，也不会留下泥爪印。如果猫是在昨晚或者是更迟些的时候，也就是疑犯逃离现场后不久才爬上车前盖的话，猫才会留下泥爪子印。

31. 巴特的智慧

他把 4 个栅栏修建成一圈套一圈的环形，在最里边的栅栏里放了 20 只羊。

32. 观星塔毒杀案

根据潘教授的推论，警方在河底找到严勤学的弟弟送来的那个小包裹里的东西——一个望远镜。但这个望远镜为何与谋杀案有关呢？

潘教授把望远镜仔细地看了看，过了一阵说："我的推测是正确的，这是个可以随意拆卸的望远镜，严勤学的弟弟早已把毒针插进了望远镜的镜筒内。当严勤学使用望远镜观测天象时，需要转动镜筒中央的螺丝，以便调整镜头焦点，藏在镜筒内的细毒针受到弹簧的反弹力便跳了出来，正巧射进严勤学的右眼。严勤学惊慌失措，把手中的望远镜扔了出去，望远镜就是这样掉进塔楼下的河里的。虽然严勤学及时用手拔掉了刺在眼中的毒针，可是这样更加快了他的死亡。"

33. 父亲在说谎吗？

没有。他父亲今年五十岁，地球每年绕行太阳一圈。

34. 盲人摸罐

在阳光下，黑罐子比白罐子热，因为黑色能吸收白光。

35. 怪盗用什么工具逃离现场？

怪盗阿里从别墅利用马匹用最短的时间到 S 车站，搭乘晚 9 点 16 分的夜班车回到伦敦住所，而马则在 S 车站处就被放开。而被放的马由于无人看管便自己回到了别墅，又因为马棚的门是由外往里开的，所以马儿完全可以自己走进马棚。这就是怪盗阿里诡计的关键。

36. 姥姥的漏房子

下雨天漏雨，晴天不漏雨。

37. 毒蜂杀人案

非洲蜜蜂是一种极具攻击性的毒蜂，这种毒蜂也会根据不同的声音做出不同的反应，它们在听到轻松柔和的乐曲时会表现得温顺老实，而当突然听到强刺激的音乐时，马上就会兴奋起来，野性大发。这部微型录音机里的磁带开头录着轻松柔和的华尔兹乐曲，后面突然插了一段节奏紧张刺激性强的流行音乐，结果刺激了毒蜂，激发了毒蜂的野性。案犯便是趁法国商人睡午觉的时候，利用毒蜂的这种习性，在录音机里装上这盘磁带，让毒蜂袭击了他。

38. 珠宝罐头

伊辛巴耶娃拿来一块木板，搁置呈一定坡度，将12只罐头并列在木板上滚动，发现其中一只滚得较慢，即是珠宝罐头。

39. 取纸飞机

他只需把地毯卷起来，直到能够到纸飞机为止。

40. 谁是敲诈者?

死者的房间里，虽然开着空调，但是同时也开着窗，说明犯罪时屋内是停着电的。由于停电，冷气机无法工作，所以屋内特别热，死者先打开了窗户，如果恢复供电，那么冷气机开始工作，他就会关上窗户。

停电时能有机会到现场的，只是小田敬业和美智子。而有化学常识的人会知道，氰化钾必须密封保存，因为与空气接触，会使其变为碳酸钾，失去毒性。美智子的氰化钾是用纸包的，空气极容易透进去，所以早已失去了毒性。

所以，凶手就是小田敬业。

41. 台历上的数字

犯罪分子曾逼迫斯柯达先生从后窗离开，打开窗户时，斯柯达在台历上记下了这么一串数字，当时他肯定怕罪犯发现，所以才没敢直接写名字，而是采用了数字代码。7、8、9、10、11这一串数字有什么意义呢?

在英语里，这正是7月、8月、9月、10月、11月的字头：J－A－

S－O－N，根据这条证据，警长逮捕了 Jason（加森），并在加森的地窖里找到了巴特先生。

42. 脸上的煤灰

脸上干净的人，因为他看到对方的脸上脏了，以为自己的脸上也有煤灰，就会去洗脸；而脸上有煤灰的人看到对方的脸上是干净的，以为自己的脸上也是干净的，所以他不会去洗脸的。

43. 辨认通缉犯的小妙招

医生一般会带着听诊器，他就是用听诊器听到巴特勒夫妇对话的。

44. 飞行员卡洛巴德的险中求救

飞行员卡洛巴德假装害怕，借着手忙脚乱的假象在空中按照三角形的路线飞行。如果飞三角形，就是航空求救信号，基地雷达就会发现，并马上派出救生机紧急前往进行搜索。当飞机在飞行中通信系统出现故障时，就采用这种飞行方法求助。

45. 划船的目击者

一般来说，人在划船时，坐着的方向与船行驶的方向相反。所以，这个男孩划船过来是不可能看见背后有人跳河的，顶多只能听见声音而已。如果女孩不是这个男孩杀的，他没必要说谎，只有心里有鬼的人才会说谎。

46. 折叠报纸

都是不可能的。因为把报纸对折一次是 2 页，对折两次是 4 页，对折三次是 8 页，对折九次就已经达到 512 页了，再对折几乎是不可能的。

47. 老人的年龄

八十一；八十八；八十一；九十九。

48. 喝了几杯牛奶和咖啡？

喝了一杯牛奶，一杯咖啡。

49. 丢失的日子

地理学家告诉大家：在地球上固定生活在任何一个地方，每天确实是 24 小时。但是对于航海家们却是不同，迈克的船队是自西向东行驶，而地球也是自西向东转动的，也就是说船队一直追随着太阳行驶，这样会造成他们要比在陆地上的人每天多两分钟，航行三年之后，每天多出的这两分钟，积累了有一天的时间。所以船员们会比当地居民多计一天。后来科学家为了避免人们在航海过程中记错日子，在地球上标出了一道“日期变更线”，当轮船或者飞机从西向东越过这条线，日期就要减去一天，如果从东向西越过这条线，日期就要加上一天。

50. 没有毒酒的酒杯

侦破的结果是，杀人凶手正是那个打电话的人。此人和死者是好朋友，非常了解死者的习惯，知道他爱喝酒。但是，杀死他的时候，罪犯并没有将毒药放到酒杯或者是酒瓶里，而是涂在了酒杯上，这里正是死者嘴唇碰触的地方。毒药一经碰触，毒死了死者，且酒杯上也不再留下痕迹。

51. 恐吓电话

其实，讹诈者在给行长打电话之前就给他的妻子打了电话，谎称自己是西南贝尔电话公司的。这个人告诉行长的妻子，这里经常有人投诉说“接到骚扰电话”，而他们正在追踪这个人。他们要求她在中午12:00到12:50之间不要接听任何电话，以配合他们抓住那个打骚扰电话的人。行长的妻子深信不疑，果然没有在这个时间段接听电话。而行长接到恐吓电话后马上就给他的妻子打电话，时间正是在这个时间段。这种天衣无缝的巧合实际上是利用了人们的心理特点，即人们在受到威胁时，必然会第一时间确认威胁存在的真实性。一旦确认，出于安全考虑，人们不得不答应对方的要求。这时，讹诈者的目的就达到了。

52. 沉船的迷惑

他和这些人是在潜水艇里。

53. 横渡大西洋的航行

会遇上15艘从长岛海湾发出的货轮。其中有13艘是在大西洋上航行时遇到的，1艘刚起航时遇到的，1艘是到达对岸时遇到的。

如果回答成“7艘”，你就错了。不要简单地认为，每天有一艘货轮起航，7天就是7艘。仔细想一下：在货轮从A港口发出时，艾玛·马士公司已经有8艘轮船从长岛海湾开往A港口，其中有6艘正在大西洋上航行，1艘刚刚到达A港口，1艘正从长岛海湾发出。因此，从A港口开出的这艘货轮，一定会遇上前面说的已经出发的8艘货轮。此外，在货轮7天的航程内，还有7艘轮船从长岛海湾开出，其中最后1艘轮船起航，是在这艘货轮到达长岛海湾的时候。这些货轮毫无例外地都会与它相遇。

54. 继承人的智慧

红盒子里宝石的数量是12颗。因为拍掌的次数是21次，所以30颗宝石不会全放在红盒子里或者全放在蓝盒子里。我们知道，不管是往红盒子里放宝石还是往蓝盒子里放宝石，都要拍掌。但放在蓝盒子里的宝石数量要比红盒子里的多一颗。所以往红盒子里放的宝石数量是：（42－30）÷（2－1）＝12（颗）。

55. 山姆叔叔的影子

这是一种巧合。货轮从非洲南端驶往欧洲的航行里程中，正好要经过南回归线、赤道和北回归线这三个地球上特殊的位置。在这三条线上，每一年的春分、夏至、秋分、冬至这四天，阳光会垂直照射在地面上，那里太阳在人的正上方，所以看不见人的影子。山姆叔叔正好在春分这一天经过南回归线。夏至这一天经过赤道，秋分这一天经过北回归线，所以看不见自己的影子。先后三次，正好历时半年。

56. 可疑的日本刀

刀是用弓箭射出去的。如果留意日本刀上没有把手，谜也就解开了。也就是说，凶手是将日本刀当作箭，在25米以外用力拉弓射出来的。

57. 最大的胜者

很简单，开超市的人和象棋冠军玩的是羽毛球，和羽毛球冠军玩的是象棋。

58. 战争与干旱

在美国南北战争期间，有人发现，持续的炮击可以增加降雨量，由此人工降雨产生了。

59. 应聘比尔·盖茨的助手

把卡片分成11＋8两堆，然后把8张名片那堆反转。

60. 被蒙蔽的收藏家

皮尔斯以保安的身份提前进入别墅。在失窃的那晚将普通油画蒙在原画表面。成功骗过收藏家。这样便可以趁他发怒时大摇大摆地将原画取出并盗走。

61. 蓝色的玫瑰

花瓣遇碱变蓝，遇酸变红，只要对花做手脚，当一个患了心脏病的人遇见一些似乎关系着自己命运的事情时，心脏就会承受不了，因此受刺激而死。而整个故事中，安排这样“巧合”事情的人，应该就是富翁的护士了，她做这样的事是很轻松的。

62. 小额硬币

4种方法。20分；10分+10分；10分+5分+5分；5分+5分+5分+5分。

第三章

举一反三
——辩证逻辑推理测试

1. 左边的左边是左边吗？

蕊蕊在学校做游戏的时候，老师提出了一个问题：你的左边的左边的同学还是在你的左边吗？大家可以自由组合一下队列，然后告诉我答案。

蕊蕊低头看了一下。左手右手，我们很容易就可以分得清楚。可有时候，却又不是那么回事儿。比如说蕊蕊的左边是蕾蕾，蕾蕾的左边是露露，露露的左边是淼淼，那么请问淼淼永远都会在蕊蕊的左边吗？蕊蕊看看周围的同学，心里忽然一亮，有了答案。

2. 老山羊买外套

一山对爸爸总是有问不完的问题，爸爸决定反过来考考一山，好奇的一山认真地听着爸爸的这次考问，爸爸慢条斯理地说："小白羊、小黑羊、小灰羊一起上街各买了一件外套。3 件外套的颜色分别是白色、黑色、灰色。在回家的路上，一只小羊说：'我很久以前就想买白外套，今天终于买到了！'说到这里，他好像发现了什么，惊喜地对同伴说：'今天我们可真有意思，白羊没有买白外套，黑羊没有买黑外套，灰羊没有买灰外套。'小黑羊说：'真是这样的，你要是不说，我还真没有注意到这一点呢！'"

爸爸笑着说："你能根据它们的对话，猜出小白羊、小黑羊和小灰羊各买了什么颜色的外套吗？"

3. 这个结论正确吗?

现在有3顶红帽子，4顶黑帽子，5顶蓝帽子。让10个人从矮到高排成排，给他们每个人头上戴上一顶帽子。每个人都看不见自己所戴的帽子的颜色，却只能看见站在前面那些人的帽子颜色。也就是说，最后一个人可以看见前面9个人头上帽子的颜色，而最前面那个人谁的帽子都看不见。

如果从最后那个人开始，问他是不是知道自己戴的帽子颜色，如果他回答说不知道，就继续问他前面那个人。最前面那个人一定会知道自己戴的是黑帽子。这个结论是正确的吗？为什么？

4. 双胞胎的猜谜游戏

在一个大杂院里住着4户人家，巧合的是每家都有一对双胞胎女孩。这四对双胞胎中，姐姐用ABCD表示，妹妹用abcd表示。一天，一个游人途经此地，看到她们8个，忍不住问道："你们谁和谁是一家的啊?"

B说："C的妹妹是d。"

C说："D的妹妹不是c。"

A说："B的妹妹不是a。"

D说："他们三个人中只有d的姐姐说的是事实。"

如果D的话是真话，那么你能猜出谁和谁是双胞胎吗?

5. 是谁偷吃?

方太太买了一些水果和点心准备去看望一个朋友，谁知，这些东西竟然被他的儿子们偷吃了，但她并不知道是哪个儿子干的。

方太太非常生气，就盘问4个儿子谁偷吃了东西。

向东说道："是向南吃的。"

向南说道："是向北偷吃的。"

向西说道："反正我没有偷吃。"

向北说道："向南在说谎。"

如果这 4 个儿子中只有一个人说了实话，其他的 3 个都在撒谎。那么，到底是谁偷吃了这些水果和点心呢？

6. 煤矿事故

某煤矿发生了一起事故。现场的人有以下断定：

矿工 1：发生事故的原因是设备问题；

矿工 2：确实是有人违反了操作规范，但发生事故的原因不是设备问题；

矿工 3：如果发生事故的原因是设备问题，则有人违反了操作规范；

矿工 4：发生事故的原因是设备问题，但没有人违反操作规范。

如果上述断定中只有一个人的断定为真，则以下哪项可能为真？

A. 矿工 1 的断定为真；

B. 矿工 2 的断定为真；

C. 矿工 3 的断定为真，有人违反了操作规范；

D. 矿工 4 的断定为真，没有人违反操作规范。

7. 选派商务代表

关于确定商务代表的人选，甲、乙、丙 3 位公司老总的意见分别是：

甲：假如不选派杨经理，那么不选派高经理；

乙：假如不选派高经理，那么选派杨经理；

丙：要么选派杨经理，要么选派高经理。

在下列选项中，甲、乙、丙 3 人能同时满意的方案是哪个？

A. 选杨经理，不选高经理；

B. 选高经理，不选杨经理；

C. 杨经理与高经理都选派；

D. 杨经理与高经理都不选。

8. 快递员遇到的难题

一幢4层楼的新工房修建好了，搬来了8户人家，他们的姓分别是赵、钱、孙、李、周、吴、郑和王。

有一天，快递员第一次来到这幢房子送快递。看门的保安故意逗快递员说："姓王的住在姓钱的楼上、姓周的楼下，而姓孙的又住在姓周的楼上。姓赵、吴、周和李的4户人家，因家里人口多，住在右半幢面积较大的房间里。姓李和姓钱的同住一层楼。姓吴的住在姓周的楼上。"

快递员忙于送快递，听了很在意，再加上记忆力好，很快就把快递准确无误地分送到各家。

你猜这8户人家的住房是怎样安排的？

9. 杀死富翁的凶手

一个富翁在寓所遇害，4个嫌疑人收到警方传讯。警方有充足的证据证明，在富翁死亡当天，这4个人都单独去过富翁的寓所。在传讯前，这4个人共同商定，每个人都向警方做假证言。这几个人所供出来的证词是：

李宇："我们4个人谁也没有杀害富翁。我离开富翁寓所的时候，他还活着。"

张兵："我是第三个去富翁寓所的。我到达他寓所的时候，他已经死了。"

吴为："我是第三个去富翁寓所的。我离开他寓所的时候，他还活着。"

胡庆："凶手不是在我去富翁寓所之后离开的。我到达富翁寓所的时候，他已经死了。"

你知道这4个人中谁杀害了富翁吗？

10. 商船上的高射炮

第二次世界大战期间，海洋上航行的商船常常遭到轰炸机的袭击，许多商船都在船上架设了高射炮。但是，商船在海上摇晃得比较厉害，用高射炮射击天上的飞机是很难命中的。战争结束后，研究人员发现，从整个战争期间架设过高射炮的商船的统计资料看，击落敌机的命中率只有 4%。因此，研究人员认为，商船上架设高射炮是得不偿失的。

以下哪个如果为真，最能削弱上述研究人员的结论?

A. 在战争期间，没架设高射炮的商船，被击沉的比例高达 25%；而架设了高射炮的商船，被击沉的比例只有不到 10%。

B. 架设了高射炮的商船，即使不能将敌机击中，在某些情况下也可能将敌机吓跑。

C. 架设高射炮的费用是一笔不小的投入，而且在战争结束后，为了运行的效率，还要花费资金将高射炮拆除。

D. 一般来说，上述商船用于高射炮的费用，只占整个商船总价值的极少部分。

11. 幽默的思维模式

从现象上看，幽默是对事物一般逻辑的某种扭曲，但必须是一种有意识的理性的倒错，它离不开人的正常思维和健康心理，所以幽默是人类健康心理的一种反映。

根据上面陈述，可以推出下列哪一结论?

A. 幽默的本质即是将毫不相干的事物联系起来，使之逻辑混乱而产生喜剧效果；

B. 幽默所包含的逻辑性往往与正常逻辑有不同之处；

C. 幽默必须要有丰富的联想力；

D. 人的正常思维和健康心理构成了幽默的充分条件。

12. 神奇的车牌号码

凌晨时分，加完班的一名黑衣男子急匆匆赶着回家，不想，在一个十字路口被一辆轿车撞翻在地。

在撞到人的一瞬间，司机熄灭车灯逃逸。

男子被路人救下送往医院，他拉着护士的手说车牌号码中有 8916 几个数字，之后便咽气了。

警察很快找到所谓的肇事车辆，可那辆车在出事当天正好在交通部门检修，根本不可能在马路上出现。

大侦探基诺思考片刻后想出了其中的原因，也找到了肇事车辆。你知道是怎么回事吗？

13. 艾米小姐的马脚

费斯警官住在某市的M公寓中，他的隔壁住着艾米小姐。

一天，费斯警官正在用餐，突然艾米小姐叫着“救命”闯了进来，上气不接下气地说：“警官救命……太可怕了……有小偷闯进来……盗走了我的达·芬奇名画。”

费斯警官随即来到她家查看，听她详细叙述着：“刚才我正在浴室里淋热水浴，门窗都紧闭着。我洗完澡刚穿上浴衣，突然门被人用力撞开了。我从镜子里看见一个男人肥大、丑陋的脸孔，他正对着我冷笑。我以为他要杀我，吓得浑身哆嗦，可是那家伙却反身砰地关上门走了。我从浴室回到客厅，才发现一幅达·芬奇的名画不见了。”

费斯警官是一位经验丰富的警探，他听了艾米小姐的叙述，认定她报的是假案，便一言未发地走了。

你能猜出艾米小姐在何处露了马脚吗？

14. 猎人的脚印

某市郊区发生了一起谋杀案，谋杀现场方圆30公里之内只有一户居民，就是猎人艾伯特。艾伯特住在附近一间简陋的茅舍里，以打猎、捕鱼为生。

因为该案件没有其他的线索，他被警方拘留了，以期查清真相。

警方能够确定的事实有如下几点：

1. 死者遇害的前一天刚下过一场暴雨，案发时是雨停后不久；

2. 雨过天晴之后，即有一股反常的热浪袭击本地，烈日很快就将地皮晒干。

听说名侦探卡斯罗先生正好在附近休假，当地警长便登门拜访，向他讲述了整个案件："我们在案发现场提取到一个相当完整的鞋印，已灌满了石膏模型。我们发现鞋印与艾伯特所穿的鞋子大小和形状完全相同。"

卡斯罗接过鞋印模型，与艾伯特的鞋子认真对照，这鞋子是新的，它与鞋印确实刚好吻合，不过大部分猎人都爱买这种鞋子穿。

卡斯罗道："警长，恐怕你的石膏鞋印对证明他无罪比证明他有罪更有说服力。"

卡斯罗为何下此判断？

15. 谁是弟弟？

在一场百米赛跑中，丽丽的弟弟得了倒数第一名，他告诉丽丽这样的情况：

（1）丙没有获得第一名；

（2）戊比丁高了两个名次，但戊不是第二名；

（3）甲不是第一名也不是最后一名；

（4）丙比乙高了一个名次。

你能判断出，在甲、乙、丙、丁、戊中谁是丽丽的弟弟吗？

16. 职业

一次聚会中，海伦遇到了甲、乙和丙三人。她想知道他们三人分别是干什么的，但三人只提供了以下信息：三人中一位是律师，一位是推销员，一位是医生。丙比医生年龄大，甲和推销员不同岁，推销员比乙年龄小。

根据上述信息海伦可以推出什么结论？

17. 财主的女儿

一个财主有四个女儿，她们都有很多的衣服。现在知道：小女儿的衣服比三女儿的多；大女儿的衣服和二女儿的衣服数量加在一起与三女儿的衣服和小女儿的衣服加在一起恰好一样多；二女儿和三女儿的衣服加在一起，比大女儿和小女儿的衣服加在一起要多。

那么，你能判断出谁的衣服最多吗？谁的衣服第二多？

18. 难解的血缘关系

甲、乙和丙间有血缘关系，而且他们之间没有违背道德伦理的问题。现在只知道他们当中有甲的父亲、乙唯一的女儿和丙的同胞手足。但是丙的同胞手足既不是甲的父亲也不是乙的女儿。你知道他们当中哪一位与其他两人性别不同吗？

19. 剩下的一张

薇薇安、卡尔和乔巴玩一种纸牌游戏，一共35张牌，其中有17个对子，还有一个凑不成对的单张牌。

（1）薇薇安发牌，先给卡尔一张，再给乔巴一张，然后给自己一张；如此反复，直到发完所有的牌。

（2）每个人把手中成对的牌打出之后，每一个人的手中都至少剩下一张牌，而三人手中的牌总共是9张。

（3）在剩下的牌中，卡尔和薇薇安手中的牌加在一起能配成的对子最多，乔巴和薇薇安手中的牌加在一起能配成的对子最少。

那么，单张牌发给了谁？

20. 被隔开的夫妇

某日，查理夫妇邀请了三对夫妇来吃饭，他们分别是史密斯夫妇、布莱克夫妇和格林夫妇。用餐时，他们八人有序地坐在一张圆桌旁，且只有一对夫妇是被隔开的，现已知：

（1）查理太太对面的人是坐在史密斯先生左边的先生；（2）布莱克太太左边的人是坐在格林先生对面的一位女士；（3）格林先生右边的人是位女士，她坐在查理先生左边第二位置上的女士的对面。

问哪对夫妇在安排座位时被隔开了？

21. 博物馆盗窃案

某博物馆的文物被盗，警方经过侦察拘捕了三个重大嫌疑犯，分别是查理、詹姆斯、格蕾丝。经审讯，查明了如下事实：

（1）罪犯是带着赃物乘汽车逃跑的。

（2）如果不伙同查理，格蕾丝决不会作案。

（3）詹姆斯不会开车。

（4）罪犯就是这三个嫌疑人中的一个或一伙。审讯之后，警方立即说查理是犯罪嫌疑人。但查理却一口咬定自己是无罪的，并称是警方冤枉了他。现在，你能不能根据以上条件，判断出查理究竟有没有罪？

22. 同学聚会

有一次同学聚会上，大家聊着自己的爱好。第一个男士说："韩小姐喜欢保龄球。"第二个先生说："我喜欢篮球，但我不是赵先生。"第三个女士说："有一个男士喜欢足球，但不是王先生。"第四个女士说："孙小姐喜欢网球，但我不喜欢。"

你能判断出他们分别喜欢什么吗？

23. 新买的鞋子

小米买了一双漂亮的鞋子，她的同学们还都没有见过这双鞋，于是大家就猜这双鞋的颜色：

小红说："你买的鞋不会是蓝色的。"

小薰说："你买的鞋子不是红的就是黑的。"

小茜说："你买的鞋子一定是黑色的。"

这三个人的看法至少有一种是正确的，至少有一种是错误的。请问，小米的鞋子到底是什么颜色的？

24. 城市对号

几个对地理非常感兴趣的同学聚在一起研究国家地图。其中的一个同学在地图上标上了A、B、C、D、E五个标号，让其他的同学说出他所标的地方都是哪些省份。

甲说：B是新疆，E是湖南；

乙说：B是湖北，D是河南；

丙说：A是河南，E是辽宁；

丁说：C是湖北，D是辽宁；

戊说：B是湖南，C是新疆。

这五个人每人只答对了一个省，并且每个编号只有一个人答对。你能判断出A、B、C、D、E分别代表哪几个省吗？

25. 家庭成员

杰里很喜欢去他舅舅家玩，因为舅舅家人特别多，大家都非常喜欢和疼爱杰里。有一天，杰里的同学问杰里："你舅舅家到底有多少人啊？"杰里告诉他："舅舅家有三代人，有一个人是祖父，有一个是祖母，有两个人是爸爸，有两个人是儿子，有两个人是妈妈，有三个人是女儿，有一个是哥哥，有两个人是妹妹，有四个人是孩子，有三个人是孙子或孙女。"

据此，你能判断出这家到底有多少人吗？

26. 选报项目

甲、乙、丙三个人要参加秋季运动会，他们去报名。另外三个人在议论他们可能选报的项目。

A 说："甲参加的是 100 米短跑，丙参加的是三级跳远。"B 说："甲参加的是三级跳远，乙参加的是 100 米短跑。"C 说："甲参加的是标枪，丙参加的是 100 米短跑。"结果等三个人回来，知道答案后发现，三个人的猜测都对了一半。那么，甲、乙、丙分别参加了什么项目？

26. 百元钞票

周末，妈妈要去百货公司，爸爸跟琼枝作陪。百货公司里挤满了顾客。妈妈去试衣服了，琼枝跟爸爸坐在椅子上百无聊赖。这时，一个小青年挑好了自己喜欢的服装后，从钱包里掏出了钱，交给售货员。售货员见是一张断成两截的一百元钞票，就笑着对他说："你把它粘好了再来买吧。这衣服我给您留着。"可是这位小青年不乐意，理直气壮地说："这票子是刚才我在那儿买东西时，售货员找给我的，你不收不行。"说着指了指前面的柜台。售货员听后，笑了笑说："年轻人，说话要老实。"小青年不等她说完，马上气势汹汹地说："你也不过去问问，怎么就随便下结论？"售货员对着他的耳朵低声说了一句话，小青年马上偃旗息鼓，收起了自己的钞票。爸爸问琼枝："你知道售货员对他说了什么吗？"

27. 在看谁的照片？

有一个人在上班时间看照片。当有人问这个人在看谁的照片时，这个人回答说："照片上的人的丈夫的母亲，是我丈夫的父亲的妻子的女儿，而我丈夫的母亲只生了他一个孩子。"

请问，这个人在看谁的照片？

28. 多多的玩具

多多最喜欢买玩具，多多的家简直成了一个玩具世界。

在她的玩具中：扔掉两只之后都是狗；扔掉两只之后都是熊猫；扔掉两只之后都是洋娃娃。

请问：多多都有一些什么玩具？

29. 什么职务？

甲、乙、丙是同班同学，其中一个是班长，一个是学习委员，一个是小组组长。现在已经知道：丙比组长年龄大，学习委员比乙年龄小，甲和学习委员不同岁。你知道他们3个人分别担任什么职务吗？

30. 4个测试题

有3个人参加了的逻辑推理测试，其中有4个推理题，每个问题都用Y（yes）或N（no）来回答，大东、小雪、萍萍3人的回答分别是那样：

这个测试题是一个问题1分，3人的分数不同。在以下发言中的最低分的人的发言是假的。

大东：“问题4的正确答案是N。”

小雪：“大东只得了1分。”

萍萍：“小雪只得了1分。”

那么请问，怎么答题才能得满分呢？

31. 谎话妖精的城堡

有一个秋天，大伟、老周、鲁夫、梁子、老秦（其中有科学家、哲学家、诗人、音乐家、导演，顺序不确定）一行5人来到A、B、C、D的4个城堡。这四个城堡里有一个是谎话妖精居住的城堡。以下的发言中，去过谎话妖精城堡的人都说谎话了，没去过的人说的是真实的话。

大伟：“我并不是和老周一起去的 D 城堡。”

老周：“我并不是和鲁夫一起去的 C 城堡。”

鲁夫：“我并不是和梁子一起去的 A 城堡。”

梁子：“我并不是和老秦一起去的 B 城堡。”

老秦：“我并不是和大伟一起去的 B 城堡。”

注意：如果：“我不是和某某一起去的 A 城堡。”是谎话的话，那么就认为此 2 人都去过 A 城堡。

那么，请问谎话妖精在那个城堡里居住，他们 5 人分别是什么职业呢？

32. 冠军球队

电视上正在进行世界杯决赛的直播，参加决赛的国家有意大利、德国、巴西、西班牙、英国、阿根廷六个国家。足球迷大壮、白宽、郑浩对谁会获得此次世界杯的冠军进行了一番讨论：

白宽认为，冠军不是意大利就是德国；

郑浩坚定地认为冠军决不是巴西；

大壮则认为，西班牙和阿根廷都不可能取得冠军。

比赛结束后，三人发现他们中只有一个人的看法是对的。那么是哪个国家获得了冠军？

33. 喜鹊的谎言

有四只喜鹊，年龄各不相同，分别是一岁到四岁。

这四只中的两只发言，可是，无论是谁的发言，若说的是关于比她年长的鸟的话就是假话，若是关于比她年龄小的鸟的话就是真的。

喜鹊罗罗说：“塔塔喜鹊三岁。”

喜鹊喳喳说：“喜鹊罗罗不是一岁。”

请问这四只鸟分别是几岁呢？

34. 野炊分工

兄弟4个人去野炊，他们一个在挑水，一个在烧水，一个在洗菜，一个在淘米。现在知道：老大不挑水也不淘米；老二不洗菜也不挑水；如果老大不洗菜，那么老四就不挑水；老三既不挑水也不淘米。

你知道他们各自在做什么吗？

35. 大少爷做运动

冯家大少爷听说做运动有助于健康，就决定试试，于是他在某个月的前半个月（即1日到15日）做了五种运动。坚持每种运动的天数各不相同，而且，同一天里不做两种运动。

（1）冯家大少爷4日的时候打了高尔夫球，8日时候在滑雪，12日时候骑马。

（2）第三项运动只进行了一天时间。

（3）第四项运动是躲避球。

（4）用三天做的运动项目不是躲避球也不是游泳。

（5）大少爷参与的运动项目包括：高尔夫球、滑雪、骑马、躲避球、游泳。

（6）大少爷的运动天数分别为：只有一天、连续两天、连续三天、连续四天、连续五天。

根据上面的条件来看，你能推测出他都在哪天做什么运动吗？

36. 午饭游戏

星期天，灵灵在家里做一本游戏书里的趣味题，她遇到这样一个题目：

涵涵、德德和特特3个人去餐厅吃饭，他们每人要的不是火腿就是猪排。已知下列情况：

（1）如果涵涵要的是火腿，那么德德要的就是猪排；

（2）涵涵或特特要的是火腿，但是不会两人都要火腿；

（3）德德和特特不会两人都要猪排。

你知道谁昨天要的是火腿，今天要的是猪排吗？

灵灵想了很久，也不知道最终的答案是什么，你知道吗？

37. 骑士与无赖

有一个神秘的国家，里面的人分为两种：骑士和无赖。骑士只说真话，无赖只说假话。而骑士又分为贵族骑士和贫穷骑士。有一位姑娘只爱贫穷的骑士。有一个骑士只说了一句话，就使这位姑娘相信他是一位贫穷的骑士。

这位骑士说了什么话？

38. 猜国籍

美国麻省理工大学的学生来自不同国家。戴维、比利、特德三名学生，一个人是法国人，一个是日本人，一个是美国人。现已知：戴维不喜欢面条，特德不喜欢汉堡包；喜欢面条的不是法国人；喜欢汉堡包的是日本人；比利不是美国人。请推测出这 3 名留学生分别来自哪个国家？

39. 团圆的中秋节

中秋之夜，艾文全家欢聚。饭桌上有一个祖父、一个祖母、两个父亲、两个母亲、四个子女、三个孙子女、一个兄弟、两个姐妹、两个儿子、两个女儿、一个公公、一个婆婆，一个媳妇。说了这么多，其实只有七人。请问：

（1）七人中男、女各几人？

（2）艾文如何称呼其余六人？

40. 联欢晚会

某外国语学院举行的联欢晚会上，在一个圆桌周围坐着5个人。甲是中国人，会英语；乙是法国人，会日语；丙是英国人，会法语；丁是日本人，会汉语；戊是新西兰人，只会说英语。你能巧妙地为他们安排座位，让他们彼此都能愉快地交谈吗？

41. 有几个女人？

小王家兄弟五个都未婚，他们每个人都有一个姐妹，如果把王妈妈也算在内，试问他们家有几个女人？

42. 为什么选择第一个理发师？

在一个小镇上，只有两个理发师，他们各开有一家理发店。一天，有个外地人路过此地，想理发，但他又不知道这两个理发师谁的技术好一些。于是他便走进第一家理发店，发现这个理发师的头发参差不齐、乱蓬蓬的。于是他又走进第二家理发店，发现这个理发师的头发整整齐齐。可是这个外地人却选择了第一个理发师为他理发，这是什么原因呢？

43. 奇怪的石匠

某村有4个石匠，这4个石匠总是要在自己做成的石器上面刻上字，但是甲、乙二人一向刻真话，而丙、丁二人一向刻假话。村口有一个大石碑，在石碑的下面刻着："此碑非乙所做。"那么，这石碑是谁刻的？

44. 水果在哪个盒子里呢？

在桌子上放着4个盒子，每个盒子上都有一张纸条，分别写着一句话。A盒子上写着：所有盒子里都有水果；B盒子上写着：本盒子里有香蕉；C

盒子上写着：本盒子里没有梨；D 盒子上写着：有些盒子里没有水果。

如果这里只有一句话是真的，你能从哪个盒子里拿出水果来呢？

45. 水果密码

通讯兵破译了敌人密码，已经知道了“香蕉苹果大鸭梨”的意思是“星期三秘密进攻”，“苹果甘蔗水蜜桃”的意思是“执行秘密计划”，“广柑香蕉西红柿”的意思是“星期三的胜利属于我们”。那么，“大鸭梨”是什么意思？

46. 到底什么时候会抽考呢？

今天上午最后一节课，上的是颖颖最喜欢的数学课。在即将下课的时候，数学老师对大家说：“下个星期我会抽考，同学们一定要抓紧时间复习了，不会的题随时可以问我。”

老师讲完后，颖颖问：“老师，抽考是什么意思啊？”

老师说：“就是在你不知道会有考试的那一天举行考试。”

颖颖下课后和同桌甜甜商量，她认为，下周抽考是不可能的。因为，如果下周五之前没考试，星期五就不会考了，因为大家都知道星期五会有考试，这不符合抽考的含义。所以，下周四也不会有考试。以此类推，可以一直推到星期一，每天都不会有考试。

聪明的读者，你说颖颖的说法是正确的吗？

47. 意外的宝贝

父亲告诉他的女儿：“在你面前的这一排盒子（共 10 个），编号分别为 1 号至 10 号，你转过身去，我将把一个宝贝放在其中的一个盒子里。依次打开盒子，我保证，你将在某个盒子里意外地发现宝贝。”

他的女儿想了想，显然父亲不能把宝贝藏进 10 号盒子，因为在打开 9 号盒子以后就会确知宝贝的位置。推演和反推依然生效。所以，她对父亲说："爸爸，按照这样的推理，你根本无法把宝贝放在盒子里。"

而父亲却说一定会让她感到意外的。

请问：这是为什么？

48. 岳父的遗嘱

宋朝时，开封有一个叫翁建的老人靠经商致富，翁建为人乐善好施，仗义疏财，凡是谁家有什么难处，只要跟他说一下，难关就可以渡过。翁建没有儿子，只有一个女儿，名叫瑞娘，瑞娘16岁时嫁给了一个叫杨庆的人。杨庆是一个精于算计的人，他娶瑞娘，是为了翁家的家业。

翁建年过半百时，新娶的妻子生下了一个男孩，这让翁建非常高兴，他大摆筵席3天，给儿子取名叫翁龙。乡里乡亲都来庆贺，唯独杨庆心里不高兴，他脸上强装欢笑，内心却又气又恨。

杨庆的情绪被翁建看得一清二楚，他想：父老子幼，且我这光景一天不如一天，如果忽然离去，我这小儿子终将被杨庆所害。那该怎么办呢？苦思冥想之后，翁建终于想出了对策。有一天，翁建把杨庆叫到面前，郑重地说："我只有一个儿子一个女儿，儿子太小，因此我决定，将这家业全部交给你来管理。"说着，他拿出一份遗嘱，交于杨庆，读道："50多岁老人生一子，人言非是吾子也，家业田园尽付与女婿，外人不得争执。"杨庆听翁建说完，心里暗自高兴，连忙将遗嘱藏在一个匣子里。

几年后，翁建去世，杨庆霸占了翁建的所有家产。

一晃十几年过去了，翁龙慢慢长大成人，他找到杨庆，要求分一部分家产。杨庆听了大怒，道："那家业你父亲已交给我，而且你根本不是他的儿子！"

于是，翁龙将一张状纸投到县衙。县令看完状子后，即将杨庆传来审问："你为何久占翁龙家业，至今不还？"

杨庆答道："大人，这家产是岳父交给我的，与他没关系。"

县令道："你说得很奇怪，翁龙是他的儿子，怎么和他无关。"

杨庆道："如果大人不信，不妨看看我岳父留下的遗嘱。"随即呈上遗嘱。

县令看罢，冷笑道："你这贪财成性的人，自以为聪明，没想到上了你岳父的当。按照遗嘱，你岳父的家产都将归翁龙所有。"

请问，县令为何会做出如此判决，根据是什么？

49. 话剧演出

有四个明星来出演话剧里面的森林女巫、王后、白雪公主、女仆的角色（她们的顺序不确定）。但是，她们每一个人在真正上台演出时的角色与排练时都不同。

赵华："在排练时，林梅练习过的角色是演出时孙芳芳的角色"。

林梅："江雯在排练时演的是王后的角色。"

孙芳芳："我在演出时是扮演的女仆的角色。"

江雯："林梅在演出时是扮演王后的角色。"

从以上四个人的发言中，你能判断出她们在排练和演出时分别演什么角色吗？另外，4 人中间，只有排练时扮演森林女巫的那个人会撒谎。

50. 嗜酒如命的先生

有 5 个嗜酒如命的人，他们的绰号分别是"威士忌""鸡尾酒""茅台""伏特加"和"白兰地"。某年圣诞节，他们之中的每一个人，都向其他 4 个人中的某一个人赠送了一瓶酒：

（1）没有两个人赠送的是相同的礼品；

（2）每一件礼品，都是他们中某个人的绰号所表示的酒；

（3）没有人赠送或收到的礼品是他自己的绰号所表示的酒；

（4）"茅台"先生送给"白兰地"先生的是鸡尾酒；

（5）收到白兰地酒的先生把威士忌送给了"茅台"先生；

（6）其绰号和"鸡尾酒"先生所送的礼品名称相同的先生把自己的礼品送给了"威士忌"先生。

请问："鸡尾酒"先生收到的礼品是谁送的？

51. 谁盗走了古币？

中士菲特向检察官报告：有个名叫戴维德的古币收藏家向警察报案，说他的一枚很贵重的古币被盗。这枚古币是他前几天刚弄到手的。他说他为了找寻它，曾花费了好几年的时间，所以如获至宝。他的哥哥和弟弟同他住在一起，见了古币都羡慕不已。这两个人也是收藏家，哥哥集邮，弟弟藏书。3个人收藏的珍品都放在大厅的书柜和玻璃柜里。开书柜和玻璃柜的钥匙全放在写字台的抽屉里，唯一的一把开抽屉的钥匙放在壁炉上的花瓶里。昨天戴维德接待了另外一个古币收藏家哲尼克。戴维德从玻璃柜拿出那枚价值连城的古币让他观赏，哲尼克赞叹不已，爱不释手，并且一定要买走，可是戴维德不肯割爱。今晨哲尼克又来电话说这件事，戴维德断然拒绝了。戴维德放下电话，马上就去观赏自己的宝物，可是玻璃柜里的那枚古币已经不翼而飞。锁是完好的，说明是用钥匙打开的玻璃柜。

“指纹呢？”检察官问。

“没有留下。无论是客厅的家具上，还是门把手、壁炉上，凡是应该留下指纹的地方，都被抹掉了。戴维德的哥哥肯定地说，他一无所知。他的弟弟已于今晨外出办事，他走的时候古币还在玻璃柜中。”

这时检察官说：“我知道3个嫌疑人中，是谁盗走了古币。”

到底是谁呢？

52. 铁路公司投诉案

从纽约开往洛杉矶的直达特快列车因意外情况不得不在芝加哥郊外滞留。司机在倒车时刹车太急，以致旅客在车厢里像木桩子那样前仰后翻，从而引发了数起对铁路公司的投诉案。

一位名叫伦斯的旅客在诉讼中要求给予10万美元的赔偿。他声称：急刹车发生在晚上9点，那时候气温虽然高达36℃，但因在下铺风大凉爽，加之旅途劳累，8点左右他就昏昏入睡了。他被突如其来的急刹车从铺位上抛了下来，一头撞在茶几上。因为剧烈的头痛，他不得不在芝加哥下车求医。他还向法庭出示了一张芝加哥医生出示的颅骨骨折的诊断书。

铁路公司保险员米尔对这张诊断书的真实性十分怀疑，他去请教名侦探理查德。理查德说：“放心吧，你们不会遇到麻烦的。”

请问：理查德为什么这么说？

53. 判断身份

我毕业于一所政法大学，我的同学（包括我在内）不是做了法官就是做了律师。在一次同学聚会上，有16位同学出席。我统计了一下当时的情况：

（1）律师多于法官；

（2）男法官多于男律师；

（3）男律师多于女律师；

（4）至少有一位女法官来参加了聚会。

有趣的是，如果不把我计算在内，上述情况也不会发生任何变化。

现在请你猜猜看，我的职务和性别分别是什么？

54. 白色圣诞节

在加拿大北部的某座城市，曾在圣诞节那天发生了一起命案。警方抓到了一个嫌疑犯，以下是警察和嫌疑犯的对话。

警察：“你曾经因一些债务问题而与死者积怨，并且还闹上了法庭，是吗？”

嫌疑犯：“是的。过去很长时间了。”

警察：“案发当日，有人看见一个身材与相貌和你很相像的人进入了死者的住所，那个人是你吗？”

嫌疑犯：“不是。据你们所说，死者是在圣诞节遇害的。圣诞节那段时间，我正在澳洲。可能这个世界上的确有人和我长得很相像。”

警察：“你在澳洲干什么？”

嫌疑犯：“过圣诞节。我希望在那里过一个白色的圣诞节。节日那天，我们还堆了雪人。”

警察："好了，先生，你不用再说什么了。因为你是在撒谎，你就是凶手。"

请问，警察的判断是正确的吗？

55. 女盗贼与侦探

有一天，女盗贼来到F侦探家里偷东西。当她拿着一件贵重的物品要离开时被F侦探当场抓获，F侦探笑着对她说："看你还往哪儿跑？"

正当女盗贼不知所措的时候，F侦探对她说："看在你是女士的分上就算了吧，不过在你离开我家之前，你必须回答我一个问题，你看如何？"

见到F侦探如此宽容，女盗贼连连点头答应。

F侦探对她说："我们是第一次见面，请回答我是左撇子还是右撇子？"

"F侦探！我不想回答这个问题，因为在我们国家，很多人都可以左右开弓的。"女盗贼大声说。

"不！请相信我，我不属于左右开弓的那种人，为此我可以向上帝发誓。"

听到F侦探的话后，女盗贼对自己有了信心。她倒了杯咖啡给F侦探，又递了一支烟给他，然后开始琢磨了：刚才我给他倒咖啡的时候，他是用左手接的，而我递给他烟的时候，他却是放下咖啡用右手去拿，他还真是狡猾！

突然，她想到了答案，对F侦探说："F侦探，你是左撇子！"

"是的，可是为什么呢？"

"因为……"她说完后，F侦探吃了一惊，然后对她说："可真有你的！"

你知道为什么吗？

56. 深海里的谎言

居住在900米、1000米、1100米、1200米、1300米的不同的海洋深度的5条在海面冲浪的深海鱼聚到一起聊天，它们的发言如下。对居住深度比自己浅的鱼的叙述都是真的，对比自己深的鱼的叙述就是假的。而且，最终只有一条鱼说的真话。

老甲："老乙是在900米或者1100米的地方居住。"

老乙："老丙是在1300米或者1000米的地方居住。"

老丙："老丁是在1100米或者1200米的地方居住。"

老丁："老戊是在1100米或者1200米的地方居住。"

老戊："老甲是在1300米或者1000米的地方居住。"

那么，究竟每条鱼分别居住在哪个深度呢？

57. 小偷被偷

一天，一个小偷溜到公交车上作案，先偷了一位时髦小姐的钱包，等开车时，又接连偷了一位西装革履的男子和一位白发苍苍的老太太的钱包。他兴高采烈地下了车，躲在角落里清点了一下，发现3个钱包里总共不过200元。

接着他又惊叫起来，原来与这3个钱包放在一起的他自己的钱包不翼而飞了，那里面装着700多元呢！他口袋里还有一张纸条，上面写着："让你这该死的小偷尝尝我的厉害，不看你偷到谁头上了！"

猜猜看，3个人中，究竟是谁偷了他的钱包呢？

58. 老师的课程

张老师、赵老师、彭老师每人分别担任生物、物理、英语、体育、历史和数学6科中两科课程的教学工作。我们知道以下信息：

（1）物理老师和体育老师是邻居；

（2）张老师在3人中年龄最小；

（3）彭老师、生物老师和体育老师3个人经常一起从学校回家；

（4）生物老师比数学老师年龄要大些；

（5）假日里，英语老师、数学老师与张老师喜欢打排球。

你知道3位老师各担任哪两科课程的教学工作吗？

59. 女性解放的小岛

大西洋的哈娃哈娃岛是一座实行女性解放的小岛，因此，女人也分君子、小人、凡夫。话说1001年，刚继位的哈娃哈娃岛女皇一时突发奇想，批准了一条非常奇怪的法令：君子必须跟小人通婚，小人必须跟君子通婚，凡夫只准跟凡夫通婚。这么一来，不管是哪一对夫妻，要么双方都是凡夫，要么一方是君子，一方是小人。

某一年的“咖啡节”和“可可节”，哈娃哈娃岛上发生了两个故事：

“咖啡节”的故事：舞会上，有一对夫妻A先生和A夫人。他们站在小舞台上说了如下的两句话：

A先生：我妻子不是凡夫。

A夫人：我丈夫也不是凡夫。

你能断定A先生和A夫人是何种人吗？

“可可节”的故事：有A先生和A夫人，B先生和B夫人4个人，在“可可节”的舞会上，同坐在一张圆桌上喝酒。微醉时，4个人中有3个人说了如下的3句话：

A先生：B先生是君子。

A夫人：我丈夫说得对，B先生是君子。

B夫人：你们说得对极了，我丈夫的确是君子。

你能断定这4个人各是何种人吗？这3句话中，哪几句是真的？

60. 3部片子的经理各姓什么？

某届“活动奖”评选结束了。甲公司拍摄的《黄河颂》获得最佳故事片奖，乙公司拍摄的《孙悟空》获得最佳武术奖，丙公司拍摄的《白娘子》获得最佳戏剧奖。

甲公司的经理说：“真是很有意思，恰好我们3个经理的姓分别是3部片名的第一个字。再说，我们每个人的姓同自己所拍片子片名的第一个字又不一样。”

这时候，另一公司姓孙的经理笑起来说：“真是这样的！”

根据以上内容，你能推理出这3部片子的经理各姓什么吗?

A. 甲公司经理姓孙，乙公司经理姓白，丙公司经理姓黄；

B. 甲公司经理姓白，乙公司经理姓黄，丙公司经理姓孙；

C. 甲公司经理姓孙，乙公司经理姓黄，丙公司经理姓白；

D. 甲公司经理姓白，乙公司经理姓孙，丙公司经理姓黄；

E. 甲公司经理姓黄，乙公司经理姓白，丙公司经理姓孙。

61. 是谁偷走了答案?

一天，在斯特教授的一节化学课上，他的化学测验的答案被人偷走了。有机会偷走这份答案的，只有甲、乙和丙这3名学生。

(1) 这个教室里总共上了5节化学课；

(2) 甲只上了其中的2节课；

(3) 乙只上了其中的3节课；

(4) 丙只上了其中的4节课；

(5) 斯特教授只讲授了其中的3节课；

(6) 这3名学生都只上了2节斯特教授讲授的课；

(7) 这3名被怀疑的学生出现在这5节课的每节课上的组合各不相同；

(8) 在斯特教授讲授的一节课上，这3名学生中有2名来了，另一名没有来。事实证明，来上这节课的那2名学生没有偷走答案。

请问：这3名学生中谁偷了答案?

62. 纠结的雨伞

李莉、王璜、冯洪、何和、方芳在一起参加会议。由于下雨，他们都带了一把伞。散会时正逢停电，结果都错拿了别人的伞：

(1) 李莉拿的伞不是何和的，也不是王璜的；

(2) 王璜拿的伞不是何和的，也不是冯洪的；

(3) 冯洪拿的伞不是方芳的，也不是王璜的；

（4）何和拿的伞不是冯洪的，也不是方芳的；

（5）方芳拿的伞不是何和的，也不是李莉的。

另外，也没有两人相互拿错对方的伞的情况。

请问：冯洪拿了谁的伞？他的伞又让谁错拿走了？

※ ※ ※

答　案

1. 左边的左边是左边吗？

淼淼不一定会永远在蕊蕊的左边。解答这种问题要考虑全面。如果她们4个人排成一排的时候，淼淼确实在蕊蕊的左边。如果，她们围成一圈的话，那么淼淼就会在蕊蕊的右边了。

2. 老山羊买外套

小黑羊买了灰外套，小灰羊买了白外套，小白羊买了黑外套。

3. 这个结论正确吗？

正确。

一共3红4黑5蓝，第十个人不知道的话，可推出前9个人的所有可能情况；如果第九个人不知道的话，可推出前8个人的所有可能情况；由此类推可知，当推到第六个人时，会发现他已经肯定知道他自己戴的是什么颜色的帽子了。

最前面的那个人听见后面两个人都说了"不知道"，他假设自己戴的是蓝帽子，于是中间那个人就看见他戴的蓝帽子。那么中间那个人会作如下推理："假设我戴了蓝帽子，那么最后那个人就会看见前面有两顶蓝帽子，但总共也就只有两顶蓝帽子，他就应该明白他自己戴的是黑帽子。现在他说不知道，就说明我戴了蓝帽子这个假定是错的，所以我戴了黑帽子。"既然中间那人也说不知道，所以最前面那个人知道自己戴蓝帽子的假定是错的，所以他推断出自己戴了黑帽子。

4. 双胞胎的猜谜游戏

D的妹妹是c，B的妹妹是b，C的妹妹是a，A的妹妹是d。

5. 是谁偷吃？

向西偷吃的。

6. 煤矿事故

D。

7. 选派商务代表

A。根据甲、乙、丙3个人的意见，选项A，对于甲、乙、丙3人的意见都满足。选项B，与甲矛盾；选项C，与丙矛盾；选项D，与乙、丙都矛盾。

8. 快递员遇到的难题

1楼左钱右李，2楼左王右赵，3楼左郑右周，4楼左孙右吴。

9. 杀死富翁的凶手

李宇是凶手。

10. 商船上的高射炮

A。

11. 幽默的思维模式

B。

12. 神奇的车牌号码

基诺想到被害人一定是在仰面朝天时才看到轿车后部车牌号的，所以把本是9168的牌号误认为是8916了。所以基诺想到，这个车牌号一定是9168。

13. 艾米小姐的马脚

艾米小姐在门窗紧闭的浴室里淋热水浴，镜子被蒸气熏得模糊，根本不可能看清盗贼在镜子里的面容。

14. 猎人的脚印

因为作案时间是雨停不久，如果鞋印是凶手留下的，当时的地面是湿的，由于鞋印是在地面晒干后才提取的，而土壤在干燥过程中会收缩，一个鞋印大约缩半英寸，所以这个提取的石膏鞋印如果与嫌疑人的鞋子恰好相吻合，就只能证明那鞋印不是他留下的。

15. 谁是弟弟

乙是丽丽的弟弟。这五个人的名次从高到低是这么排列的：戊、甲、丁、丙、乙。

16. 职业

甲是医生，乙是律师，丙是推销员。

17. 财主的女儿

二女儿的衣服最多，小女儿的第二多。

18. 难解的血缘关系

丙是唯一的女性。

假设甲的父亲是丙，那么丙的同胞兄弟必定是乙，于是乙的女儿必定是甲。从而得出甲是乙和丙两人的女儿，而乙和丙又是同胞兄弟，这是违背道德伦理的关系，是不容许的。所以，甲的父亲是乙，丙的同胞兄弟是甲，丙是女性。

19. 剩下的一张

单张的牌在乔巴的手中。

20. 被隔开的夫妇

布莱克夫妇。

由（1）可知：查理夫人对面可以是丈夫查理、布莱克先生、格林先生，但条件（3）说：格林先生右边的人是位女士，所以格林先生不可能，因为由条件（1）可知，那个位置是史密斯先生；现在就剩下查理先生和布莱克先生了，根据只有1对被隔开，假如是查理先生的话（自然地查理夫妇肯定被隔开了），那么史密斯先生右边就是史密斯夫人，而史密斯夫人和布莱克夫人之间只有一个位置，不论放谁都会产生第二对被隔开的，与只有一对被隔开矛盾，所以就知道只能是布莱克先生。

现在知道了3个位置上的人：史密斯夫人对面是布莱克先生，布莱克先生右边是史密斯先生；

下面就用布莱克夫人去坐各个位置，看和提供的条件是否产生矛盾就可以了。

假设布莱克先生与布莱克夫人不被隔开，则布莱克夫人在布莱克先生的左边，由条件（2）得知：格林先生坐在史密斯夫人的左边。

由条件（3）可知：史密斯夫人坐在史密斯先生左边第二位置上的女士对面。也就是史密斯先生坐在格林先生的左边。但是史密斯先生左边第二个位置上坐的是已知的布莱克先生，不是一位女士，所以假设矛盾。

所以被隔开的就只有是布莱克夫妇了。其他情况可以用这个方法推出。

21. 博物馆盗窃案

查理有罪。

作如下判断：假设詹姆斯无罪，根据（1）（3）和（4），那么查理或格蕾丝有罪；根据（2），格蕾丝只有伙同查理才作案。这样，查理必定有罪。如果詹姆斯有罪，根据（3），他也必定要伙同查理或格蕾丝作案，查理必定有罪；如果伙同格蕾丝作案，由于（2），查理也必定有罪。所以，不论詹姆斯有没有罪，查理都有罪。

22. 同学聚会

赵先生喜欢足球；王先生喜欢篮球；孙小姐喜欢网球；韩小姐喜欢保龄球。

23. 新买的鞋子

小米的鞋子是红色的

假设小米的鞋子是黑色的，那么三种看法都是正确的，不符合已知条件；假设鞋是红色的，前两种看法是正确的，第三种看法是错误的；假设是蓝色的，那么三句话都是错误的。因此，小米的鞋子是红色的。

24. 城市对号

A 是河南，B 是湖北，C 是新疆，D 是辽宁，E 是湖南

假设甲说的第一句话正确，那么 B 是新疆，戊的第一句话就是错误的，戊的第二句话就是正确的；C 是新疆就不符合条件。

假如甲说的第二句话正确。那么 E 就是湖南。戊的第二句话就是正确的，C 是新疆。

同理便可推出 A 是河南，B 是湖北，C 是新疆，D 是辽宁，E 是湖南。

25. 家庭成员

有 7 个人。一对老年夫妻，他们的儿子和儿媳，他们的一个孙子和两个孙女。

26. 选报项目

甲参加的是标枪比赛，乙参加的是 100 米短跑，丙参加的是三级跳远。

26. 百元钞票

哪个柜台会找一百元给人呢？

27. 在看谁的照片？

这个人在看她丈夫的继母的外孙媳妇的照片。

28. 多多的玩具

一只狗、一只熊猫、一个洋娃娃。

29. 什么职务？

甲是组长，乙是班长，丙是学习委员。

30. 4个测试题

Y、N、N、N

31. 谎话妖精的城堡

大伟：音乐家、老周：诗人、鲁夫：哲学家、梁子：导演。谎话妖精居住在C城堡里。

32. 冠军球队

巴西获得了冠军。

33. 喜鹊的谎言

如果喳喳的发言是假的，喳喳就比罗罗年龄小，而且罗罗又是一岁，这样是不可能的。

所以喳喳的发言是真实的，就是罗罗不是一岁，喳喳比罗罗年龄要大。

如果罗罗的发言是真的，就是塔塔3岁，罗罗比塔塔要年龄大，就是4岁，这与上述推理相矛盾的。

所以，罗罗的发言是假的，塔塔也不是3岁，罗罗比塔塔年龄要小。

根据推理可知，塔塔是4岁，喳喳是3岁，罗罗是2岁，剩下的啾啾是1岁。

34. 野炊分工

老大洗菜，老二淘米，老三烧水，老四挑水。

由“老大不挑水也不淘米”可以推断出老大在洗菜或者在烧水；由“老二不洗菜也不挑水”可以推断出老二在烧水或淘米；由“老三既不挑水也不淘米”可以推断出老三在洗菜或烧水；由“如果老大不洗菜，那么老四就不挑水”可以推断出老四不挑水。

35. 大少爷做运动

首先考虑“躲避球在骑马的前还是后”，问题就会比较简单了。

如果躲避球（第四项）在骑马的后面，那么躲避球和第五项共计花费3天以内时间，这与（2）相互矛盾。所以，第四项是躲避球，第五项是骑马。根据条件（1）可知，躲避球最长就是9日、10日、11日的3天时间，根据条件（2）（4），既不是一天也不是三天，所以只能是两天。

根据条件（1），一天时间的第三项运动是滑雪或者游泳。假设是滑雪的话，滑雪只能在8日进行，第四项的躲避球用两天，所以第五项的骑马用了五天。那么根据（4），剩下的高尔夫球和游泳就是三天和四天了，在1日到7日是哪一项项进行的，由于4日那天没有打高尔夫球所以这个假设不可能成立。因此，第三项是游泳，第一项是高尔夫球，第二项是滑雪。游泳只有9日，躲避球是10日和11日。所以，骑马是从12日开始的四天，高尔夫球是五天，剩下的滑雪是三天。

36. 午饭游戏

根据（1）和（2），如果涵涵要的是火腿，那么德德要的就是猪排，特特要的也是猪排。这种情况与（3）矛盾。因此，涵涵要的只能是猪排。于是，根据（2），特特要的只能是火腿。因此，只有德德才能昨天要火腿，今天要猪排。

37. 骑士与无赖

要么我是贫穷的骑士，要么我说谎话。

38. 猜国籍

戴维是法国人，比利是日本人，特德是美国人。

戴维不喜欢面条，那么喜欢面条的只有特德和比利。喜欢面条的不是法国人，那么特德和比利就只能从日本人和美国人中选一个了。因为，比利不是美国人，所以比利只能是日本人，特德就是美国人了。

39. 团圆的中秋节

（1）三男四女；

（2）艾文称呼他们为爷爷、奶奶、爸爸、妈妈、姐姐、妹妹。

40. 联欢晚会

首先要特别安排的是新西兰人，因为这5个人中只有新西兰人只会英语，其他每个人除懂得本国语言以外还懂得一门外语，所以他必须坐在2个懂英语的人的中间。因此他的两边必为中国人和英国人，有了这3个人的位置，其他两人的位置就好确定了。

41. 有几个女人?

有两个女人。

42. 为什么选择第一个理发师?

这个小镇上只有两个理发师，所以他们只能让对方给自己理发。也就是说蓬乱头发的理发师的发型是第二个理发师给理的，所以这个外地人当然不会选他了。

43. 奇怪的石匠

这个石碑是甲所做的。

44. 水果在哪个盒子里呢?

因为A盒子上的话和D盒子上的话是矛盾的，所以必有一真。那么，B盒子和C盒子上的话都是假的，所以能断定C盒子里有梨。

45. 水果密码

前后这几句话一对应，我们就会发现，香蕉代表“星期三”；苹果代表“秘密”。相信，你很快就会知道“大鸭梨”代表“进攻”。

46. 到底什么时候会抽考呢?

颖颖的说法是不正确的。

如果数学老师下周任何一天考试，颖颖会说：“老师，今天不能考试啊!”“是吗?你是不是没有想到今天要考试?”“是的。”“所以，今天就是抽考的日子啊。”

47. 意外的宝贝

按照女儿的推理，她坚信这个宝贝无法放在某个盒子里。然而当她打开某个盒子，却发现了宝贝，应该说就是一个意外了。

48. 岳父的遗嘱

县令清了清嗓子，大声念道：“50多岁老人生一子，人言非，是吾子也；家业田产尽付与。女婿外人，不得争执。”

49. 话剧演出

假设江雯在排练的时候扮演的是森林女巫，那么林梅就是撒谎了，这不可能。

假设林梅在排练的时候扮演的是森林女巫，那么赵华或者孙芳芳之间至少有一个人是撒谎的，这不可能。

假设赵华在排练的时候扮演的是森林女巫，那么真正演出时扮演女仆的就是孙芳芳了，而排练时扮演女仆的既不是孙芳芳也不是赵华也不是林梅（赵华的话是假的）更不是江雯（林梅的发言是真的），那么就成了没人扮演这个角色了，这不可能。

所以，在排练时演森林女巫的应该是孙芳芳。所以可通过四人的发言归结为：孙芳芳演出时扮演的是白雪公主。那么，赵华在排练时演的是女仆，而演出时演的是森林女巫。最后可知，江雯在演出时扮演的是女仆的角色，排练时演的是王后。林梅排练时演的是白雪公主，演出时扮演王后。

50. 嗜酒如命的先生

“鸡尾酒”先生收到的礼品是“威士忌”先生送的茅台。“茅台”先生送给“白兰地”先生鸡尾酒；“白兰地”先生送给“威士忌”先生伏特加；“鸡尾酒”先生送给“伏特加”先生白兰地；“伏特加”先生送给“茅台”先生威士忌。

51. 谁盗走了古币

盗走古币的是哲尼克，因为知道古币所在地的只有戴维德三兄弟和他。三兄弟住在一起，只有他在作案后才需要把凡是留有指纹的地方擦抹干净。

52. 铁路公司投诉案

因为他的铺位是与列车前进方向一致的，列车在倒车的情况下急刹车，该铺位的乘客只会被墙板挡住而不会被惯性抛出。

53. 判断身份

由于法官和律师的总数是 16 人，从（1）和（4）得知：律师至少 9 人，男法官最多 6 人。再根据（2），男律师必定不到 6 人。又根据（3），女律师少于男律师，所以男律师必定超过 4 人。故男律师正好是 5 人。由于男律师多于女律师，且律师总数不少于 9 人，所以有 4 位女律师。又因为男法官不能少于男律师，则男法官正好6人，这样还有一位就是女法官。因此16人中有6位是男法官、5位是男律师、1位女法官和4位女律师。

如果说话的人是男法官，也就是说少一位男法官，则（2）就错误。如果说话的人是男律师，也就是说少一位男律师，则（3）就错误。如果说话的人是女法官，也就是说少一位女法官，则（4）就错误。

如果说话的人是女律师，也就是说少一位女律师，则4个条件仍然成立。所以说，说话的人是一位女律师。

54. 白色圣诞节

警察的判断是正确的。

澳洲在南半球，气候与北半球相反，凶杀案发生在加拿大北部冬季的圣诞节，这时澳洲应该是夏季才对，不可能堆雪人过白色圣诞节。

55. 女盗贼与侦探

因为点烟的手通常是熟练的手，右手拿烟左手点，因此可以判断F侦探是左撇子。

56. 深海里的谎言

老甲：1100米、老乙：1200米、老丙：1300米、老丁：900米、老戊：1000米。

57. 小偷被偷

时髦小姐。如果是另两个人的话，他们应该连那位小姐的钱包一块儿偷走才对；就算他们不全偷，他们也不知道究竟哪个钱包是小偷的。

58. 老师的课程

张老师教历史和体育，赵老师教英语和生物，彭老师教数学和物理。

59. 女性解放的小岛

“咖啡节”的故事：

A先生不可能是小人，如果是的话，他妻子该是君子，不是凡夫。这样，A先生的话反倒成了真的。同样，A夫人也不可能是小人。他俩也都不是君子，否则其配偶理应是小人。可见，他俩都是凡夫，同时又都是在撒谎。

“可可节”的故事：

这4个人都是凡夫，3句话全都是谎话。

首先，B 夫人必定是凡夫。这是因为，假使她是君子，她丈夫应该是小人。既然她是君子，就不会谎称自己的丈夫是君子。假使她是小人，她丈夫该是君子，这时她也是不肯道破真情的。所以，B 夫人是凡夫。因此，B 先生也是凡夫。

这意味着 A 先生和 A 夫人都在撒谎。所以，他俩都不是君子，也不可能都是小人，因此都是凡夫。

60. 3 部片子的经理各姓什么？

B。因为甲公司的经理说完后另一个姓孙的经理又说，说明甲公司经理不姓孙，排除 A、C；又因为每个人的姓同自己所拍片子片名的第一个字不一样，因此甲公司经理不姓黄、乙公司经理不姓孙，排除 D、E；所以 B 即为正确答案。

61. 是谁偷走了答案？

甲偷了答案。

62. 纠结的雨伞

冯洪拿了何和的伞，他的伞又被方芳错拿走了（另：王璜拿了李莉的伞，何和拿了王璜的伞，李莉拿了方芳的伞）。

第四章

出奇制胜
——迂回逻辑推理测试

1. 借驴找骡

从前，一个住在小村庄里的老人骑着一头骡子出来赶集，打算购买一些生活必需的物品。但是走到半路的时候，骡子却突然变得暴躁，说什么都不肯再继续走了，老人又是打又是哄还是没有效果。就在这个时候，有一个男子骑着一头毛驴经过，他看见老人正在费力地赶骡子，就和气地问：“老人家，您这么着急，是要去哪里啊？”

老人见他挺和气的，就将骡子不听话的事情说给了他听。陌生人听了之后笑呵呵地说：“老人家，您看您的这个骡子性格太暴躁了，实在不是很适合您这么大年龄的老人家。”他犹豫了一下，补充道：“要不您看，我的这头驴很听话，咱们换着骑，到了镇上再换回来好不好？”

老人一听非常高兴，对陌生人感激极了，连忙点头同意。

没想到陌生人刚刚坐上老人的骡子，就马上在骡子屁股上狠狠地抽了几鞭子，骡子马上飞奔起来，一转眼就没了踪影。老人这才知道自己上当了，想要追上去，但是已经来不及了。老人又后悔又生气，只好跑到国王那里去告状。

国王听完老人的描述之后，胸有成竹地笑着说：“老伯，我已经想到办法了，你只需要将这头毛驴留在这里四天，四天之后再来就可以找回骡子了。”

老人同意了。他刚刚一走，国王便命令手下将毛驴拴起来，并且不许喂任何草料。

四天之后，老人来到王宫，按照国王的方法果然找回了自己的骡子。

你知道国王的方法是什么吗？

2. 筷子风波

在一家很有名的中国风酒店里曾经发生过一个故事：一个来自国外的客人在品尝完最后一道菜之后，将一双制作非常精美的景泰蓝筷子偷偷放进自己的背包里。

这个举动不小心被服务员看到了，服务员不敢贸然解决，就赶紧把这件事情报告给了值班经理。值班经理听了之后说："你得想一个办法既能让我们不受到损失，又不能让对方感到难堪。"服务员听了之后仔细想了想还是觉得很困难，办法是有，但是很难保证对方不会难堪。最后，她只好决定自己掏出钱来赔偿。

经理看出来她没有想出好的办法，就笑了笑，从身边的柜子里拿出来一个制作精美的小匣子说："这个小匣子是专门用来装那种景泰蓝筷子的。你能想出办法吗？"

服务员想了想还是摇了摇头。经理只好把办法和她说了一遍。服务员马上高兴地说道："太妙了！"

你知道这是什么办法吗？

3. 一个小动作

从前，有一对勤劳的夫妻在山坡上开垦了几块地，种了小麦。可贪心的地主看见了，总是把自己家的鸡往农夫的庄稼地赶。

农夫看到自己的庄稼被地主家的鸡破坏，非常心痛。他惹不起地主，只能忍气吞声去赶鸡，可是这边赶跑，那边又来，弄得他精疲力尽。

农夫愁眉不展地回到家中与妻子商量。妻子听完农夫的讲述后说："明天，你只要到地里做个动作，要让地主看见，但又不要让他看清，他就再也不会放鸡了。"

第二天，农夫按照妻子说的方法一试，果然有效。

请问，农夫的妻子告诉农夫什么办法？

4. 讨厌的狗吠声

某富翁的左右邻居都养狗，一到晚上，这2条狗就吠叫不停。无法忍受这种折磨的富翁便出搬家费100万元，希望左右邻居搬走。的确，两个邻居是连狗一起搬家了，但是到了夜晚，富翁还是听到了完全相同的狗吠声。这是为什么？

5. 诚实的小贩

有个小贩叫和林，他和母亲二人相依为命，每天夜里做豆腐，白天挑担上街叫卖，勤快本分。

一天，和林挑着担子出门去集市，忽然肚子咕噜咕噜一阵痛，他便放下担子，奔向茅厕。就在这时，和林看见茅厕边有个扎得紧紧的小布袋。他见四下无人，便拿起解开一看：呀，一袋银子，足足有30两。和林心里高兴，挑着担子飞奔回家。“娘，我拾到银子了！”和林兴奋地告诉母亲，“从今以后，您再也不用受累辛劳了。”

和林的话还没有说完，母亲就打断了他：“不是自己的钱财千万不能占有，踏踏实实过日子比什么都强。”

和林觉得母亲说得有理，便转身去找失主。回到那里一看，发现失主正在那儿焦急地寻找。和林一问，果然真是失主。那人喜滋滋地接过布袋，但是他担心和林会索要酬金，便恶狠狠地说：“我袋中原有50两银子，怎么只剩下30两了。”和林是个老实人，被失主反咬一口，气不打一处来，便跟失主争吵起来。这时正好县官从这儿路过，问清了缘由，做出了令人拍手称快的判决。

请问，县官是怎样判的？

6. 药片的取法

欣欣感冒了，医生给她开了一瓶药片。药瓶是用软木塞子密封的。在不拔出瓶塞，也不在上面穿孔的前提下，她能从瓶子里取出药片吗？

7. 猫与古董

有一个古玩家，因为在城里很难以低价收到高质量的古玩，就打算到乡下去，他觉得那些乡下人不知道古玩的价值，可能会淘到不错的古玩。

有一天他经过一家农舍的时候，突然间看到了一个非常别致的小碟子。他对古玩的鉴赏能力很高，所以一眼就看出那个碟子是很久以前的好东西，制作那么精美，又保存得很好，一定价值不菲。他看到这个小碟子的主人竟然用它去喂养一只小猫，就断定他一定对这个碟子的真实价值毫不知情。

这是个天大的机会，古玩商人非常开心，但是他镇定了下来，很随意地走了过去和小猫的主人攀谈了起来。他装作刚刚发现这只小猫的样子，对小猫的可爱赞叹不已，还编造了一个很动人的故事声称自己的太太最喜欢的就是小猫了，但是不久前太太养的小猫去世了，很是伤心。现在他看见的这只小猫和太太以前的小猫非常像。边说边不自觉地流下了眼泪，连农夫也被他说得感动了。最后，古玩商人像突然想到什么似的问："您的这只小猫可不可以卖给我啊？"

"当然可以了。"农夫爽快地回答，"既然您的太太喜欢，就卖给您吧。"古玩商非常高兴，付给了农夫两倍的价钱，这下子他终于可以进入这个骗局的重点了。他故意装作若无其事地说道："我看你一直在用这个碟子喂养小猫吧？我想它应该已经习惯了，你能不能把这个碟子送给我呢？"

古玩商以为农夫一定会答应的，因为他肯定不知道这个碟子的价值，否则也不会拿来喂猫。但是他怎么也没有想到，农夫的一句话就让他的一切计划都泡汤了。

你猜到农夫是怎么说的吗？

8. 最好的裁缝

在巴黎的一条大街上，有三个手艺非常好的裁缝。但是，他们实在是住得太近了，所以自然竞争得很激烈。三个裁缝为了压倒别人，争取更多的顾客而想着办法。于是他们纷纷选择在自己门口的招牌上动脑筋，要知道顾客第一眼看的就是招牌，所以这个办法应该是不错的。一天，其中一个裁缝在自己的招牌上写上“整个巴黎最好的裁缝”，因此吸引了很多的顾客。第二个裁缝看见了这个情况，就在自己的招牌上写上“全国最好的裁缝”，结果的确也多了很多顾客上门。

第三个裁缝看到这个情况自然非常烦恼，自己如果再想不出什么好办法的话，恐怕不用写就能够成为“生意最差裁缝”了。但是，怎样的词汇可以超过全国呢？如果挂出了全世界这样的词汇，恐怕不但不能增加效果，还会引来很多人的嘲笑。他正苦恼的时候，上小学的儿子放学回来了，看到爸爸烦心的样子就问了原因。听完了整件事情之后，没想到，儿子竟然笑着说：“这个很简单啊。”

于是他在自家的招牌上写了几个字，挂了出去。第三天，另外两个裁缝正准备嘲笑第三个裁缝的时候却发现他们家已经挤满了顾客。

你知道裁缝的儿子在招牌上写了什么吗？

9. 换票之后

有两个年轻人都决定离开农村到大城市打工，一个去纽约，一个去华盛顿。他们在候车室里相遇了，但是听了周围人的谈论之后，两个人都有点犹豫。因为周围人说，纽约人非常精明，就连指路都要收费；而华盛顿的人就老实多了，如果有人困难，大家甚至会主动给他面包吃。

想要去纽约的人想，还是华盛顿好，自己一定饿不死。去华盛顿的人却想，还是纽约好，一定有很多赚钱的机会等着自己。两个人都庆幸自己还没有上车，相遇的两个人索性互换了车票，各自去了自己想去的地方。

两个人到达之后都很满意，去华盛顿的人发现在城市的大商场里都有免费品尝的水和食物，自己一个月什么都不做也不会挨饿。到纽约的人发现这里真的处处都有挣钱的机会，只要自己动点脑筋，一定能够站稳脚跟。

这个聪明的小伙子发现当地人爱养花但是没有泥土，就从建筑工地上装了一些含有沙子和树叶的土以“花盆土”的名义销售，净赚了不少钱。之后，他又不断发现商机，创立了专门的清洗公司，手下的员工越来越多，生意也越做越大。

过了几年，他去华盛顿出差。在火车上的时候，他遇见了几年前和自己换票的小伙子，但是看到彼此的处境，两个人都不禁愣住了。你知道这是为什么吗?

10. 稽查员是谁?

现在社会竞争非常激烈，所以有时候公司更愿意用竞争的方式来选拔人才。一家日本的大公司准备从自己新招的三名雇员中选出一名担任市场销售代表。于是，为了弄明白谁才是最适合的人选，他们发起了一个挑战。

公司将他们送到陌生的广岛，给每个人 2000 日元的生活费，要求他们在那里过一天的时间。一天之后，谁剩下的钱最多，谁就可以得到这个职位。2000 日元其实是非常少的钱，因为按照广岛的物价，仅仅一杯可乐就需要 200 日元，最便宜的宾馆一晚上也需要 2000 日元。除非他们几个在天黑之前能够赚到更多的钱，否则他们就只能在吃饭和睡觉之中选择一样了。

雇员甲很聪明，他用 500 日元买了一副墨镜，用剩下的钱租了一把二手的吉他，然后在广岛人来人往的广场上假装盲人开始卖艺。半天的时间他赚到了不少钱。

雇员乙也很聪明，他用 500 日元制作了一个箱子以纪念广岛灾难的名义进行募捐。他甚至还用剩余的钱雇了两个大学生现场演说，不到半天的时间，就募捐了很多钱。

但是雇员丙很让人失望，他只是找了个小餐馆美美地吃了一顿，1500

日元就不见了。然后他带着剩下的500日元钻进路边的一辆废弃车里睡了一觉。

雇员甲和雇员乙一天下来，赚了不少钱，所以很高兴。但是没有想到的是，到了傍晚他们准备收工的时候却出现了一个络腮胡子、佩戴着袖标、腰挎手枪的稽查人员，没收了他们全部的家当和收入。两个雇员没有办法，只好借了路费狼狈地回到了公司。但是，让他们更惊讶的是，那个稽查人员竟然也在公司！

你知道这是怎么回事吗？

11. 102岁的小孩子

明朝末年，山东某地旱灾严重，粮食严重歉收。无奈之下，百姓告诉当地县官说他们的旱地大约只有4成收入，而水地大概有6成收入。可县官根本不体恤民情，他想的只是，老百姓尽快交上粮食，以便自己能尽快完成任务。于是县官便说："6成和4成加在一起正好是10成，也就是说，你们的收成并没减少，所以税收也一分不能少。"

面对县官的无理刁难，百姓们焦急万分，但又无可奈何。这时，一个叫胡恬的10岁男孩站出来，表示自己可以解决这个问题。

胡恬与县官一番唇枪舌剑后，县官终于被说得哑口无言，同意减税。

请问，胡恬说了什么？

12. 纪晓岚逸事

清朝时，纪晓岚因功被乾隆皇帝嘉奖，乾隆赐给他一颗夜明珠。这颗夜明珠极其珍贵，是西方一位使者进献给乾隆的。

纪晓岚对这颗夜明珠爱不释手，经常拿出来把玩。

可惜的是，后来这颗夜明珠莫名其妙地失踪了。纪晓岚认为，一定是哪个贪财的仆人将这颗夜明珠偷偷地据为已有了。于是，他想出一个办法，最终找到了偷窃者。

请问，纪晓岚采取的是何种办法？

13. 海关的漏洞

美国的海关检查是非常缜密的，几乎没有人能够躲过海关的排查。但是关税实在是太高了，所以还是有很多人想方设法地钻空子，但大多都失败了。

这时候一个美国商人琼妮说："美国海关再严也一定有空子可钻的，只要动动脑筋就可以了。"为了证明这个观点，她从法国购进了大量的女式皮手套，按照正常的程序，她需要上缴大量的关税，因为这种在法国价钱很低的皮手套在美国售价非常高。

但是琼妮却没有直接将这一万只皮手套运回美国，而是把每一双皮手套的左手发回了美国。这5000只只有左手的皮手套被扣在了海关，但是琼妮却一直没有去提货。按照当时海关的规定，这批无人认领的货物被当作无主货物进行拍卖。大家都认为虽然这批皮手套的质量很好，但是只有一只就没有什么价值了，所以根本没有人加价，琼妮因此以很低的价钱拍下了这批皮手套。

但是，就在她拍下皮手套的同时，海关也察觉到了这些特殊情况。因此他们决定严加排查，如果再有5000只只有右手的皮手套进入海关，那么他们就要让那个狡猾的商人得到应有的惩罚。

但是琼妮也料到了海关的反应，因此她略施小计。将剩下的手套顺利地通过了美国的海关。最后琼妮只交了5000只皮手套的关税，再加上拍卖会上微不足道的一点钱，就将整整一万只皮手套运到了美国。

你知道琼妮这次采取了什么计谋吗？

14. 海瑞断案

说起海瑞，大家都不陌生。海瑞是明代有名的清官，善断疑案。一次，一个入户抢劫的贼在偷完东西后在逃走的路上被一个过路人抓住了，但这个窃贼却反咬一口，说这个路人是贼，而由于抢劫的时间是在深夜，户主也无法准确地判断是谁。三人上堂禀明情由。海瑞闭目沉思了一会儿，让窃贼与过路人二人从官府到抢劫地点进行一轮来回赛跑。等到他们又回到了官府之后，海瑞重重地拍响了惊堂木，对后到城门的人说：“大胆狂徒，还不快快招来!”窃贼心惊胆战，把所有事情都招供了。

按常理来说，窃贼应该是跑得最快的，但为什么海瑞却认定后到城门者为窃贼呢?

15. 铜钱朝上

宋朝是一个相对软弱的封建王朝，面对侵略，他们不敢正面对抗，经常以割地赔款息事宁人。有一年，辽国大举入侵，北宋统治者起初指望通过求和的方法解决问题，可这一次却被辽国拒绝了。北宋皇帝无奈，只好让狄青挂帅，率军出征。

狄青知道，以现有的兵马，很难战胜势力强大的辽国。在关键性的一战中，上至将领，下到士兵，都存在着恐慌的情绪。如果士气不振，这场关键性的战役根本就不可能取得胜利。为此，狄青非常苦恼。这时，狄青手下一个将领给他出了一个主意，这个办法起到了非常好的效果，狄青率军战胜了实力强大的辽军。

请问，这是什么主意?

16. 国王的第一双鞋

有一个很喜欢打猎的国王。但是在那个时代是没有鞋子这样的东西的，所以打猎是非常危险的。不过幸好他是国王，所以进出的时候几乎都是骑马，很少赤脚走路，所以并没有发生过危险。

但是，有一次，国王在打猎的时候从马上下来去取猎物，结果倒霉的国王一不小心踩上了一个尖尖的木刺，痛得他把身边的所有人都大骂了一顿。回到宫殿的国王发现原来自己走在宫殿里如此舒服的原因是整个宫殿都铺着厚厚的牛皮。于是，还在疼痛之中的国王便下令大臣在一个星期之内，将整个京城的大街小巷都铺上牛皮，如果不能完成的话，就将这个大臣杀死。这可是一项巨大的工程，接到这个任务的大臣十分惶恐，但是国王的命令不得不执行，于是大臣开始下令自己的手下给大街小巷铺上牛皮。

但是才刚刚到了第三天，工程就出现了问题，因为几乎所有库存的牛皮都用完了，但是才铺了一点点路。于是，大臣不得不下令宰杀牛，但是即使这样，牛皮也是远远不够的。

眼看着就要到国王规定的期限了，大臣觉得自己一定性命不保了，于是整日在家里唉声叹气。他的一个小女儿非常冰雪聪明，了解了父亲的烦恼之后，就主动说："这件事就交给我吧。"

大臣觉得自己的女儿十分贴心，但是并不相信她真的会有什么好办法，只是苦笑了一下。但是小女儿却十分认真地用两块小小的牛皮，按照脚的模样做了两只皮口袋。第二天，小女儿哀求父亲带自己去见国王，无计可施的大臣只好同意了。

来到宫殿之后，小女儿还没有等到国王发怒，就首先说道："大王，您交给我父亲的任务，我们已经完成了。"

国王大怒："明明还有那么多街道没有铺上牛皮，你们竟然胆敢骗我？"

大臣吓得浑身发抖，但是小女儿却不慌不忙地将自己做的两只皮口袋拿了出来，并对国王讲明了用处，国王听后十分高兴，下令嘉奖了这个聪明的小女孩。

你知道小女儿对国王说了什么吗？

17. 小油漆工智斗贪心财主

有一个非常小气的财主打造了一套新家具，为了油漆这套新家具，他在自己家的门口贴了一张告示：招聘油漆工一名，要求技术高超，能够按照提供的样本油漆家具一套，工钱丰厚。

和样本一模一样是很难的，所以很长时间都没有人来应征。财主没有办法只好将告示改了一下：招聘油漆工一名，只要能够按照样本的颜色油漆好家具即可，工钱双倍。

果然，告示贴出不久就有一个从外地来的油漆工前来应聘了。

财主拿来了一小块油漆的木板样本给油漆工说："按照这个上面的颜

色来油漆就可以了。”油漆工的手艺非常娴熟，所以没用几天就将所有的家具都漆好了。但是没有想到的是，等到验收的时候，财主拿着原先交给油漆工的样本，在家具前来来回回地比对，最后说：“不对不对，这个颜色比家具上的要浅一些。”

油漆工认真地检查了一下说：“明明就是一样的啊。”

但是财主无论如何也不肯承认颜色是相同的，油漆工只好自认倒霉，重新漆了一遍。但是小气财主装模作样地比对了一下之后还是说两种颜色不相同。油漆工这次真的是生气了，他大声说道：“这明明是相同的颜色，但是你不承认，这不是故意为难我吗？”

没想到小气财主反而更加大声地质问道：“我们可是事先说好的，你漆坏了我的家具，反而是你应该赔偿我的损失才对。”

油漆工知道自己说不过小气财主，只好连夜回家，没有拿到任何酬劳。小气财主没有花一分钱漆好了自己的家具，心里特别得意。但是回到家之后的油漆工却非常不开心，他的儿子知道了这件事情之后就说：“爸爸，你不要生气了，我有办法可以好好地修理一下这个小气鬼。”油漆工听了之后不以为意，毕竟只是一个小孩子，但是他也没有说什么。

过了几天，小气财主的儿子刚好要举行结婚典礼，就又重新打造了一款新家具。于是他就再次使出了同样的计谋。油漆工的儿子看到告示之后就找上财主说：“我能够按照您说的漆好您的家具，但是你必须付给我3倍的价钱才可以。”

小气财主本来以为他是个小孩子不想雇佣的，但是为了不花钱油漆家具还是同意了。几天之后，小油漆工把家具都漆好了。小气财主果然还想故技重施，孩子便和他大声争吵了起来，吸引了许多人前来围观。财主拿着原来的那块样本，声称颜色不一样。但是这个小孩子却只是简单地说了一句话，小气财主就再也不能说话了，乖乖地付给了孩子全部的工钱。

如果你是那个孩子，你会怎么说呢？

18. 变废为宝

唐朝有一个很厉害的商人叫裴明礼，他非常擅长经商，往往可以从奇怪的角度看出商机。就在裴明礼居住的城市里，有一块很大的空地要出售。但是这块空地的中间有一个很大的水坑，即使买下来也不会有什么用处，所以对方开价很低。

裴明礼听说了之后就找到了这块地的主人，花了很低的价钱买下了这块地。周围的人们知道了之后都觉得他很笨，花冤枉钱买了一块没有用的地。但是到了第二天，人们更加惊奇的是他们发现裴明礼竟然在这个大水坑旁边竖起一根很高的木头，在木头的顶端吊着一个小小的竹篮子，在这块木头上面贴着一张告示，上面写着：但凡能够用石子、土块或者砖头命中这个竹篮子的人，每次可以得到100文的赏金。

人们虽然很疑惑，但是这种天上掉馅饼的事情谁会错过呢？所以，周边的那些大人、小孩都纷纷来到这个大水坑旁边，拿着从远处找来的石子、砖头、土块向这个竹篮子投去。但是，这根木头实在是太高了，竹篮子又很小，所以真正能够命中的人并不是很多。裴明礼对那些命中的人都按照告示上写的一一付了赏金，还非常高兴。

你知道裴明礼这样做的原因是什么吗？你能猜到下一步他要干什么吗？

19. 贷款1美元

大家都知道犹太人是世界上最聪明的商人，以前，有一个犹太富豪走进了一家银行，他走到贷款的窗口，大大方方地坐了下来。

工作人员一看犹太富豪一身名牌装扮，就知道他身价不菲，所以马上走过来对他说："先生您好，请问您有什么需要我们帮助的吗？"

"我想要贷款。"犹太富豪回答。

"完全没有问题，请问您想要贷多少钱呢？"

"1美元。"犹太富豪说。

"什么？"工作人员以为自己听错了，所以再次确认了一下，"请问您只需要贷款1美元吗？"

"没错，我只想贷款1美元，可以吗？"

工作人员马上找来经理，将事情和经理描述了一下。经理一看就知道他是个富豪，他觉得犹太富豪之所以这样做一定是有什么原因的。或者他只是想试探一下自己银行的工作效率和服务质量。而且即使只贷1美元，也符合银行的工作准则。所以他努力做出最有礼貌的样子说："先生，没有问题，只要您有担保，不管您需要多少钱，我们都会为您服务的。"

犹太富豪点了下头，从自己随身携带的背包里取出了一大堆债券、股票等票据交给经理说："你看看用这些作担保足够了吗？"

经理马上清点了一下，然后说："先生，您的这些一共价值50万美元，绝对足够了。不过先生，您真是只需要贷1美元吗？"

"是的。"

"好的。那么请您跟随我来办理贷款手续，贷款的年息是6%，只要您交上6%的利息我们就可以把您抵押在这里的东西还给您。"

"谢谢！"犹太商人办完手续后高兴地离开了银行，因为他的目的已经达到了。

银行经理还是一头雾水，你猜到这是怎么一回事了吗？

20. 是熟鸡蛋吗？

周末，玛丽正在写作业，这时，妹妹推开了门，说道："姐姐，我想吃煮鸡蛋，你给我煮一个好不好？"一听可爱的妹妹要吃煮鸡蛋，玛丽可乐坏了："没有问题，你乖乖地等一会儿，姐姐马上给你煮鸡蛋吃。"

于是，玛丽便行动了起来，不一会儿就煮好了。为了不让鸡蛋烫着妹妹，玛丽把鸡蛋捞出来之后，决定把它放在桌子上稍微凉一会儿，让鸡蛋降一下温。

可是等玛丽写了一会儿作业之后，准备给妹妹拿一个煮熟的鸡蛋时，发现鸡蛋都凉了，并且桌子上还躺着几个生鸡蛋。"哎，真糟糕！究竟哪一个是熟的呢？我总不能把每个鸡蛋都打破吧。"玛丽自言自语道。玛丽心里想，要是早一点给妹妹取鸡蛋的话，那还好办一些，只要感受一下鸡蛋的温度，就能辨别出哪一个是熟鸡蛋哪一个是生鸡蛋了。

正在玛丽一筹莫展之际，妈妈外出回来了。玛丽就把这件事情告诉了妈妈。妈妈告诉了玛丽了一个辨别鸡蛋的方法。不一会儿，玛丽就把那个煮熟的鸡蛋送到了妹妹的手里。看到妹妹吃得津津有味的样子，玛丽心里十分高兴。心里又想到，下次可不能再粗心大意了。

你知道妈妈告诉了玛丽一个什么样的方法来辨认鸡蛋吗？

21. 哪个才是最准的天平？

在一个英国的小村庄里，有一位农民和一个面包师是邻居，为了方便，面包师一直从农民那里购买制作面包需要的黄油，农民就从面包师那里购买面包。因为彼此是邻居，所以两个人都不好意思当面称一下面包或者黄油的重量，交易的时候都直接按照对方说的斤数付钱。

但是，面包师是个比较细心的人，当面虽然没有称量，买回来之后，他就要在自己的天平上亲自称量一下黄油的重量。开始的时候吧，他觉得农民给他的黄油是很够分量的，但是渐渐地，他发现黄油似乎越来越少了。他心里觉得很不舒服，自己相当于多付给了农民很多钱。但是因为是邻居，又不好意思当面和农民说，所以一直隐忍着。

终于有一天，面包师下定了决心，在购买的时候很委婉地和农民说明了这个问题。谁知道农民听了之后也很生气，还发誓自己卖给他的黄油绝对是分量足够的。面包师和他理论了起来，越说越生气最后只好不欢而散。回了家的面包师还是觉得生气，就一纸诉状将农民告上了当地的法庭。

法官当然立刻就开始审理这个案子了，他问农民：“你每次卖黄油的时候都确定称准分量了吗？”

“当然了，我有一架世界上最准确的天平。”农民骄傲地说。

“天平？那倒是很准确。那么你有核准的砝码吗？”法官再次问。

“没有，我根本就不需要砝码。”

法官觉得奇怪就问：“既然没有砝码，你有什么理由说明自己的天平是准的，而面包师的不是呢？”

于是农民一五一十地将自己称量的方法说了出来，法官听完之后立刻宣判农民没有罪。可怜的面包师只好承担了这次诉讼的全部费用。

你知道农民说了什么让法官相信他的天平才是准的吗？

22. 纪晓岚吃鸭风波

大家都听过纪晓岚的故事，和珅和他一直都是死对头。和珅经常被纪晓岚捉弄，所以总是不甘心，想要找个什么机会报复他一下。

终于有一天，他想到了一个好办法，他派人邀请纪晓岚过来，要求和他赌上一局。和珅开下的赌注是如果纪晓岚可以在10天之内吃下100只鸭子，那么吃下的鸭子不但不需要付钱，和珅还额外再送上100只鸭子给他。如果纪晓岚吃不下的话，那么不但要付清100只鸭子的钱，还要亲自向和珅负荆请罪。

10天吃掉100只鸭，也就是一天要吃掉10只，大家想想就知道这是非常困难甚至不可能的。但是纪晓岚想了想竟然接下了这个赌局。

赌局正式开始。和珅命令手下的人把柴米油盐和日常所需的东西以及100只鸭子关在一个屋子里，又让纪晓岚搬进去住，派人将整个屋子严严实实地看守起来，以防止纪晓岚耍诈。

10天之后，和珅把门打开后只看见一堆鸭毛一堆骨头，一只鸭子的影子都看不见了。和珅实在想不到纪晓岚这么能吃，只好认输又送了100只鸭子给纪晓岚。

你知道纪晓岚是怎么用10天吃掉整整100只鸭子的吗？

23. 买噪声

有一个犹太老人在自己退休之后买了一套位于郊外的简陋房子。因为房子周围的环境很好，也非常安静，老人非常喜欢。但是好景不长，有3个年轻人开始在老人的住处附近踢垃圾桶玩。

老人实在无法忍受这些噪声，于是他决定去和这些年轻人谈判。年轻人看到老人的时候以为他一定是来阻止自己的，因此特意摆出一副毫不在乎的样子。没想到老人开口却说："你们玩得这么高兴，让我想起了自己年轻的时候。如果你们每天都到这里来踢垃圾桶的话，我答应每天给你们每人一块钱。"竟然有这样的好事，3个年轻人想都没想就答应了。

接下来的两天，年轻人每天都来，而且比以往更加卖力，老人也如约将钱付给他们。但是第三天，老人满脸忧愁地对3个年轻人说：“唉，现在通货膨胀，我的收入也因此减少了，从明天开始，恐怕我只能付给你们每人五毛钱了。”

3个年轻人有点不高兴了，但是想了想还是勉强同意了，但是踢起垃圾桶来明显没有以前那么卖力了。一周之后，老人苦着脸对他们说：“真是抱歉啊，我最近都没有收到养老金，看来我以后每天只能给你们两毛钱了。”

你能猜到之后发生了什么吗?

24. 夜袭

第二次世界大战快要结束的时候，苏军元帅朱可夫奉命攻打柏林。一天晚上，苏军已经做好一切准备，决定向德军发起夜袭，且不可更改。但是，不幸的是，那天夜里天上有许多星星，大部队出击很难做到保持高度隐蔽而不被敌人察觉。苏军元帅朱可夫思索了许久，终于想到一个办法。

你猜，元帅想到什么办法呢?

25. 空保险箱

弗洛伊德博士的研究所里有一个体格健美的年轻人叫皮茨，他受到了弗洛伊德的青睐。在他刚来到研究所的第三天，弗洛伊德就将一串钥匙交给了他，并且将他带到了自己的保密室里。保密室的中间有一幅画像，弗洛伊德告诉皮茨在这个画像的背后有一个保险柜，这个世界上有许多名人心里的秘密都锁在这个画像背后的保险柜里。

弗洛伊德让皮茨熟悉保密室内的一切，然后从窗台上搬了一盆绿色的植物放在画像的前面。最后，他非常严肃地对皮茨说：“在这间保密室里一共有三道铁门，你手里的那串钥匙是唯一的钥匙。我在这个保密室里放了足够你生活的设施和食物。现在我需要你寸步不离地守在这里，直到七天后接替你的人到来。那时候你就再也看不到这里的一切了。”停了一下，弗洛伊德博士补充道，“但是你要记住的是，这间保密室里的一切你都不能动，尤其是开启保险箱必须是在我在场的情况下。里面的心理档案更是绝对不能偷看的。你能够胜任这个工作吗？”

“当然。”皮茨非常高兴地接受了这个工作。

一晃七天很快就过去了，弗洛伊德博士再次来到了这个保密室，他来到画像的前面，看到绿色植物的宽大叶片都朝向墙壁的方向，于是他小心翼翼地移开花盆，然后对皮茨说：“现在你可以打开保险箱了，你应该还记得密码吧？”

皮茨走过去打开保险箱，这时候，弗洛伊德转过身将室内的窗帘拉开，明亮的阳光一下子全都照在房间中央的画像上。

保险箱打开的时候，皮茨惊讶地喊道：“是空的！”

弗洛伊德顽皮地笑了笑说：“是空的啊，所以它没能满足你的好奇心吧？你一共坚持了多少天呢？五天还是六天？”

皮茨坚持说道：“我没有动过屋子里的任何东西。”

“其实你不说谎要好一点，现在你只能另外寻找一份工作了。”弗洛伊德严肃地说。

你知道弗洛伊德是根据什么知道皮茨在说谎的吗？

26. 埃菲尔铁塔之谜

享誉世界的埃菲尔铁塔是法国首都巴黎的代表性建筑，也是现代巴黎的标志。它以设计人法国著名建筑工程师埃菲尔的名字命名，塔下为埃菲尔塑了一座半身铜像。

埃菲尔铁塔高300米，总重量达7000多吨。浪漫的巴黎人给铁塔取了一个美丽的名字——“云中牧女”。但是在它建成之初，有三个谜团困扰了人们很久：

（1）铁塔只有在夜间才是与地面垂直的；

（2）上午铁塔向西偏斜100毫米，到了中午铁塔向北偏斜70毫米；

（3）冬季，气温降到零下10摄氏度时，塔身比炎热的夏季时矮17厘米。

当有人问铁塔的设计者埃菲尔时，他合理地解释了这些问题。

你知道其中奥妙吗？

27. 秀才烧画

明朝的时候，有一个叫郑堂的秀才非常有名，琴棋书画样样精通。他在繁华的地段开了一家字画店，加上本身的名气，不久就生意兴隆。

一次，一个叫龚志远的人，来这里典当一件五代时候著名画家的《韩熙载夜宴图》，说是自己的传家之宝，迫不得已才来典当。郑堂自然知道这幅画价值非凡，所以立即典当给了龚志远8000两银子，龚志远也答应到期之后会归还双倍的银子。

一段时间过去了，眼看就到了赎当最后的期限了，龚志远还是没有来赎画，郑堂一边觉得高兴一边又觉得有些不妥，于是他将那幅画取出来在放大镜下仔细查看，这一查看可好，他竟然发现这是一幅仿造得非常像的假画。

郑堂是同行里的佼佼者，这下子被骗了8000两银子可以说很没面子，但坏事传千里，这个消息一下子在一夜之间传遍了全城的同行。大家没有想到的是，第三天的时候，郑堂竟然在家里办了十多桌酒席，邀请了全城的才子和字画行家相聚一堂。这一下全城有头有脸的人几乎都来了，有些人是来表示安慰的，有些人是看热闹的，有些人是幸灾乐祸的。

喝酒喝到一半的时候，郑堂取出了那幅假画，挂在大厅的中间，大声说："今天请大家来，第一是表明我的心迹，不管发生什么我还是要在字画行业上继续努力的。第二是希望大家能够一起看看假画，免得以后被骗子钻了空子。"

大家一一观看完之后，郑堂将这幅画愤恨地扔进了火炉说："不能留着假画害人。"郑堂烧画，一夜之间再次在全城造成轰动。

没想到第二天郑堂来到店里的时候，却看见了龚志远早已坐在那里，说是因为有事情耽误了归还银子。郑堂笑笑说："只是耽误了三天，没有关系，但是需要加收三成的利息，总共10400两银子。"

龚志远早就知道郑堂已经将那幅画烧了，所以一点都不害怕地说：

“没有问题，还请郑先生把画取出来。”郑堂进去取了画出来递给龚志远，龚志远将银两递给郑堂后展开画，正想要斥责郑堂时突然两腿一软，瘫在了地上。

你知道这是为什么吗？

28. 谈判高招

大家都知道日本经常从美国引进先进的技术再加以发展。一家日本公司最近也刚好在和一家美国公司进行技术协作谈判。但是，谈判开始后，当美国的谈判代表拿出大量的数据、项目和费用资料的时候，却发现日本谈判代表几乎一言不发，听到他们滔滔不绝的意见就埋头认真记录。问到日方代表情况的时候，他们只是回答“我们目前还没有那么清楚”“一些数据我们还不了解”这类的回答。于是第一次谈判就在这种混沌的情况下不明不白地结束了。

几个月之后，日本的公司以谈判代表不称职为由，重新派去一批新的谈判代表。但是这次的代表也没有比上次的好多少，对项目的准备还是非常不充分。因为技术水平相差太大了，这次谈判没有多久也结束了。

第三次谈判仍旧如此，美国人无法忍受日本人对待这个项目的态度，觉得自己受到了轻视。最后美国人下了最后通牒：如果半年之后，日本的这家公司仍旧是现在的态度，那么协议就取消。随后，美国解散了自己的谈判代表团，将所有的技术资料存档，想要等到半年之后再次进行谈判。

但是，美国人没有想到的是，几天之后，日本人派出了一个庞大的代表团，以出其不意的精确准备取得了谈判的最后胜利。

你知道这是为什么吗？

29. 火场救名画

德意志的路易皇帝非常喜欢收集各种名画，在他的皇宫里更是挂满了历代名家之作。有一次，皇宫里举行了一个有奖智力竞赛，路易皇帝受邀出一个题目。皇帝满意地看着自己珍藏的画作说：“如果我们德国最大的博物馆失火了，情况非常紧急，等待救火人员也不现实，现在只允许你抢救出一幅画，那么你会抢救哪一幅画呢?”

在这些参与者中，答案真的是五花八门：最贵的那幅画、最有名的那幅画这两种答案是出现次数最多的。但是路易皇帝只是摇了摇头，并不满意。

这时候，一个叫奥卡姆的人站了起来，说了一句话，路易马上点头赞赏，下令赐给他一大笔奖金。你知道奥卡姆是怎么回答的吗?

30. 一样的答卷

某班级进行了一场数学考试，这场考试是在绝对不允许考生作弊的情况下进行的，结果居然出现了两份一模一样的答卷。

如果这不是一种偶然现象，那么你认为这种现象会在什么样的情况下发生呢?

31. 连环诈骗

一天早上，湖北一个农副产品开发公司的陈经理办公室里来了一个大客户，他声称自己是广东一家公司的业务主管，边说边递上印有“王主管”字样的名片。一番客套话之后，王主管讲明了来意，说是想要购买4万条麻袋。

陈经理这两天原本就在为公司最近盈利减少的事情发愁，对于这种送上门的生意自然不会放过，就一口答应了下来。但是，当他询问公司的仓库管理员时，才发现公司库存的麻袋只剩下2000多条。经过和王主管再三商量之后，双方终于达成协议，由陈经理的公司负责组织货源，两个月之后王主管再来提货，每条麻袋的价格定在2.5元。两个人都觉得没有问题，于是当场签了合约。

虽然签了合同，但是陈经理除了喜悦还是有些担心，毕竟只是凭着一纸合同去组织货源还是存在很多变数的。王主管似乎看出了陈经理的担忧，所以从自己的皮包里取出了3500元钱作为定金交给陈经理。这下子陈经理放心了，他马上开始组织人员多方面协调麻袋货源，但是所联系的单位要么是价格不合理，要么就是库存不够。眼看着时间渐渐过去，两个月时间马上就要到了，陈经理开始着急起来。

就在这个时候，外省的一个贸易公司经理上门来洽谈黄豆生意，对方递上来的“可供产品报价单”让陈经理眼前一亮。麻袋一栏后面的数量竟然有6万条，每条的批发价格为2.2元。虽然价格稍微贵了一点，但是马上就可以转手，陈经理想了想还是觉得很划算。于是抛开黄豆生意不谈，直接和对方谈起了麻袋生意，很快双方现款现货，两天的时间，4万条麻袋就运进了陈经理公司的仓库里。

陈经理马上给王主管发去电报，催促他前来提货。但是发去的电报全部都被退回，原因是地址不详。派人前去广东打听，却无法找到签约的王主管所属的公司。陈经理这才发现自己是中了计中计，上当受骗了。

你看懂这个骗局是怎么回事了吗?

32. 免费赠品

15岁的哈利在一家马戏团做招揽顾客的工作，他非常聪明能干，所以马戏团的团长很喜欢他。但是哈利是一个既聪明又有志向的孩子，他不满足现在的状况，希望能够利用自己的智慧干出一些名堂来。

于是，他向马戏团的团长请求，允许他在招揽客户的时候在马戏团的门口卖炒花生米，并许诺自己可以招揽来比以前更多的客户。马戏团团长原本就喜欢这个爱笑的孩子，只是告诉他不要影响马戏团的收入，其他的都可以随意去做。哈利非常高兴，马上回到自己的屋子里开始炒花生米，很快花生米炒好了，哈利将花生米包成小包之后又特意在里面加了一些食盐，有些得意地笑了笑。然后带着这些香味浓郁的花生米来到了马戏团的门口。

“买一张马戏票免费赠送一包花生米，精彩的马戏表演，喷香的炒花生米，边看边吃，大家走过路过不要错过……”哈利大声吆喝起来。一会儿的工夫就吸引了一大群人，一些原本不看马戏的人看着有免费赠送的花生米也都赶来凑热闹。很快，马戏票兜售一空，花生米也都送了出去。

马戏团团长很奇怪地对哈利说："人家买马戏票你就送一包花生米，这不是赔本的买卖吗?"哈利却顽皮地一笑说："团长，这你就不懂了，要想马喝水，给它吃把盐。"

观众们看着精彩的马戏，吃着喷香的花生米，一会儿的工夫，花生米就都吃完了。你能猜到接下来发生了什么事吗，哈利真的在做赔本的买卖吗?

33. 失踪的士兵

三国时期魏国的军营里，一天，一个名叫窦礼的军士离营外出办事，一直没有回来。军中的司法官以为窦礼开小差逃掉了，便对窦礼进行了缺席审判、定罪。按当时的法律，窦礼的妻子和子女应成为官家的奴仆。

窦礼的妻子深知丈夫的为人，她根本不相信丈夫会做出这样的事情。她一次又一次地去州府告状喊冤，但可惜的是，没人相信她的话。她实在没办法，就直接去找当时魏国的司法长官高柔。

高柔是一个为官清廉、秉公办案的人，他耐心地听窦礼的妻子细述丈夫平日对母亲的孝敬，对邻人的关照。高柔心想：一个如此有责任感的男人，怎么可能弃家逃走、置家人于不顾呢?看来，这件事的确另有隐情。

高柔把几个和窦礼熟识的人叫来询问，印证了窦礼妻子所说的话，并且还发现了一条线索：就在窦礼失踪的前几天，一个叫焦子文的人曾向窦礼借过钱。窦礼曾向焦子文讨要，但焦子文未给。

即使焦子文有作案嫌疑，但由于没有证据，又没见到死者的尸体，将焦子文捉来审问，必定会打草惊蛇，这桩案子可能永远也无法真相大白了。那该怎么办呢?高柔深思熟虑后，想出了一个绝妙的办法破了此案。

请问，高柔是怎样破案的?

34. 鬼苹果

相信大家都觉得土豆是非常平常的一种植物，在世界各地都有普遍种植。但是，在17世纪的时候，土豆的种植在法国还没有推广，人们对这种植物怀有很大的警惕心，一些人看着它奇怪的模样甚至称它为“鬼苹果”。就连崇尚科学的医生们都认为，这种东西对人体的健康不但没有益处，甚至还存在着很大的害处。而农民们就更是认为即使只是种植，这种植物也可以让自己的土地变得贫瘠，因为它们会掠夺土壤的养分。

后来，法国一位著名的农学家安瑞先生去英国交流的时候，尝到了当地的炸土豆片，美味令人赞不绝口。而且，真正亲眼见证了土豆在英国的风靡之后，这位农学家暗暗下定决心一定要在自己的国家里推广土豆种植。但是回到法国的安瑞不管怎么规劝也无法说服自己家乡的任何人，大家虽然信服他的权威，但是对于这种“鬼苹果”还是敬而远之。

一天，安瑞因为他在农学发展上的贡献得以晋见国王，他趁机向国王要了一片非常贫瘠的土地。国王奇怪地问他需要这样的土地有什么用，安瑞回答道：“用来做农产品的实验。”

然后，安瑞开始自己在这片土地里种植土豆，但是为了使土豆的种植得到真正的推广，他再一次来到王宫请求国王借给自己一支卫队。他说：“尊敬的国王陛下，我在那片土地里种下了‘鬼苹果’，为了避免别人偷窃吃下去引起不好的后果，我想请求您借给我一支卫队来守护这个新品种。”

国王对安瑞非常欣赏，所以毫不犹豫地答应了他的要求。你知道安瑞向国王要了一支卫队的真实目的是什么吗？

35. 救命的水

有一个年轻的波斯王子在指挥军队与阿拉伯帝国作战的时候不幸被俘虏了。士兵们把他押送到国王的面前，因为战争还在继续，国王对波斯帝国十分生气，所以立即下令将这个波斯王子杀掉。

年轻的波斯王子立即装出一副非常可怜的样子说：“尊敬的国王陛下，我一路被押着过来，现在非常口渴。如果您能赏赐给我一些水喝，我就算死也没有遗憾了。”国王觉得这个要求一点都不过分，就点了点头让身边的士兵取了一碗水递给波斯王子。但是，年轻的王子接过水之后却并没有喝，反而左顾右盼起来。

“已经给你水了，为什么你还不喝？”士兵严厉地问道。

王子装作非常害怕地跪倒在地上说："我是在担心没有等到我把这碗水喝完，你们就会直接把我杀死了。"

国王看到波斯王子胆小的样子哈哈大笑起来："要知道我可是一国之主，自然是说一不二的，你放心地喝吧。在你喝完这碗水之前，我是绝对不会杀掉你的。"

王子听了后高兴极了，因为他知道自己得救了，于是他做了一个动作让国王不得不放过了他。

你知道波斯王子做了什么动作吗?

36. 上帝的特使

美国的第一任总统华盛顿，从小就天资过人，因此有很多关于他少年在家乡时的故事流传了下来。

华盛顿年少时他的邻居遭到了盗窃，损失了很多衣服和粮食。村长马上召集村民一起开会商讨破案的方法。大家七嘴八舌也没有想到破案的好办法。这个时候，年少的华盛顿把村长拉到一旁悄悄地说："我觉得从丢失的东西和小偷作案的时间上分析，小偷应该还在我们的村里。"

村长明白华盛顿肯定已经想出好办法了，就问："你有什么办法破案吗?"

华盛顿在村长旁边耳语一番，村长马上露出了了然的神情。等到晚上的时候，村长按照华盛顿的计策将村民们召集到广场上，说是华盛顿有一个故事要讲给大家听。那天晚上天气特别好，月光皎洁。华盛顿说："大家可能不知道，其实上帝在人间真的是有特使的，黄蜂就是其中的一种。你们仔细观察就会发现黄蜂有一双亮晶晶的大眼睛，有识别人间真伪善恶的能力，尤其是在月光灿烂的时候，黄蜂更是会飞向人间……"华盛顿讲到这里，故意停了一下然后大声喊道："哎，小偷就是他，就是他偷了普斯特大叔的东西，你们看，黄蜂正在他的帽子上打转，就要落下来了!"

人们听他这么一说马上开始纷扰起来，一个个都扭头观望着。华盛顿在一片混乱之中指着一个人大声说："小偷就是他!"小偷无法抵赖，只好认错了。

你知道这是为什么吗?

37. 木梳与和尚

有一家很有名的公司管理人员非常严格，因为这里给的工资很高，所以来应征的人非常多。但是职位只有那么几个，于是在每次招聘的时候，公司都会出一些奇怪的问题来考验应聘的人。这次，公司的经理更是召集了所有的应聘者，然后说："为了选出你们之中最有营销能力的人，我们本次的试题是，如果谁有办法把木梳卖给和尚，他就可以立刻被录取。"

我们都知道，和尚是没有头发的，自然也不可能会用到木梳。所以那些应聘者一听到这个问题都感到非常困难。很多人自动离开了。但是这家公司这么有名，自然有几个人留了下来，小张，小王和崔杰就是其中的三个人。

公司经理对留下来的人说："你们有十天的时间，不管你们用什么办法，完成把木梳卖给和尚的任务就算成功。"

十天的时间很快就过去了，原来留下的那些人大多都没有完成任务，只有这三个人回到了公司。

公司经理问小张："你卖了多少把？"

小张不好意思地说道："我只卖出去了一把。"

"你是怎么卖掉的呢？"经理又问。

"我带着木梳挨家寺庙去推销，但是很多寺庙的和尚还没有听我说完就把我赶出来了。后来，我好不容易遇到了一个老和尚，他非常善良，最后在我的苦苦劝说之下好心地买了一把。"小张一脸郁闷地说。

"可是老和尚要木梳没有用啊？"

"是啊，所以说他很善良，是为了安慰我才买下的。"

经理又一一询问小王和崔杰。

"我找到了一座很有名的寺庙，它建在高高的山上，每年虽然香客不断，但是由于山很高，山顶的大风将很多前来烧香的人的头发都吹乱了。所以我就和庙里的住持说，衣冠不整地拜佛，对佛祖不够尊重。不如买几把梳子放在香案前，让香客们可以先梳理好自己的头发再拜佛。"小王有点得意地说，"我卖掉了10把梳子。"

“那么你呢?”经理对小王点点头之后开始询问崔杰。

“我卖了100把。”崔杰淡淡地说。

经理感到非常惊奇，他高兴地问：“你是怎么卖的呢?”

“很简单，我也是找到了一座山上的名寺，上山的路上，我看到许许多多的香客，他们每个人都有着对佛虔诚的心，因此远远地赶来爬着山路前来拜佛烧香。这座山上有好几座寺庙，我选择了一个老住持书法很好的寺庙，对他说既然这么多人虔诚地来拜佛，如果能够回赠给他们一些小礼物作为纪念，他们一定会更加高兴，也更愿意推荐身边人来的。”崔杰说。

你知道崔杰说的这段话和卖木梳有什么关系吗?如果是你，你能卖出去多少呢?

38. 机灵的丽莎

一天，丽莎在做完了作业之后就想出去玩，可是却被姐姐米娅拦住了。爸爸妈妈因为有事出去了，晚上很晚的时候才能回来，临走的时候，特意嘱咐米娅不能和妹妹出去玩，并且一定要照顾好妹妹。很显然，米娅按照爸爸妈妈的要求做了。

但是，看到丽莎那着急而又不高兴的样子，米娅耐心地向妹妹丽莎讲了不能出去的理由。丽莎乖乖地点了点头。然后米娅又说：“丽莎，现在姐姐给你出一道题，如果你答对的话，姐姐不但让你看你最喜欢的动画片，还陪你做你最喜欢的游戏，如答错的话，你只能看动画片了。”

“快出题呀，姐姐!”丽莎高兴地说。

只见米娅迅速地拿了6只纸杯过来，放在桌子上面，一字排开，并将前3只纸杯子装满了水。紧接着说：“丽莎，看好了，这6只杯子当中，前面3只盛满了水，后面3只是空的。你能只移动1只纸杯，就将盛满水的杯子和空杯子间隔起来吗?”

没有想到，丽莎略微思考了一下，随后又动了一下小手，便将问题解决了。她与姐姐一起度过了一段快乐的时光。

你知道机灵的丽莎是怎样做的吗?

39. 火葬场怪事

城市北郊有一个火葬场，传说里面是很阴森恐怖的。那里的工作人员很少说话，总是阴着脸、弓着身子办事，不喜欢与人来往。

有一天，小偷托蒂打电话给他的朋友托马斯，让托马斯开车去他家，并带上他和弟弟一起去北郊的一座山。托马斯以为又来“生意”了，很爽快地答应了。托马斯很快就偷得了一辆轿车，开着呼啸地向托蒂家驶去。托蒂见托马斯来了，背上弟弟钻到车里，叫托马斯赶紧开车。

车经过火葬场的时候，突然莫名其妙地坏了，再也走不了。这时，一辆警车开了过来。于是，三个人下车，躲进了火葬场。没过多久，两名火葬场的工作人员把托蒂的弟弟推进了火葬场的大火炉并烧成了骨灰。而托蒂和托马斯却很高兴。没过一会儿，就回家了。

这究竟是怎么一回事呢？

40. 纪晓岚抓贼

这是一个关于纪晓岚的故事，说的是乾隆年间，有一个非常有名的神偷，最喜欢偷盗皇宫里的宝物。要知道皇宫可是守卫森严的，想要出入都很难，更何况是偷东西呢。但是偏偏这个神偷，出入皇宫来去自如，很是高明。

一天，皇上突然发现自己放在御书房的玉玺丢失了，于是龙颜震怒，下令立即在京城里搜捕这个神偷。但是三天之后，神偷没有抓到，玉玺倒是自己回来了。皇上并没有因为玉玺失而复得感到高兴，他想到这个神偷可以在皇宫里来去自如，偷点东西倒是没什么，但是如果做一些其他的事情，比如刺杀自己，那后果可就不堪设想了。于是他马上召集大臣们商量如何抓住这个神偷。

正在大家都在思考的时候，和珅站了出来说：“皇上，微臣有一计，可以抓住这个小偷。”

皇上急忙说道：“爱卿有计尽管说来。”

“这需要多方面的配合。第一自然是加派更多的御林军守护皇宫，第二加强宫内防盗机关，第三就是对出入京城的百姓进行盘查，以免赃物被带出京城。这样小偷就一定难以逃脱。”

皇上一听非常高兴，连忙传令下去让大家按照这个方法去做。但是过了半年多，神偷依旧自由出入皇宫，宝物接二连三地丢失。

有一天皇上和纪晓岚下棋，纪晓岚故意露了一个破绽给皇上，皇上怀疑他是有计谋的，一时之间竟然不知怎样落子。他叹了一口气说：“爱卿下棋果然高明，虚虚实实，但是不知道对于小偷一事可有妙计?”

纪晓岚不慌不忙地说：“皇上，按照臣的想法，也是从三个方面做，第一就是撤掉那些增派的御林军；第二将皇宫宝库上面的大锁全部拿掉；第三将放满宝物的箱子全部打开。”

皇上一听更加疑惑地说：“爱卿是聪明人，怎么办糊涂事呢?”

纪晓岚胸有成竹地说：“皇上知道下棋有虚实，这捉贼自然也有虚实，试试就知道了。”

皇上想了想，反正也没有更好的办法，索性就按照纪晓岚的方法去做了。没想到只用了5天的时间，神偷就被轻而易举地抓到了。

你知道神偷是怎样落网的吗?

41. 雕像的差别

从前，有一个名叫苏丹的国王收到了一份邻国国王的礼物，这份礼物就是三个外表、大小和重量都完全一样的金雕像，这位邻国的国王告诉这位国王苏丹，它们的价值是不一样的。其实，这个邻国的国王就是想拿这三个东西来试一试苏丹和他的臣民究竟聪明不聪明。

当苏丹接到这份不寻常的礼物时，感到十分奇怪，于是他把王宫里所有的人召集到一起，让他们把这三个雕像的差别给找出来。可是，所有的人围着这三个雕像看了又看，查了又查，却怎么也找不到它们的差别。

关于这三个金雕像的消息很快就在城里传开了，男女老少，没有一个不知道。一个被关在囚牢里的穷小伙子托人告诉苏丹说，只要让他看一眼这三个金雕像，他马上就能说出它们之间的差别。

于是，苏丹就把这个青年传进了王宫。这个青年围着这三个金雕像仔仔细细地看了一遍，发现它们的耳朵上都钻了一个眼。他拿起一根稻草，穿进第一个雕像的耳朵里，稻草从嘴里钻了出来。紧接着，他又把稻草穿进第二个雕像的耳朵里，稻草从另一只耳朵钻了出来。最后，他又把稻草穿进第三个雕像的耳朵时，稻草被它吞到了肚子里，再也出不来了。

随后，青年人就对苏丹讲出了这三个雕像的差别。

苏丹听了这个青年人的话后，感到十分高兴，他命人在每个雕像上写上它的价值，又把它们还给了那个邻国的国王。从此以后，苏丹把这个青年人从囚牢里放了出来，并把他留在身边，帮他解决疑难问题。

你知道这三个金像的差别在哪里吗？

42. 半决赛

保加利亚队和捷克斯洛伐克队之间正在进行着男子篮球赛的半决赛，离比赛结束只剩下 8 秒钟的时候，保加利亚队领先对方 2 分。而且发球权还是在保加利亚队手中，看起来他们赢定了。但是非常奇怪的是，保加利亚队的教练却一脸忧愁，对方的教练反而十分开心，这是为什么呢？

原来，在之前的比赛中，保加利亚队远远不如捷克斯洛伐克队，只有在本场比赛中赢得 5 分以上的优势才可以出线。但是，在最后的 8 秒钟，想要再得到 3 分是不可能的事情。

这个时候，保加利亚队的教练向裁判要了一个暂停，他利用这个时间向自己的两名队员讲了一个计策。

比赛重新开始了，只见这两个队员开球之后，将球迅速带往中场，于是对方的球队成员很自然地退回到自己的半场进行防守。但是，带球的保加利亚队球员却没有过半场，而是回到了自己的半场，轻轻一跳就稳稳地将球投进了自己的篮筐。同时，终场哨声响起，此球有效，保加利亚队送给了捷克斯洛伐克队 2 分，双方战平。

你知道为什么要送给对方 2 分吗？

43. 蝗虫之祸

宋代的时候，越州这个地方出现了一次蝗灾。成千上万的蝗虫集结在一起飞过，看上去就好像一大片乌云一样。大家知道，蝗虫是害虫，最喜欢啃食植物。因此，这些蝗虫所到之处，所有禾苗、树叶全部都消失了，连一点绿色都很难看见。这一年，整个越州是颗粒无收，老百姓都没有粮食可吃了。

这一年，担任越州知州的大人叫赵汴，对他来讲最大的问题就是整治蝗灾了。要知道，虽然这一年颗粒无收，但是越州这么大一个州，有钱的人家也不少，这些人家大都在丰收年间存下了很多粮食。可是，大家也知道，越是有灾荒，越是粮食少，粮食的价钱就越贵。老百姓本来就已经颗粒无收，哪里来的钱去买比金子都贵的粮食呢？

面对越州米价飞涨的情况，其他的官员沉不住气了，于是他们大家一起来找赵汴，希望他能够想出一个对策来解决这种情况。大家虽然议论纷纷，但是说起办法，还是和曾经一样，由官府贴出一张告示，不允许米价上涨。而且的确已经有州县贴出告示压制米价了。所以，大家的主要意思是催促赵汴尽快贴出告示，以免由于米价上涨老百姓们奋起造反。

但是，一直没有说话的赵汴却突然开口说："这次整治蝗灾，我有个想法，我们偏偏反着做，不但不去压低米价，还要出一张告示宣布米价可以随便上涨。"众位大臣一听全都呆住了，以为赵汴在开玩笑。但是赵汴很认真，大家也就无计可施了，毕竟人家官大一级，而且如果蝗灾治理不好，按理说斩首也不是斩自己的，所以虽然心里有所怀疑，大家还是按照赵汴的命令开始起草告示了。

告示贴出之后，不久，越州的米价果然降了下来，而且有很多米可以供百姓买。赵汴也由此得到了朝廷的嘉奖，你知道这是为什么吗？

44. 车上的提包

一辆公共汽车正在道路上行驶，突然，车上的女乘务员对大家说道："我捡到一个提包，里面有很多钱，请问这只提包是谁的？"

这时候，车厢里的乘客都面面相觑，没有人应答。过了好一会儿，一个衣着前卫的年轻人站了起来，非常有礼貌地说："您好，包包是我的，里面是我刚从邮局里取出来的稿费。"

女乘务员打量了一下小伙子，说："请你看清楚了，这只包是您的吗？"

小伙子停顿几秒，煞有介事地看了看提包，然后说："就是我的。"

女乘务员心中起了几分怀疑，便开包看了看，忽然说道："那么，这个提包里的那把手枪也是您的？"

"啊！有手枪？"小伙子惊慌失措道，"不是，它不是我的！"

这时候，车厢里的人都瞅着年轻人，年轻人羞愧地低下了头。

提包里真的有手枪吗？

45. 雪原惊魂

迪特警官刚刚破获一起大案，局里给他放一个星期的假。他来到一个度假胜地，这里远离城市，而且因为是冬季，满眼都是白色的世界。这里有一个大型滑雪场，还有很多天然湖泊，可供人滑冰和垂钓。

迪特最喜欢钓鱼。他安顿好之后，便带着自己的钓具去钓鱼了。他找了一个无人的湖泊，凿开一块冰后，开始专心致志地钓起鱼来。天气确实很冷。为了避免凿开的冰面又很快冻上，迪特在冰上支起了一个小帐篷。就在他为钓上第一条鱼而兴奋时，帐篷外传来了呼救声："来人啊！救命啊！有人落水了！快救命啊！"迪特已顾不上他的鱼，迅速钻出帐篷。他看到一个男子正向他这边跑来。迪特跑上前去，问男子怎么回事。男子说："我和一个朋友在一个湖上滑冰。他越滑越远。我告诉他不要往湖中心去。他却说冰厚，没有关系。可是，他还没到湖中心，就掉了下去。我想跑过去救他，可还没接近他也掉进冰里。我好不容易爬上来，可怎么叫他，也没有了回音。于是我就跑来叫人了。"

迪特看着眼前的这名男子，他全身湿透，衣服上的水还在往下滴。

"你跑过来大概多长时间？"

"差不多有20分钟吧。一路上没有见到一个人，现在可算看见你了，你想办法救救他吧。"

迪特注视着他，说："不用去救了，我想你的朋友已经死了，而杀死他的凶手就是你！"

那人一听，刚想跑。迪特上前一步，把他摁倒在地。

迪特警官是如何判断的呢？

46. 杨树作证

贝利要出国办一件很重要的事情，可能要去很长时间，于是就把家里所有贵重的珠宝都放在一个首饰盒里，寄放在好友莎拉那里。

6个月后，贝利出差回来。他来到莎拉家，想取回自己的珠宝盒子，可莎拉说："什么盒子？我从来没有听说过呀？再说，这么贵重的东西你怎么可能放在我家呢？"

"你……你……大概半年前，我不是把一个珠宝盒交给你了吗？就在那棵大杨树下。"

"什么大杨树？我从来没有到过那里。"

贝利见此状后明白，莎拉想要赖账，所以他请了艾尔玛探长前来帮忙。

莎拉见到探长后还是说："我真的不知道他所说的盒子是什么。"

探长便问贝利："你还记得在什么地方把盒子交给她的吗？当时还有别的证人吗？珠宝有没有清单？"贝利把清单的副本交给探长，然后说："我给她首饰盒子时，旁边没有其他人，不过，我是在一棵大杨树下给她的。"

过了一会儿，探长命令一位办事员："你去那棵树下，告诉那棵树，我要它来这里作证。"

等了好久，那个办事员还没回来，探长不耐烦地说："这办事员真是会耽误时间。莎拉，那棵树离这有多远？"

"探长，还早呢！那棵树离这里有五里地远呢。"莎拉说道。

探长说："哦，原来是这样子啊，那我们就没有必要请杨树来作证人了，我判定就是你拿了那个盒子。"

探长是凭什么判断莎拉拿走了珠宝盒呢？

47. 扭亏为盈的广告

在东部的一座城市里，一家海洋馆开张了，门票50元一张，很多人都觉得价格太贵而不去参观。海洋馆开馆一年，参观者寥寥无几。

投资商眼看回收资金无望，又急于用钱，只好以超低价把海洋馆转让了，洒泪回到了北方。新东家接管海洋馆后，在电视和报纸上打出了一则广告，之后几个月，来海洋馆参观的人络绎不绝，亏本的海洋馆开始盈利了！

海洋馆究竟打出了什么广告呢？

48. 冰下少女案

某个深冬的夜晚，几个好朋友正在屋里玩着纸牌赌博。

“着火了！”突然，外面传来了惊悚万分的喊叫声。他们放下手中的牌一同朝声音的来源处跑去。

消防车还没有来，现场只留下了刚才发现着火的那个保安员，他手里拿着一瓶灭火器正惊慌失措，不知如何是好，赶到现场的几个年轻人马上行动。

“快取消防水来，附近就有！”

“恐怕水都冻上了！”

“管他呢，去看看再说。”几个人一起跑向消防水槽，水槽里的水果真冻上了。水下躺着一个人，一个年轻少女赤裸地沉尸于水面下。

其中的一个人立刻破冰将尸体抱出来，女孩应该是被杀死后再投进水里的。此时传来了消防车的笛声。

北海道检察院的揪过检察官来到了现场。

“揪过先生，从作案概率看，凶手就住在这栋公寓里，而且肯定是甲田和乙川中的一个。”一个警员说道。

“两人在那个时间段都在玩牌啊。”另一个警员补充道。

“是的，他们都曾出去过，甲田是着火前一小时，乙川是着火前十五分钟。据二人自己说，虽然外面天气很冷，但因玩牌玩得很热，所以到外面去呼吸了新鲜空气，不过很快就回来了。这一点其他在场的人可以作证。尽管如此，杀了女孩再把衣服脱光扔进水槽中，时间是足够的。”

“两人都有作案动机吗？”揪过检察官问道。

“是的，两人都和死者认识，甲田是被害者的男朋友，乙川是被害者的前男友，而乙川目前正在同其上司的女儿谈恋爱，说不定被死者握有什么把柄也未可知。”

“嗯……凶手是乙川。如果杀人前，需要在放火定时装置上做些文章的话，那提前一个小时出去就不行了，所以不会是甲田。”

“检察官先生，你觉得是凶手放的火吗？”

“面对起火事件，大家都会手忙脚乱，惊慌失措，能这么理智地想起用消防水的以及破冰将尸体抱出来的恐怕都是乙川吧？这难道不是想让世人快点发现死者吗？你身上带着纸火柴了吗？”

警员拿出一盒纸火柴递给揪过。揪过点了支香烟，去掉过滤嘴，再将烟无火一端置入火柴杆与火柴盒之间，转眼变成了灰，大约半刻钟后，啪的一声火柴盒烧了起来，起了很高的火苗。“这样你就明白了吧，火灾现场应该会有这种火柴的灰烬的。”

“可是我不明白，如果乙川杀了人，弃尸时水槽应该还没有结冰，为什么十五分钟尸体就被冰封在下面了呢？这一点在法庭上是会被当作漏洞，而且站不住脚的呀！”

揪过检察官只是充满自信地笑了笑。

你知道乙川用的什么方法吗？

49. 知府的妙招

宋朝时，沧州府出了一个穿一身黑衣、骑一匹黑马的大盗。只要是富商，都不可避免地被他劫杀。而这名大盗行踪极为诡异，作案后不留下任何线索，这让沧州知府非常挠头。沧州知府三番五次地派捕快去捉拿大盗，但都无结果。

皇帝听说此事后，一气之下，革了这个知府的职，然后派了一个叫罗素林的官员任沧州知府。这个罗素林异常聪慧，曾破过不少疑难案件。他的到来，让沧州的百姓安定不少。

罗素林到任三天后，就捉住了大盗。

请问，罗素林用的是什么办法？

50. 硬币的价值

美国前总统加菲尔德小时候是个性格内向的孩子，因为十分害羞，所以很少与人交流，身边的人都认为他的智力有问题。曾经有一个人故意在他的面前扔下一些五分的硬币和一毛钱的硬币，想要看看他的反应。就像大家所预测的那样，小加菲尔德总是将那些五分的硬币捡起来，而对于面值更大的一毛钱硬币却看也不看，人们就都哈哈笑着叫他小傻帽。

这个事情一传十，十传百，越来越多的人带着好奇心前来测试，他们在小加菲尔德的面前扔下面值不同的两种硬币，每一次小加菲尔德都只选择小的五分硬币。于是，人们真的认为这个小孩子的智力一定出了问题。

有一天，一个满身华丽打扮的贵妇人在多次尝试之后，终于带着同情心温柔地问小加菲尔德："你为什么每次都只捡起五分的硬币呢，难道你不知道它们哪个大哪个小吗？"

"当然知道。"小加菲尔德冷淡地回道。

既然加菲尔德知道，为什么他还要每次都选择五分的硬币呢？

51. 无所不知的女子

古时有一女子，她不但智慧过人，而且貌美如花，见过她的人，几乎都为她倾倒。虽然向她示爱的男子中不乏优秀者，但都被她委婉地拒绝了。这个女子在家门上贴了一张纸条，上面写道："若有哪名男子向她提出问题，而她答不出来，那她就心甘情愿地嫁给他。"这张纸条刺激了许多优秀的男子，他们纷纷向女子提问，可是都让她一一化解了。

几个月后，一个男子向这个女子提出了一个问题，让女子张口结舌，根本无法作答。

就这样，这个才貌双全的女子嫁给了这个男子。

请问，这个男子提出了一个什么问题?

52. 对号不入座

商父是宋朝时期大名鼎鼎的临城县县令，以公平公正、断案奇准著称。

某天，黑风大盗被商父抓住了，这个大盗自知在劫难逃，但是想在临死前捉弄一下商父，来场智慧博弈。于是，一个坏主意开始在他脑袋中滋生。

县衙里有个出名的贪婪狱吏，叫秦鬼，此人异常凶狠。他经常收礼受贿，哪个罪犯家属若不送好礼给他，他便对那个犯人拳脚相加。

这天，秦鬼巡查大盗黑风的监牢，黑风忙凑上去对秦鬼说道：“我没几天可活了。我想送你一样礼物，就怕你不敢要。”

“什么啊？快说吧。”秦鬼一听大盗要送礼物，眼巴巴地瞅着大盗。

“这财宝不在我这，但会有人给你送来。”

“谁会送来?”

“别急嘛，事情是这样的。”黑风瞅瞅外面没人，说道，“那笔财宝都放在富户人家里，你给我一个富户名单，我就叫你收到那些财宝。”

秦鬼并没有明白，又问道：“真的吗?”

黑风看秦鬼那副贪婪的样子，心里暗自开怀，但还是一副不苟言笑的严肃模样，说：“老爷再问案时，我就供出这份名单，说他们窝藏我的赃物，到那个时候，他们一定会死不认罪，这样，他们就会被送进监牢里，由你来看管。你想，他们有的是钱，一定会给你送礼，让你好好照顾他们的。”

“太棒了！”秦鬼乐得美滋滋的。他很快开了个名单，递给黑风说道，“好，得到宝贝后，我一定给你买好酒好肉来犒劳你。”

“小弟定当效力，以后还望哥哥多多照顾小弟。”黑风目送秦鬼走后，禁不住大笑出来。

数天后，商父开始审理黑风盗案。商父发现，黑风也许早知自己结局，所以什么都不怕。商父望着黑风问道：

“赃物现在都在什么地方呢？”

“都藏在我的那些窝主家里。”

“他们是谁？”

“李廷、刘功、王璐……”黑风一下子念了七八个名字。商父觉得自己舒了口气，暗自庆幸这则案子审得顺利。但他转念一想，鼎鼎大名的黑风怎么可能就这么老实交代呢，一定有诈。终于，他想出了解决方案，并叫随从把那些黑风说的人全部抓来。

第二天一大早，官兵把那些“窝主”逮到了大堂上，这时，商父并没有审问这些人，而是让他们跪在大堂上等候。一会儿，大盗黑风也被带了进来。商父指着这些“窝主”，只对黑风说了几句话，黑风就蔫了，只得说出真相。于是，商父便把那些无辜的人释放了，将秦鬼革职并重打八十大板。

商父究竟是如何逼迫黑风说出实情的呢？

53. 起诉的地点

露丝小姐因车祸失去了双腿，撞伤她的是美国某汽车公司制造的汽车。法庭上，尽管有三个目击者证实：虽然卡车司机踩了刹车，但汽车没有停住，而是打了个转，把人撞倒了。但该汽车公司的律师马斯洛利用警方所掌握的刹车痕迹等证据，巧妙地推翻了这些目击者的证词。而露丝却说不清是自己在冰上滑了跤，还是被卡车后部撞倒的，她只知道自己被卷进了卡车底下，碾碎了双腿。就这样，露丝败诉了。

大名鼎鼎的康奈尔律师从媒体上得知这一消息后，决定无偿为露丝辩护。

康奈尔在调查了一系列案卷后发现，露丝被撞并非个案，在过去的两年多时间里，类似的案件发生了多起。经过咨询汽车专业人士，他终于知道了汽车撞人的原因：汽车的制动系统存在问题。

康奈尔找到马斯洛，告诉他：“如果你们承认车祸是由你们产品的缺陷所致，赔偿给这个可怜的孩子100万美元，我们就不准备起诉。如果你们拒不承认是你们的责任，我们将向法院起诉，索赔 200 万美元。”马斯洛考虑了一会儿，然后说：“好吧，不过，最近一段时间我要去东京，大约半个月以后回来。回来后，我们再就具体的问题进行商谈。”

半个月后当康奈尔再次和马斯洛联系时，马斯洛不是推托，就是逃避，不与康奈尔正面接触。康奈尔立刻意识到马斯洛这样做的目的。原来，诉讼期限马上就要过了。等过了诉讼时间，即便康奈尔找到了证据，法院也不会受理。康奈尔为自己的失误后悔不已。

这时，马斯洛打来了电话，电话中传来马斯洛得意的笑声：“诉讼时间今天已经到期了，即便你手中握有证据，也无法起诉。”康奈尔气得直发抖，他抬头看了看墙上的钟，已经是下午 4 点了。如果向法庭提起诉讼，必须在 5 点之前，显然已经来不及了。

这时，康奈尔想出一个对策，不但成功地将该汽车公司告上法庭，而且还为露丝赢回了 200 万美元的赔偿金。

请问，康奈尔是如何做到的？

54. 寇准巧断案

北宋时期，当寇准还在某地任县令时，遇到了一件棘手的案子。

这天，寇准刚升堂，就听见有人击鼓喊冤。寇准定睛一看，见一个农夫和一个商人来到公堂。寇准让二人叙述事情的经过。

农夫说：“我从商人家门前经过时，不小心踩死了他家的一只小鸡，我开始认为这不是什么大不了的事。不料，商人却蛮不讲理，让我赔他 600 文钱，说家里的鸡都能长到六斤多，按市场价格计算，一斤一百文钱。”

商人辩解说：“我做得并不过分，如果不相信，大人可以去我家看看，哪只鸡不是 6 斤多。我只是按市场价格要求他赔偿，这并不过分。”

面对商人的强词夺理，你知道寇准是怎样处理的吗？

55. 宋太祖妙计

宋太祖在位的时候，南唐后主李煜派能言善辩的徐铉带人到大宋进贡，虽然当时南唐国力远远不如大宋，但是李煜这种做法明显就是想证明自己手下的能臣比起大宋的臣子更有能力。因为按照当时的规定，徐铉在入朝觐见的时候会有一名大宋朝廷的大臣陪同。而朝中的大臣早就听说过徐铉，认为自己的辞令都比不上徐铉，所以谁也不敢担任陪同之人。

这件事情最后被宋太祖知道了，出乎所有人意料的是，太祖命令大臣找来10个不识字的侍卫，从其中随便点了一个人说："这个人可以。"在场的大臣都非常吃惊，但是因为太祖已经下令谁也不敢反驳，所以只好让这个什么情况都不知道的侍卫去陪同徐铉。

徐铉见了侍卫，并不知道他在朝中的真实身份，只是料定对方必然来头不小，因此就故意滔滔不绝地发表了一通言论。但是侍卫却一句话都接不上，只是连连点头。徐铉这下子却有一点摸不着头脑了，只觉得对方深不可测，只好硬着头皮继续讲下去，越讲越高深。但维持了几天的时间，侍卫除了点头还是未曾发表过任何见解。徐铉感到无从入手，也就不再说话了，只得承认大宋朝廷人才济济，非南唐可比。

你知道为什么一个不识字的侍卫可以胜过博学的徐铉吗?

56. “银子”和“银”字的区别

清朝道光年间，杭州知府为官清廉，更为重要的是，他断案如神。不论是怎样棘手的案子，一经他审理，马上就能找出真相。

一天，从外地来了几个游客，住在杭州城的一家客栈中。由于是上午到的，几个游客休息了一会儿后，便结伴去游西湖。但由于几个游客带了不少的银两，放在客栈的房间里不放心，于是便寄存在客栈老板那儿。客栈老板见袋子里放着白花花的银两，顿生歹意，便将袋中的银子换成了铜钱。

几个游客回来后，便向客栈老板索要他们的银两，不料，客栈老板却说："本来就是铜钱，你们想合伙讹诈吗？"

几个游客恼羞成怒，将客栈老板告到了杭州知府那儿。杭州知府听完众人的叙述后，了解了事情的来龙去脉。杭州知府清楚，既然是来旅游观光，肯定会多带些钱，仅带些铜钱根本不够花销。但由于没有有力的证据，这让他颇费了一番脑筋。

然而，杭州知府毕竟聪慧，他沉吟了一会儿，马上想出了解决之道，顺利破了案。

请问，杭州知府是怎样解决这个问题的？

57. 巧法分财

清朝时，浙江绍兴两兄弟为争财产而起了纷争。事情大致是这样的：两兄弟的父亲原来开当铺，挣得不少家产，当他看到大儿子不是做生意的材料，小儿子还年幼，于是，就关闭了当铺，在家里养老。眼看自己的日子不多了，父亲便对大儿子说："等你弟弟长大成人后，将家产分一半给他。我这儿积攒了 600 两银子，以后你也分一半给他。"不久后，老父亲便过世了。

几年后，弟弟长大成人，娶了妻。哥哥把所有田地房屋都平均分了，唯独不提银子的事。弟弟向哥哥要银子，哥哥不认账。弟弟找来族长，但哥哥还是不承认有银子这事。没办法，弟弟只好将哥哥告到了县衙。

当时担任县令的是文庭雨，他是一个善破案的清官。文庭雨听了弟弟的诉说，感到此案有些棘手，由于他们的老父亲并没有留下遗嘱，如果哥哥拒不认账，很难做出公正的裁决。但文庭雨毕竟是一个善破案件的人，仔细一想，就想出了一个好办法，成功解决了此案。

请问，文庭雨是怎样解决此案的？

58. 县令的智慧

北宋年间，沧州府有一个地主为富不仁，给他打长工和短工的人，都拿不到应有的报酬。久而久之，人们都不愿意给他打工。

但地主家的土地多，需要人给他耕作。怎么办呢？地主想出了一条妙计，招聘聋哑人替他干活，地主向聋哑人承诺，每日定额发放工钱。

但一年过去了，工人们都未领到一分钱。工人们一气之下，报了官府。

在公堂上，聋哑工人“诉说”着案情，但县令根本不知道他们在说些什么，因此也就无法做出裁决。可聪明的县令想出了一招，不仅知道了案情，还让哑巴们都得到了工钱。

请问，县令用的是什么方法？

59. 圆珠笔改进

1938年，匈牙利人发明了圆珠笔，一时风行。但是由于漏油的毛病，这种笔在流行了一段时间之后就渐渐被人们废弃了。1945年，一个美国人发明了一种新型的圆珠笔，但是也因为漏油没有得到广泛的应用。

圆珠笔漏油的缺点成了它发展的阻碍。很多人都从常规的角度思考，希望从圆珠笔漏油的原因处找到解决办法。其实，圆珠笔会漏油原因很简单，一般来说写了两万字以后圆珠笔的笔珠就会受到很大磨损，然后弹出，圆珠笔的油墨就会流出来。

所以很多人都尝试着增加笔珠的耐磨性，他们投入了大量的人力和财力，甚至采用了不锈钢或者宝石来制作笔珠。果然，耐磨损性的问题解决了，笔芯内部与笔珠接触的部分又会被磨损，还是会漏油。

正在大家一筹莫展的时候，日本的发明家中田藤山郎竟然非常巧妙地解决了这个问题，而且只用了极低的制作成本。你知道他是怎么做到的吗？

60. 农夫宰牛

宋代的包拯早年做过天长县的县令。有一次，县里发生了一个案件，有个农夫夜里把耕牛拴在牛棚里，早上起来，发现牛倒在地上，嘴里淌着血，农夫掰开牛嘴一看，原来牛的舌头被人割掉了。这个农夫又气又心痛，就赶到县衙告状，要求包拯为他查出割牛舌的人。

这个无头案该往哪里去查呢？包拯想了一下，就同告状的农夫说：“你先别声张，回去把你家的牛宰了再说。”

农夫本来舍不得宰耕牛，按当时的法律，耕牛是不能私自屠宰的。但是一来，割掉了舌头的耕牛也活不了多久；二来，县令叫他宰牛，也不会犯法。

农夫回家后，立刻把耕牛杀掉。想不到，农夫把牛杀了，居然抓到了凶手。

请问，包拯为什么要这样做？

61. 旅馆奇招

有一家非常有名的旅馆，因为装修很漂亮，房间里摆放的东西都非常别致而受到大家的喜欢。但是，也正是这个原因，这个旅馆里的一些物品经常会被一些客户顺手牵羊。旅馆的主人一直非常苦恼，不知道用什么办法解决才好。他只能让自己的服务员在客人到前台结账的时候去查看是否有东西丢失，但是客人们在前台等待都觉得非常耗费时间，而且被人查看也很没有面子，所以这家旅馆的生意逐渐开始转差。

旅馆的主人召集了自己的员工一起开会，希望能够找到更好的办法来制止顾客顺手牵羊，又不会伤害顾客的面子。

正在大家苦思冥想的时候，年轻的主管说道：“既然顾客这么喜欢，我们就让他们带走好了。”

旅馆主人一听非常生气地说道：“这些东西都是需要成本的，这样的话我们岂不是会损失很多？”

没想到年轻人胸有成竹地解释道：“让顾客带走也不代表着一定会损失，既然顾客那么喜欢，我们不如就在每件物品上标上价格，说不定这样做的话我们反而还会增加收入呢。”

大家听他这么一说，就都明白了，于是按照他的计划实施起来。不久，这家旅馆多出了很多东西，比如当地的一些特色小装饰品、精美的桌布等，不但整个旅馆里外一新，而且还解决了顾客顺手牵羊的问题，生意也越发红火。

你知道这是为什么吗？

62. 解雇书之用

大作家马克·吐温过去其实只是《密苏里州报》报社的一名小雇员。而且他在报社工作的时间里，因为自己思维非常独特又不会变通引起了主编的不满。这位主编亲手写了一封解雇书给马克·吐温。马克·吐温收到解雇书一看，大概是因为主编很生气，所以整封解雇书除了主编的签名其余部分都非常潦草。他好好地收起了这封解雇书，然后没有争执，收拾了自己的东西就离开了报社。

过了很多年，马克·吐温因为《黄金时代》这本书的出版，成了美国人人皆知的现实主义作家。当年的主编非常后悔自己曾经写了一封解雇书给这位大作家，所以一直希望能够有机会好好地向马克·吐温解释一下。正在主编觉得自己找不到机会好好道歉的时候，马克·吐温竟然主动地回到了报社找到了主编。

“主编先生，我是特意来向您表示感谢的。”马克·吐温非常热情地对主编说。

“谢谢？”原本心里就非常不安的主编听到马克·吐温这样说，就更加不知道怎么办了，就小心地问道，“我当年解雇了您，一定给您造成了很大的伤害，我非常抱歉。您从这里离开之后，生活得还好吗？”

马克·吐温高兴地说：“非常好！因为主编先生您亲自给我写了一封推荐信，所以我找到了一份比这里还要好的工作。”

“推荐信？”主编更加奇怪地问道，“我只是写了一封解雇你的通知书啊。”

你知道这是怎么一回事吗？无中生有的推荐信是从哪里来的？

※　※　※

答　案

1. 借驴找骡

原来老人再次来到王宫之后，国王便命令手下牵着毛驴随老人回到最初遇见陌生人的地方，然后在这里将毛驴放开。毛驴饿了整整四天，又非常熟悉回家的路，自然就飞奔回家了。官兵们跟随着毛驴就找到了陌生人的家，而老人的骡子自然也在这里。国王并没有派人搜捕陌生人，而是选择了迂回的办法，利用和陌生人有关系的毛驴寻找他，实在是再聪明不过了。这下你知道迂回思维的奇妙了吧？

2. 筷子风波

后来服务员亲切地走到外国客人身旁，用英语礼貌地说："先生，我们发现您在用餐的时候对我们中国的景泰蓝筷子很感兴趣，非常感谢您对中国工艺品的欣赏。为了表达我们的谢意，我代表我们酒店将一双制作精美的景泰蓝筷子送给您，这是装筷子的小匣子，请您一并收下。我们将按照酒店的规定以优惠价格记在您的账单上，您看可以吗？"客人一听就明白了服务员指的是什么，马上借着这个台阶说："真是不好意思，刚刚多喝了点酒，竟然把筷子放到包里了。"于是他把筷子放在餐桌上，拿着小匣子走向付款处去了。大家都笑了笑，好像这只是一次再平常不过的对话一样。"送匣子"还筷子，这种迂回的方法很是巧妙吧？

3. 一个小动作

农夫的妻子针对地主贪财的心理想了个办法：农夫把一篮鸡蛋悄悄放在地里，当地主放了鸡过来时，他提起篮子，做个拣起最后一个蛋的动作，然后匆匆地往家里走去。地主虽未看清，但估计是自己的鸡在那里下了蛋，非常后悔，再也不把鸡赶到农夫的地里去了。

4. 讨厌的狗吠声

因为这两位邻居互相交换了住房。存在搬家一定要搬到远方这种既成想法的读者，首先要从常识的范围内挣脱出来。舍弃这一类盲点后，才能产生不寻常的构思。

5. 诚实的小贩

既然数目不符，那这个人就不是失主，和林可以拿回这些银两。

6. 药片的取法

非常简单，只要把瓶塞按到药瓶里面去就可以取出药片了。

7. 猫与古董

农夫回答的是：“对不起，我不能送给您，因为我每天都是依靠它才卖掉我的小猫。”其实在古玩商的骗局开始之前，聪明的农夫早就已经设好了这样一个局，可以说是愿者上钩。农夫的原本目的就是要卖猫，却并没有直接打出卖猫的牌子，而是用古董小碟子来作为诱饵。

8. 最好的裁缝

原来这块招牌非常巧妙地写着：“这条街上最好的裁缝。”裁缝的儿子聪明就聪明在没有按着两个裁缝的模式不断地寻找更大的词汇，而是利用逆向思维，反方向思考，从小出发，利用这条街来做文章。不管在全巴黎、全国是否最好的，只要是这条街上最好的，就可以吸引这条街上的顾客了。

9. 换票之后

原来那个去了华盛顿的小伙子现在已经变成了一个靠捡破烂和乞讨维持生活的人了。这就是两种不同思维造就的两种不同的命运，起点都是相同的，一个人只能想到眼前的利益，羡慕华盛顿生活的容易。一个人却懂得迂回思维，一个精明的城市，一个处处收钱的城市，那么自己也能成为发财的那个人。迂回地想问题，有时候看起来是舍近求远，但更多的时候会让自己拥有更为长远的目光，为自己赚来更加光彩的人生。

10. 谁能胜出？

原来这个稽查人员就是雇员丙。他用自己剩下的500日元买了袖标、玩具手枪和络腮胡子，然后在自己美美地休息了之后，“收缴”了前两个雇员的钱。这是竞争时代迂回思维的奇妙效果，越是竞争，越是要出其不意，而且要懂得，最好的一种获胜的方式就是吃掉对手。迂回思维虽然不是常规的思维，但是在竞争中胜出的往往都不是常规的。

11. 102岁的小孩子

胡恬见到县官后，县官问他多大，他说自己102岁。县官大怒。他解释说，他10岁，他爸爸31岁，他爷爷61岁，加在一起就是102岁。当县官呵斥他为何将三人的年龄加在一起时，胡恬仅问了县官一句：那你为什么将旱田的收成和水田的收成加在一起呢？县官顿时哑口无言。

12. 纪晓岚逸事

纪晓岚将仆人都关进一个屋子里，并告诉他们，黑屋子中的镜子是传说中的照妖镜，每个人都要摸一下，只要摸了，偷窃者立刻就可以被辨别出来。

原来，纪晓岚在这块镜子上涂了黑灰，偷窃者听了这话，当然不敢摸镜子了。当仆人走出黑屋，大多数的人手中都留下了黑色的印记。只有一个人手很干净，他就是偷窃者。

13. 海关的漏洞

琼妮料到海关一定认为皮手套这次会和上次一样成捆地进入海关，到时候只要发现它们都是右手的就可以。但是琼妮没有这么做，她准备了2500个包装盒，每个包装盒装上两只手套，这样海关就不会仔细排查，而自然而然地认为两只手套就是一副了。所以没有排查这批货，这批手套得以顺利过关。就这样，她利用迂回思维省下了一大笔钱。

14. 海瑞断案

其实海瑞这是利用了逆向思维来判断的。试问，如果捉贼的不如贼跑得快，那必定追不上，抓不住贼。所以，跑得慢的肯定是贼。

15. 铜钱朝上

这位将领告诉狄青，可以在与敌人交战之前，给士兵们以此战必胜的心理暗示。具体的做法是，手持百枚铜钱，对士兵说："此次为最关键的一次战役，胜负难料，现在我祈求上天，如果我们能赢，铜钱的字面朝上；如果输，字面朝下。"狄青扔了一百枚铜钱，全部都字面朝上。士兵们情绪高昂，纷纷要求上战场杀敌。这一仗宋军大胜。

其实，狄青早就将铜钱的两面都写好了字，无论是哪一面朝上，都是字面。

16. 国王的第一双鞋

小女孩将两只皮口袋拿出来对国王说："尊敬的大王，您只要将这两只皮口袋穿在自己的脚上，就再也不会被木刺扎到脚了，而且不管您走到哪里，这只皮口袋都会好好地保护您的脚。"国王穿上之后走了走，果然十分舒服。于是他便下令将那些铺在街上的牛皮全都掀了起来，做成了成千上万只皮口袋分发给所有的人。于是，大家一定也猜到了吧，这种皮口袋被不断做成各种各样的样式，就变成了今天我们所熟悉的鞋子。从相反的角度考虑问题，既然无法在所有街道上铺满牛皮，那么就在面积比较小的脚掌上铺上牛皮，这就是逆向思维解决问题的奇妙之处。

17. 小油漆工智斗贪心财主

孩子只是说了一句："我在给家具上漆的时候，也顺便给你的这块样本上了漆。"小气财主坚持说不一样，现在听到这样的话，又有那么多人围观自然没有办法再狡辩了，只好认输了，乖乖地付给孩子3倍的工钱。对待那些狡猾又小气的人，我们一定要像故事中的孩子一样利用迂回思维反败为胜。

18. 变废为宝

裴明礼这样做的原因是为了借助大家的力量来填满这个大水坑，毕竟命中的人不多，但是尝试的人很多，那些无法命中的石子啊、土块啊自然就通通掉到后面的大水坑里去了。不久，这个水坑就变成了平地。变成了平地之后，这块地就和其他地一样可以在上面建造牛舍、羊圈，再出租给过路人使用。你猜到了吧？这样并没有结束，裴明礼这么会经商的人，选择经营牛舍和羊圈也是有原因的，因为那些堆积如山的牛羊粪便再次成了宝贝，将它们卖给农民，用作化肥，就又赚了一笔不少的钱。有了钱就再进一步发展，可想而知，不久他就成了一个大富翁。废地变宝，还源源不断地生钱，这招借力而为是不是很灵活呢？

19. 贷款1美元

其实犹太富商到这个城市只是为了处理一些事情，他听说这个城市的治安不是很好，随身携带这些贵重的物品让他觉得很不安全。但是租用一个银行的保险柜需要花很多钱，而贷款1美元却只需要付出很少的钱就能将这些物品送入保卫得非常好的银行。犹太富商没有直接思考保存的问题，而是借着贷款的方式达到了自己的目的，可以说是一条妙计。都说犹太人非常聪明，这下子你知道为什么了吧？

20. 是熟鸡蛋吗？

原来，只要把鸡蛋原地转一下就能分出鸡蛋的生与熟了。煮熟的鸡蛋是固体，转起来速度较快。而生蛋里面是液体，相对蛋壳转动速度较慢，在蛋壳内壁和蛋清面之间形成一个阻力，这个阻力会使生蛋旋转速度变慢而停下来。

21. 哪个才是最准的天平？

农民告诉法官，自己每次从面包师那里买来面包后，就放到自己的天平的一边代替砝码，然后再在另一边放上刚好相等的黄油。所以，如果自己这个天平不准确的话，那么也是因为面包师首先缺斤少两。农民早就发现面包师少给分量，但是却默不做声，而是绕了一个圈子用这种方式来达到公平的交易。法官一听自然就明白了，而面包师听到这个答案也无话可说了。

22. 纪晓岚吃鸭风波

纪晓岚原本就十分聪明，最擅长的就是不走寻常路。所以，他没有绞尽脑汁地去想如何吃掉 100 只鸭子，而是向另外一个方向努力，就是让 100 只鸭子消失。于是，他第一天杀掉了 30 只鸭子，将这些鸭子剁成肉丁喂给其余的鸭子，第二天又杀掉 20 只，喂给剩下的鸭子吃，第三天杀了 15 只，等到第十天的时候，除了一只鸭子，剩下的鸭子都被鸭子吃掉了，所以纪晓岚就把这最后一只鸭子杀掉饱饱地吃了一顿。这种突破常规的方式往往比较迂回，但是我们要知道原本这个问题就是很复杂的，所以迂回地解决才是更好的办法。

23. 买噪声

三个年轻人听老人这么一说立即火了，其中一个人大声说："两毛钱？我们才不会为了两毛钱天天到这里给你表演呢，不干了！"说完三个人气哼哼地走掉了，而老人再次过上了平静的日子。故事里的老人聪明就聪明在他没有直接要求年轻人不去踢垃圾桶，他们正处在青春叛逆期，越是让他们做的越是不做。因此老人巧妙地从相反的方向出发，雇用他们表演，然后不断压低价钱，让他们产生自己在这里踢垃圾桶很吃亏的感觉，这样，他们自然就不会再来了。

24. 夜袭

元帅的办法就是反其道而行之，让人眼睛被蒙蔽的方法，除了黑暗，还有强光。于是，元帅命令把全军所有的大型探照灯都集中起来。在向德军发起进攻的那天晚上，苏军的 140 台大探照灯同时射向德军阵地，极强的亮光把隐蔽在防御工事里的德军照得睁不开眼，什么也看不见，只有挨打而无法还击，苏军很快突破了德军的防线获得胜利。

25. 空保险箱

弗洛伊德一开始就怀疑皮茨，但他利用逆向思维，从相反的方向出发，选择以相信的方式来考验皮茨。他故意派皮茨去看守空的保险箱，想试探他的定力。做出判断的方式也很简单，就是那盆植物，植物向阳，所以朝外的方向枝叶应该长得非常宽大茂盛，但是在故事里却恰好相反。所以大家知道这是因为皮茨移动了才会造成这样的情况吧？

26. 埃菲尔铁塔之谜

白天，由于光照的角度和强度是变化的，埃菲尔铁塔塔身各处的温度也是不同的，热胀冷缩的程度因此也是不同的，所以上午和下午不仅出现了倾斜现象，倾斜角度也不一样。夜间，铁塔各处的温度是相同的，所以就恢复了垂直状态。冬季气温下降，塔身收缩，所以就变矮了。

27. 秀才烧画

原来郑堂当众烧毁的那幅画是他自己仿造的一幅画。他知道自己受骗之后并没有惊慌，而是想办法挽回并想好好惩治一下龚志远这个骗子。于是他故意迂回地设了一个圈套，四处声张自己受骗，又当众毁掉“假画”。这样龚志远为了占更大的便宜，一定会前来赎画，无画可赎就可以进一步索要赔偿。而原本的假画郑堂其实动都没有动过，所以龚志远一看到自己的那幅画，瞬间就知道自己被骗了，损失了大笔的银子。

28. 谈判高招

日本人是故意使用这种计策的，他们采用迂回的方式，让美国人降低对自己的提防，并且瓦解美国人原来的准备。他们最后派去的代表都是前几批代表中的精英，而且几次谈判下来收集了很多信息，从而出其不意地取得胜利，这正是谈判的高明之处。在谈判中，正面争取很难取得成功，但是迂回行事却完全不同，迂回思维可以令对方在毫无准备的情况下失败。

29. 火场救名画

奥卡姆只是简单地回答了一句：我会抢救距离门口最近的一幅画。很显然，其他参与者在这个问题的回答上只侧重了画的价值，而忘记了特定的环境。在这种特定的紧急情况下，我们要学会从反方向来思考，博物馆里的每一幅画都是无价之宝，既然是抢救，那么就要救最容易最能确保不受损的一幅，自然就是离门口最近的一幅了。

30. 一样的答卷

会在这两位考生都交了白卷的情况下发生。

31. 连环诈骗

其实这是所谓的王总管利用迂回思维设下的一个圈套，原来他们的贸易公司因为经营不好积压了大量的麻袋，所以就利用这个曾经出差广东的王总管设下这个圈套，诱使陈经理上当，购买他们的麻袋。我们可以看到，思维可以救人也可以害人，利用迂回思维设下的骗局更是一环套着一环，不仔细思考很难看清，所以当我们在日常生活中遇见像这种天上掉馅饼的好事时，一定要擦亮自己的眼睛，提高警惕心，从不同角度分析思考再下决定。

32. 免费赠品

哈利当然不是在做亏本的买卖，他等着大家快要从马戏团出来的时候，开始在门口卖起了柠檬水。柠檬水的成本很低，但是非常解渴，大家刚刚吃了整整一包多撒了盐的花生米自然十分口渴，所以都毫不犹豫地买了一杯柠檬水。这下子，哈利不但赚回了免费赠送花生米的钱，还小小地发了一笔财。哈利运用的就是迂回思维，他实际上要卖的是柠檬水，免费送花生米只是达到这个目的的手段，先建立起客户的需求再满足需求，哈利就能赚钱。

33. 失踪的士兵

高柔让人在城中张贴悬赏布告，细数窦礼的罪状，并说，如果有谁找到窦礼，或是将他的尸体带到衙门，重赏100两白银。

此布告一贴出，立即引起焦子文的注意。他背来窦礼的尸体，说是自己发现了窦礼的尸体，希望官府兑现承诺。不料，高柔大喊一声："拿下凶手焦子文。"焦子文仍想狡辩。高柔的一番话将他驳得哑口无言："官府查找死者已经3天，也没找到尸体。你在不到半天的工夫，就找到了尸体，说明你知道窦礼的尸体在什么地方。另外，你怎么知道已经腐烂的尸体就是窦礼。你之所以敢这样确信他就是窦礼，说明你就是凶手。"

34. 鬼苹果

因为国王的卫队看守试验田的异常举动一定会激起国人的好奇心，大家肯定想要知道那片土地上种了什么。于是，等到晚上的时候，自然就有一群人进来偷窃，偷回去种在自家土地上，想看一看到底是什么东西。但是，正是这样的方式，土豆迂回地走进了法国的千家万户，并渐渐被大家接受，成了大众餐桌上必不可少的一道菜。有时候一些神秘的气氛能够有效地勾起人们的好奇心，利用这点，可以迂回地达到目的。

35. 救命的水

波斯王子在得到了国王的保证之后，就立即将手里的一碗水全部洒在了地上，然后对着惊讶的国王说道："尊敬的国王，我没有喝过这碗水，现在它全都洒了，我无法再喝掉这碗水了，您既然说一不二，那么就请你按照您说的做吧。"国王无奈之下只好放了王子。这个故事中，王子非常聪明的地方在于他并没有直接向国王请求放过自己，而是灵活地想了另外一个办法，要求喝水，并且成功骗到国王许诺自己喝完这碗水之前不可以杀掉自己。这个不杀虽然是迂回得到的，但是也是波斯王子智慧的成果。

36. 上帝的特使

华盛顿其实根本不知道小偷是谁，至于上帝的特使黄蜂的故事更是瞎编的。他只是换了一种方法思考，用这个故事和气氛逼迫小偷自己暴露，当大家都专注于这个故事的时候，就以为华盛顿说的是真的。所以当大家四处扭头寻找小偷的时候，真正的小偷正慌忙伸手到自己的帽子上想要把黄蜂赶跑，这样一来自然就暴露了。当着这么多人的面，小偷自然无法抵赖，只好乖乖地接受惩罚。换个方向思考其实是非常简单的方式，重要的是我们要有这样一种意识，一种使用逆向思维的意识，当我们开始使用思维的时候，思维就会变得更加活跃，我们也会变得更加聪明。

37. 木梳与和尚

原来崔杰又和老住持说道："您的书法那么好，可以在木梳上刻上'行善积德'四个字作为回赠礼物。"老住持听了之后，自然毫不犹豫地买下了100把木梳。你看这个故事里，三个人都成功了，但是每个人的方法不同，取得的效果也不同。可以说小张就是用直接思维，从卖木梳的角度出发，最后也只能靠哀求卖出去1把。小王还是很不错的，他迂回地思考了一下，将木梳卖给了有用的香客，但是也不会取得太大的成绩。而崔杰，不但迂回地思考了木梳的受益者，更换个角度想到了木梳的功能，即木梳不仅仅用于梳头，更用于宣传，这样自然就可以卖出很多了。只要灵活变通，你也可以想到非常好的办法。

38. 机灵的丽莎

原来，丽莎直接把第二个满着的杯子里的水倒到第五个空着的杯子里。

39. 火葬场怪事

原来托蒂的弟弟已经死亡。托蒂本是想让托马斯把弟弟拉到北郊的山上埋了。但是车开到火葬场却突然坏了。为了躲避警察，他们躲到了火葬场。阴差阳错，他们躲进的是一间即将要火化的停尸间。于是，他们就把托蒂弟弟的尸体和其中的一个调了包。结果竟然被免费火化了。之后，他们又偷出弟弟的骨灰，回家了。我们可以运用迂回思维来思考这个问题。思考一下为什么托蒂和托马斯很高兴，问题就迎刃而解了。

40. 纪晓岚抓贼

其实这个神偷之所以可以多次出入皇宫偷盗，是因为他用了几十年的时间练就了一门偷盗的绝技，按照这个绝技以及偷盗的经验他可以轻松地避开守卫，撬开门锁，堂而皇之地偷走宝物。但是当他再次来到皇宫的时候，他发现没有警卫，没有锁，甚至箱子也大开着，一切都超出了他的经验和知识，所以一时之间不知道怎么做了。就在他犹豫的这个瞬间，御林军抓住了时机，将他抓捕了。纪晓岚的迂回思维高明就高明在他不是靠自己去打败小偷，而是让小偷被自己的经验打败。我们知道每个人都有习惯，几十年的习惯被打破了肯定会不适应，利用这一点，也可以让我们在遇到事情的时候想出更好的办法。

41. 雕像的差别

青年人对苏丹说道："陛下！这三个金雕像都有和人一样的特点。第一个雕像就像是一个快嘴的人，他听到什么，马上就要说出来，这种人是不能指望的，所以，这个雕像值不了几个钱。第二个雕像就像是一个东耳进、西耳出的人，这种人不学无术，没有什么本事，值的钱也不多。第三个雕像就像是一个很有涵养的人，他能把知道了的东西全部装在肚子里，所以这个雕像是最值钱的。"

42. 半决赛

原来篮球比赛的规则是如果双方战平，那么就会有一个5分钟的加时赛。8秒钟是无法再得到3分的优势的，从反方面想，放弃自己现在2分的优势却可以赢得5分钟的时间。果然，在5分钟的加时赛里，保加利亚队的队员士气昂扬，取得了5分的优势，进入了决赛。

43. 蝗虫之祸

这是赵汴反其道而行的妙计起了效果，告示贴出之后，很多外地的米商也都赶到了这里。因为在自己本地卖，官府不准涨价，想要涨价就怕被告发，但是越州不一样，告示上说了可以随便涨价，于是大家纷纷涌了过来。开始的几天，米价确实上涨了很多，但是百姓们看到卖米的人这么多，都暂时不买。不久之后，米价就开始下跌了，而且一天比一天便宜，米商们虽然想不卖直接运回去，但是运费也很高，运回去了也还是被限制米价，所以只好忍痛降低米价出售。这样一来，越州的米价并没有比其他州县高，而且还有米可以买，百姓也满意。不从降价的角度思考，而向反方向想办法，问题也可以迎刃而解。

44. 车上的提包

这是女乘务员设下的一个局，为的是要引出小伙子的真话。她是在对方猝不及防的情形下，将此作为一种分辨真假话的工具。

45. 雪原惊魂

如果真像那名男子所说，跑了20多分钟，由于天气寒冷，他身上的水早就结成冰了，不可能还往下滴水。一定是他把朋友害死后，扔进了湖里制造假象，而他自己再将身上淋湿。迪特警官的迂回思维运用得很好，将事情前因后果连起来之后再看，破绽就很明显了。

46. 杨树作证

探长叫办事员把大树叫来作证，是故意给莎拉看的，在她放松警惕时，再诱导她说些什么，找出破绽。莎拉坚称自己没去过那棵树下，但却说出那棵树离家的距离，前后矛盾。

47. 扭亏为盈的广告

海洋馆打出的广告内容很简单，只有17个字：12岁以下儿童到海洋馆参观一律免门票。

儿童来海洋馆参观都会由父母陪同，一位儿童就会有两位家长，因此来海洋馆参观的人中当中有三分之一是儿童，三分之二则是带着孩子的父母，而父母可是要买票的。

48. 冰下少女案

开庭的日子到了，乙川的辩护律师果然抓住了那一点纠缠不放。楸过检察官胸有成竹，传唤了证人冈内教授出庭，并经审判长的同意，让证人当庭做了个简单的实验。

水慢慢冷却到零摄氏度时，水不会结冰，但是到零下 2 摄氏度时，轻轻摇摇烧杯，杯中的水面开始慢慢结冰。处于冷却状态的液体处于非常不稳定的状态，只要一个小小的震动，就会很快冻结起来。

“杀人凶手应该是非常清楚防火用水一般都处于冷却状态这一常识，所以用这样的方法，试图转移视线，逃脱惩罚之灾。”

楸过检察官接着陈述道：“凶手将死者骗至水槽旁，看到水还未结冻，然后将被害人掐死。”

“死者的衣服之所以被扒光，也是因为凶手要加速尸体冷却，让外人看起来她的死亡时间要更早，而且裸尸又不用担心衣服未被水完全浸透而露出破绽。最后，刚才已经提到过的准备了纸造火柴做导火索，企图将脱下的衣物焚烧掉。”

“尸体被发现时，凶手第一个破冰抱出尸体，目的就是避免有人对刚刚结冻的冰的薄厚程度产生怀疑。总之，这一切都是经过详细而周密计划，精心布局的极为凶残的犯罪……”

49. 知府的妙招

罗素林让衙役贴出告示，说一个身穿黑衣、骑一匹黑马的人在与捕快的搏斗中被杀，希望他的家人前来认尸收敛。布告贴出没半天，一个人自称是大盗的母亲前来认尸。确定了大盗母亲的身份后，大盗的身份自然也就知道了。

50. 硬币的价值

小加菲尔德继续带着嘲讽说：“如果我不这样做的话，你们会一直这么扔硬币给我吗？我到哪里去找到这么多钱呢？”有些事情我们就是需要从相反的角度思考，把问题和结果的反面都思考对比一下，选择其中真正有利的那个。有时候，表面看起来价值很高的东西很短暂，五分硬币虽然面值小，但是却源源不断，逆向思维创造了更多的收益。

51. 无所不知的女子

这个男子说“像你这样学识渊博的女子，我需要提出什么问题才能难倒你呢?”如果对方说出了自己的短处，那么这个男子则可以提这方面的问题。如果女子撒谎，将自己的长处说成是短处，则会影响她的口碑。总之，这个问题她是无法回答的。

52. 对号不入座

商父对黑风说道：“我按你提供的名单，把这些‘窝主’都抓来了。现在你来看看，这些人里有没有抓错的?”

“就是他们，一个也没错。”黑风只扫了这些“窝主”一眼，便肯定地答道。

“好，现在我来问你。”商父指着最边上跪着的一个人问道，“他叫什么名字?”

“他……”黑风眨巴着眼睛说不出话来。

“我再问你，”商父又指着中间跪着的一个人问道，“他是谁?”

“他是……”黑风还是答不出来。

“好了，不要再装了。”商父厉声喝问道，“那些名字被你记得烂熟，却又不能把人和名字对起来，岂不是怪事吗?还不从实招来!”

黑风低下了头，不得不交代事情的真相。

53. 起诉的地点

由于该汽车公司在美国各地都有分公司，也就是说可以在美国任何一个地方起诉这家公司。位于太平洋上的夏威夷在西十区，与纽约有5个小时的时差，纽约是下午5点，夏威夷就是中午12点。康奈尔在夏威夷当地的法院进行了起诉。

54. 寇准巧断案

寇准听后，哈哈大笑，命令农夫赔给商人600文钱。这让农夫很气愤，想不到人称“青天”的寇准竟然也这样昏庸。就在农夫气愤不已时，寇准作出了另一个决定，他对商人说：“农夫踩死小鸡，给了你6斤鸡的钱。俗话说‘斗米斤鸡’，你如今省了6斗米，你应该还给农夫6斗米。”按当时的市场价格，1 斗米约 200 文钱，6 斗米应为 1200 文钱。

商人听后，连忙表示不再追究农夫的责任了。

55. 宋太祖妙计

这件事情妙就妙在宋太祖运用了逆向思维，从反向思考，正常应该派一个比徐铉更能说的人，但是他偏偏找一个不认识字的人去应对。这样反而激起了徐铉的猜疑，认为对方必定深不可测，无法猜透，所以也就不敢放肆了。所以有些时候，能力强的人未必就是胜者，只要我们学会正确使用逆向思维，往往能够以弱胜强。

56. “银子”和“银”字的区别

杭州知府命人在客栈老板手上写上“银”字，然后让他站在院子里晒字，并告诉他，如果是赖账，字就很快被晒掉。

接着，杭州知府又叫来客栈老板的妻子，对她说：“你的丈夫已经招认了，如果你不相信的话，我问你听。”

说完，杭州知府对着院子大喊：“‘银字’在吗?”客栈老板回答：“在。”

客栈老板的妻子误以为丈夫招认了，也就招认了。

57. 巧法分财

就在弟弟来县衙告状前几天，县衙侦破了积压的盗贼案。这时，文庭雨命人偷偷告诉弟弟，让他以做生意为名，来县衙住几日。弟弟遵照执行。然后文庭雨将哥哥拘捕，并从他家起出若干藏银。

审讯时哥哥供认：“我父亲本来富有，所有藏银，不是我一个人的东西，我有个弟弟，还没有分给他。”

文庭雨说：“既然是这样，必须喊你弟弟来对证。”

“可是，他最近出去做生意去了，现在我没办法找到他。”哥哥争辩说。

“你弟弟并没有出去做生意，他就在公堂后面。你刚才说的话，他听得清清楚楚。你还狡辩父亲没留下 600 两银子吗?”文庭雨说。

哥哥顿时张口结舌，说不出话来。

58. 县令的智慧

县令让聋哑工人游街，聋哑工人气愤极了，在大街上不停地比画着。这件事一传十，十传百，终于有知情人出来替聋哑工人说明了事情的经过。在县令的判决下，地主乖乖地付了工钱。

59. 圆珠笔改进

他采用的是逆向思维，既然笔珠的耐磨性能提高会引起问题，不具备可行性。那么就干脆放弃增加笔珠耐磨性的研究，而把圆珠笔写字的字数控制在两万字以内，就可以解决这个问题了。于是，他减少油墨量，给每支笔芯灌注只能够写15000字左右的油墨。这样，圆珠笔的漏油问题得到了解决，渐渐地开始流行起来了。

60. 农夫宰牛

忽然有人割农夫家牛的舌头，说明是农夫的仇人做的。农夫杀牛的第二天，就有人来告发农夫私宰耕牛。包拯问明情况，立刻沉下脸，大喝一声道："大胆的家伙，你把人家的牛割了舌头，反倒来告人私宰耕牛？"那人一听就呆了，伏在地上请罪，老老实实认了罪。

原来，割牛舌的人同农夫有冤仇，所以先割了牛舌，又去告发农夫宰牛。

61. 旅馆奇招

年轻主管其实采用的方式也是反向思考，不要从阻止的方向想问题。要知道，很多旅客顺手牵羊并不是为了偷东西，而是因为喜欢旅馆里的物品或者只是单纯地想作个纪念。而且旅馆确实也没有规定说不可拿。年轻主管将各个物品都做了标价，又增加了很多有特色的物品，这样顾客喜欢的话就可以到前台登记购买，没必要偷偷拿走。而且旅馆也因此布置得更加漂亮，生意自然好了。

62. 解雇书之用

其实马克·吐温是充分利用了自己的逆向思维，既然这是一封潦草得看不出内容的解雇书，那么为什么它不能成为一封看不出内容的推荐信呢？从相反的角度思考，就会发现这封解雇书用途非常广。因为主编很有名，笔迹也很特别，同行的人只要一看就知道是他的笔迹。但是由于只有名字清晰，马克·吐温就对大家宣称："这是鼎鼎有名的主编先生亲手为我写的推荐信。"看不懂信的内容的人自然不好意思询问，也就信以为真了，马克·吐温就这样利用逆向思维得到了一份再好不过的工作。

第五章

精益求精
——运算逻辑推理测试

1. 提升上尉

有一个小勤务兵，在给上司端茶水的时候，听到了这么一个消息，将军要从36个表现突出的中尉中提升6个人为上尉。但是将军并没有很好的选拔方法，所以决定让36个人站成一个圆圈，然后从第一人报数，从1数到10，报10的人就是能升职的人。

小勤务兵正好有6个好朋友在名单中，为了私心，他应该告诉他的好朋友站在什么位置才能顺利升为上尉呢？

2. 合伙生意算清账

小张和小王经常在一起卖西瓜。一天，小张家里有点事，就把要卖的西瓜托付给小王代卖。没有卖之前，小张和小王的西瓜是一样多的，但是，小张的西瓜小一些，所以卖10元钱3个，小王的西瓜大一些，所以卖10元钱2个。现在小王为了公平，把所有的西瓜混在了一起，以20元钱5个出售。当所有的西瓜都卖完之后，小张和小王开始分钱，这时，他们发现钱比他们单独卖少了20元。

这是怎么回事呢？小张和小王当时各有多少个西瓜呢？

3. 诸葛亮神机妙算

相传有一天，诸葛亮把将士们召集在一起，说：“你们中间不论谁，从1~1024中，任意选出一个整数，记在心里。我最多提10个问题，只要求回答‘是’或‘不是’。10个问题全答完以后，我就会‘算’出你心里记的是哪个数。”

诸葛亮刚说完，一个谋士站起来说，他已经选好了一个数。诸葛亮问道：“你这个数大于512？”谋士答道：“不是。”诸葛亮又接连向这位谋士提了9个问题，这位谋士都一一如实做了回答。

诸葛亮听了，最后说：“你记的那个数是1。”

你知道诸葛亮是怎样进行妙算的吗？

4. 蚂蚁搬兵

一只蚂蚁外出觅食，发现一堆食物，它立刻回巢招来10个伙伴，可还是弄不完。于是每只蚂蚁回去各找来10只蚂蚁，大家再来搬，还是剩下很多。于是蚂蚁们又回去叫同伴，每只蚂蚁又叫来10个同伴，但仍然搬不完。蚂蚁们再回去，每只蚂蚁又叫来10个同伴。这一次，终于把这堆食物搬完了。

你知道搬这堆食物的蚂蚁一共有多少只吗？

5. 八仙过海

8位神仙没有水上行走的轻功，他们要过海还得坐船。但海边没有船，只有一只小竹筏，每次最多只能坐3人。

这只竹筏最少要几次才能把8位神仙渡过海去？

6. 毛拉德巴斯的故事

古波斯的《一百零一日故事》中，有一个叫做“毛拉德巴斯”的故事。其中说的是一位智者给一个小女孩提出的问题：

一个女人去果园摘苹果，果园有四道门，各有一位守门人看守。

出门时，那个女人首先给了第一道守门人一半苹果；

到第二道门的时候，那里的守门人要了剩下苹果的一半；

第三个守门人又要了剩下的苹果的一半；

最后到第四道门，守门人还是要了剩下的一半。最后那个女人就只剩下 10 个苹果了。

请回答，她到底摘了多少个苹果？

7. D 代表什么？

在下面的乘法算式中，每个字母代表 0 ~ 9 中的一个数字，而且不同的字母代表不同的数字。他们之间有这样的关系：

ACB = DDD

ACB = D111

ACB = D337

请问 D 代表的是哪一个数字？

8. 取弹珠游戏

这天，萱萱去朋友多多家里玩。多多拿出很多水果招待萱萱，两人聊了一会儿，多多对萱萱说："我正在玩一个游戏，你也过来一起玩吧。"说着，多多就带着萱萱来到了书房。只见书房的书桌上有一个玻璃瓶，瓶里一共装有 44 个弹珠。其中，白色的 2 个，红色的 3 个，绿色的 4 个，蓝色的 5 个，黄色的 6 个，棕色的 7 个，黑色的 8 个，紫色的 9 个。

多多提出了游戏的要求：如果要求每次从中取出 1 个弹珠，从而得到两个相同颜色的弹珠，请问最多需要取几次？

9. 爬楼梯游戏

下午放学回家的时候，英娜看见小区里的两个孩子正在讨论比赛爬楼梯，每层楼梯的台阶数相同。当第一个孩子爬到第3层时，第二个孩子刚到第2层。照这样计算，当第一个孩子到第9层时，第二个孩子到了几层？

10. 百货商城赔钱了吗？

某百货商城新进了一批最新款式的服装，很受欢迎，销量日益看涨。于是，该商城的总经理决定提价10%。不久之后，服装开始滞销，他们又打出了降价10%的广告。有人说百货商城实际上瞎折腾，不过是又回到原价位；有人说百货商城不会干赔钱的事情；也有人说百货商城自作聪明，实际上赔了钱，你说呢？

11. 最少要几架飞机？

某航空公司有一个环球飞行计划，但是有下列条件：每个飞机只有一个油箱，飞机之间可以相互加油，因为没有加油机；一箱油可供一架飞机绕地球飞半圈。为了使至少一架飞机绕地球一圈回到起飞时的飞机场，至少需要出动几架飞机？加油时间忽略不计。

你能算出来吗？

12. 有多少个珠子呢？

今天，江燕拿出30颗珠子，一个红盒子和一个蓝盒子。对林扬说："我把你的眼睛蒙上，然后把这30颗珠子分别往这两个盒子里放，往红盒子里放时，每次放一颗；往蓝盒子里放时，每次放两颗。每放一次，我就敲击一下桌子，放完后，你要说出有多少个珠子放在红盒子里。如果猜对的话，这些珠子就全都是你的了，可以吗？"林扬同意了。

于是按照江燕的要求去做，林扬听到21次敲桌子的声音。他很快就说出了红盒子里珠子的数量。

你能猜出红盒子里有多少个珠子吗？

13. 安瑞撕日历

安瑞是班上的“破坏大王”，他的手就跟长了刺一般，什么东西只要经过他的手，都不能幸免。你看，老师怕同学们忘记日期，特地买了一本日历。她还交代班长看着安瑞，别让他把日历损坏了。可是，安瑞趁班长不注意的时候，连着撕了9张日历纸，这些日期数相加是54。请问：安瑞撕的第一张是几号？最后一张是几号？

14. 打碎的花瓶

一个陶瓷公司要给某地送2000个高档釉彩花瓶，于是就找一个运输公司承担运输高档釉彩花瓶的任务。在运输协议中是这样规定的：

（1）每个花瓶的运费是1元；

（2）如果打碎1个，不但不用支付运费，还要赔偿陶瓷公司5元。

最后，运输公司共得到运费1760元。那么，这个运输公司在运送的过程中一共打碎了多少个高档釉彩花瓶？

15. 杀杀迈克的威风

迈克非常骄傲，这让同班的苏珊十分反感，决定想办法杀杀他的锐气。

这天早晨，苏珊拿着一个水壶和两个杯子，对迈克说：“这个水壶能盛900毫升水，这两个水杯一个能盛500毫升，一个能盛300毫升。现在考考你：要怎样倒水，才能使每个杯子里恰好装有100毫升水呢？不能使用别的容器，也不能在杯子上做记号。”

迈克满不在乎地说：“这个容易！”但当他倒水时，才发现问题并不那么简单。

那么，迈克怎样才能够按照苏珊说的完成呢？

16. 盖瑞装围棋

盖瑞是个很骄傲的人，总以为自己很聪明。一天，他对伙伴大卫说：“我能将100枚围棋子装在15种塑料杯里，并能够使每只杯子里的棋子数目都不相同。”请问，盖瑞说的这句话对吗？

17. 驴子和苹果

一个水果商人要骑着他的驴穿越1000公里宽的沙漠，去卖3000个苹果。现在知道一头驴一次性可驮1000个苹果，但每走一公里，为了补充体力驴需要吃掉一个苹果。

那么，经过这一路的消耗之后，水果商人共可卖出多少苹果？

18. 女儿的年龄

一个父亲有三个女儿，这三个女儿的年龄加起来等于13，三个女儿的年龄乘起来等于父亲自己的年龄，有一个人知道父亲的年龄，但仍不能确定父亲三个女儿的年龄，这位父亲说只有一个女儿的头发是黑的，然后这个人就知道了他的三个女儿的年龄。

请问这三个女儿的年龄分别是多少？

19. 萝莉太太家的电话号码

一大早，萝莉太太又在向她的邻居诉苦。她说：“我真希望邮局不要再换我电话号码了。这也许是为了提高效率的缘故，但这种做法实在叫人头痛。你不仅要记住新的电话号码，还要通知其他所有的人电话号码换了。不过，这个新的电话号码很不错。有3个特点使新的电话号码很好记：首先，原来号码和新换的号码都是4个数字；其次，新号码正好是原来号码的 4 倍；最后，原来的号码从后面倒着写正好是新的号码。所以，不费什么劲儿就会记住新号码。”

那么，萝莉太太家电话的新号码究竟是什么？

20. 吝啬的烟鬼

有一个非常吝啬的烟鬼，他每抽一根好烟的时候，总要剩下这支烟的 1/3。因为有了 3 个 1/3 的烟头时，他又可以把它们组合成一根好烟。现在，这个烟鬼有 9 根烟，假如他一天抽一根这样的烟，这些烟够他抽多少天？

21. 算算他们的滞留时间

阿紫、杨夏、南江、小雅 4 人，上个月分别在不同时间入住海边的休闲旅馆，又在不同的时间分别退了房。

（1）滞留时间最短的是阿紫，最长的是小雅。而且，杨夏和南江的滞留时间相同；

（2）小雅不是 8 日离开的；

（3）小雅入住的那天，南江已经住在那里了。

入住：1 日、2 日、3 日、4 日。

离开：5 日、6 日、7 日、8 日。

根据以上条件提示，你能够知道 4 个人分别是在哪天入住又是哪天离开的吗？（另外，假如说 9 日入住，10 日离开，滞留时间算 2 天。）

22. 39 条腿

在一座图书馆的阅览室里，有几张 3 条腿的凳子和 4 条腿的椅子，并且它们都有人坐。如果你数出房间里有 39 条腿，那么是否可以算出有几张凳子、几张椅子和几个人？

23. 彩色袜子

在衣柜抽屉中杂乱无章地放着10只红色的袜子和10只蓝色的袜子。这20只袜子除了颜色不同外，其他都一样。现在房间中一片漆黑，你想从抽屉中取出两只颜色相同的袜子。最少要从抽屉中取出几只袜子才能保证其中有两只配成颜色相同的一双？

24. 办公桌的价格

一个家具店里有三种办公桌，其价格分别是这样的情况：

（1）他们的单价各不相同；

（2）它们的单价加起来共4000元；

（3）第二种办公桌比第一种办公桌便宜400元；

（4）第三种办公桌的单价是第二种的2倍。

这三种办公桌的单价各是多少？

25. 奔跑的宠物狗

有母子两个人傍晚去遛宠物狗。儿子先带宠物狗出门，1分钟后，母亲也走出家门。这时候，那只宠物狗立即掉头向母亲跑来，然后又掉头向儿子跑去……这样，宠物狗在母子二人之间跑来跑去撒欢儿，直到母亲追上儿子为止。已知母亲的行走速度是每秒1米，儿子的行走速度是每秒0.5米，宠物狗奔跑的速度是每秒2米。

至母亲追上儿子为止，这条宠物狗大约奔跑了多少米？

26. 巧算年龄

小宁学会用计算的方法算出别人的年龄和出生月份的方法，到处给同学们算。

露露想考考他，问："你猜我几岁？几月生的？"

小宁说："你把你自己的年龄用5乘，再加6，然后乘以20再把出生月份加上去，再减掉365，之后把结果告诉我。"

露露按照他说的算了一会儿说："最后得1262。"

小宁听了说："你今年15岁，7月生的，对不对?"

露露连连点头，"佩服！佩服!"又问："你用的是还原法吧?告诉我们其中的秘密吧!"

小宁说："不是还原法，是这样算出来的：只要把被猜者所报告的数加上245，所得的4位数中千位和百位上的数字是他的年龄，十位和个位的数字是出生月份。"

大家听了纷纷试用这一"秘方"，果然百发百中。

小宁说："方法教给大家了，你们知道计算的原理是什么吗?"

27. 金公鸡

有位农民养的是公鸡，但今年的公鸡不好卖，他的公鸡都在两斤左右，一天他看电视看到博物馆展示了一块两斤重的金块，于是他对邻居说："如果我的一只公鸡是金子做的，那我也成百万富翁了。"

邻居听了一想不对啊，现在的金价不是每斤8万元吗?这个农夫一定是算错了，你觉得他算错了没有?

28. 麻烦的密码锁

档案室负责保险柜的人生病没来上班，而领导急需调出一份文件，助手小王想，虽然不知道密码，一个一个地试总会有对的机会吧！谁让事情这么凑巧呢。

这个保险柜的密码锁上有5个铁圈，每个圈上有24个英文字母，只要把5个圈上的字母对得与密码相符就成了。小王去征求领导的意见，把自己的想法说了一遍，领导笑着说："算了吧！要把这些字母都对一遍，至少要用两年零三个月!"

小王吃惊地问："真的吗?"

29. 巧算整除数

露露参加数学奥林匹克竞赛的辅导班，遇到了这样一道题。老师随意写出了一个很大的数字：526315789473684210，她让同学们在短时间内告诉她能否被11整除。

30. 1000米长跑训练

小宁报名了运动会的男子1000米长跑比赛，他请体育老师帮他训练，成绩有了显著提高，时间比原来缩短了五分之一，你能算出他的速度提高了几分之几吗？

31. 免费购物车

一家大型超市为市民提供免费购物班车。一共有两组车队，分别发往城市的两个方向，甲车组每10分钟发车一辆，乙车组每7分钟发车一列。若它们都从早8点起同时发车，那么到购物高峰10点止，甲车组与乙车组几时再同时发车呢？

32. 糊涂的侍者

皇家剧院今晚上演一台著名歌剧，一些绅士们纷纷赶去看演出。9位男士在看戏前将各自的帽子一起交给了侍者，由侍者统一放在衣帽间。而这位糊涂的侍者在将9顶帽子保管时忘记了区分，所以在还给他们时也不知道怎么分别，于是准备每人随意给一顶。请问，正好8个人拿到自己那顶帽子的概率有多少？

33. 没有时间学习

小白特别淘气，不爱学习，每天就喜欢玩游戏，踢足球。到了双休日更是玩得不亦乐乎。暑假和寒假是他最盼望的节日，因为那样可以玩更长的时间。光玩不学习，于是他每次考试都是班里的倒数几名。但他的脑袋很聪明，常常把妈妈哄得晕头转向，不知道他说的是真话还是假话。

妈妈每天都催促小白要抓紧时间学习，小白却辩解说他一年之中几乎没有时间学习。妈妈疑惑地问他怎么没有时间学习？小白就给妈妈列出这样一个表：

睡觉（按一天 8 小时计算）122 天、双休日 104 天、暑假 60 天、用餐（一天 3 小时）45 天、娱乐（一天 2 小时）30 天，总计 361 天。

小白说："这一年中，剩下的 4 天还没有把生病的假期算进去，所以我没有时间学习。"而妈妈看他这样计算觉得也有道理。

事实上，小白是骗了妈妈，做了手脚。你发现小白在哪里做了手脚吗？

34. 撕书的问题

乔治今年 5 岁了，家里只有他一个孩子。爷爷奶奶都很宠爱他，他喜欢的东西都会买给他，还教他学习美术和音乐。全家都希望他成长为一个全能的孩子。也正因为如此，大家对乔治有些溺爱了。乔治开心的时候也很乖，会弹琴给大家听，可是他发脾气的时候，大家都拿他没办法。

今天阿姨给他买了本新的图画书，里面的彩页很漂亮，乔治的坏毛病又来了，他把书中喜欢的图画彩页全部剪了下来。这本 180 页的书，从 60 页到 95 页都被他剪下来了，这本书还剩多少页？

35. 相隔多远？

纽约和波士顿相距 220 英里。一列火车以每小时 65 英里的速度从纽约向波士顿开出。1 个小时后，另一列火车以每小时 55 英里的速度从波士顿向纽约开出。

假设两列火车都沿直线匀速运行。问：两列火车相遇前1个小时，它们之间相隔的距离是多少？

36. 他们能赶上公车吗？

星期天，约瑟带着全家人出去游玩，由于玩得太高兴了，忘记了返程时间，等到想起来的时候，他们急急忙忙回到来时路过的小河边，河上的独木桥很老了，一次只能允许两个人通过。如果他们一个一个过独木桥的话，约瑟需要15秒，约瑟的小妹要20秒，爸爸要8秒，妈妈最快也要10秒，外婆则要23秒。如果两个人一块儿过独木桥的话，则只能按着走路慢的人的速度来计算。过独木桥后还要走2分钟左右的路。不过，约瑟一家人急着到对面去赶最后一班的公交车。

在只有3分钟的时间的情况下，约瑟一家能否赶上公交车？他们该怎样过独木桥？一家人过独木桥用了多长时间呢？

37. 赔钱还是赚钱？

莫娅花90元在网上买了件衣服，很多朋友都特别喜欢。她脑子一转，又把这件衣服以120元卖了出去，她觉得这样转卖挺划算的，于是又用100元在网上买进另外一件衣服，原以为会150元卖出，结果卖亏了，90元才卖出。莫娅这一番倒卖是赔了还是赚了？赔了或是赚了多少？

38. 高明的盗墓者

盗墓者有着很高明的盗墓手段，他有25个手下，也都是百里挑一的盗墓高手。警察追踪他们多年，但始终一无所获。

有一天，有人报案说古墓中的埃及法老壁画不见了。警长马上带人勘查了现场，根据作案手法，他们判断出就是被他们追踪多年的那个盗墓者所盗。正当警察们研究抓捕盗墓者的方案的时候，盗墓者突然前来自首了。他称他偷来的100块法老壁画被他的25个手下偷走了。这些人中最少的偷走1块，最多的偷了9块。而这25人各自偷了多少块壁画，他说他也不知道，但可以肯定的是，他们都偷走了单数块壁画，没人偷走双数块的。他为警方提供了那25个人的名字，条件是不能判他的刑。警察答应了。但当天下午，警长就下令将自首的盗墓者逮捕。这是为什么呢？

39. 成绩如何？

马克参加学区举行的知识能力竞赛，比赛结束后，同学乐乐问马克得了第几名，马克故意卖关子，说："不是第一，不过我考的分数、名次和我的年龄的乘积是1958，你猜猜看。"乐乐想了没多久就说出了马克的分数、名次和年龄。

那么，你知道马克多大吗？他的竞赛名次和分数呢？

40. 教室的钟表

晓宇放学回家时发现教室的钟正指向3点55分。回到家后，家里的钟表是4点10分。这时他发现把课本忘在教室了，只好以同样的速度原路返回去拿。到教室时，他发现墙上的时钟指向4点15分。家里的钟是准确的，那么教室的时钟是快了还是慢了？差了多少分钟？

41. 该怎样下注？

轮盘赌是一种很简单的游戏，在圆盘上标着譬如"奇数""偶数""3的倍数""5的倍数"等，只要你猜对了数字，你就可以得到相应倍数的钱。

在一次赌局中，已经到了最后决定胜负的关键时刻。占第一位的是赌圣周星星先生，他非常幸运地赢了700个金币。占第二位的是赌神丽莎小姐，她赢得了500个金币。其余的人都已经输了很多，所以这最后一局就剩下周星星先生和丽莎小姐一决胜负了。

周星星先生还在犹豫着，考虑怎样才能赢得这次赌局。如果将手上筹码的一部分押在“奇数”或者“偶数”上，赢的话他的赌金就会变成现在的两倍。而这时，丽莎小姐已经把所有的筹码都押在了“3 的倍数”上，赢的话赌金就会变成现在的 3 倍。如果够幸运，她就可以赢得 1500 个金币，那样就可能反败为胜了。

想一想，如果你是周星星先生，你应该怎么下注才能确保赢呢?

42. 大草原上的野兽

某大学的研究生妮娜开着吉普车穿梭在大草原上，先后发现了数条山猪、豺狼、野山羊。这三种动物的总数量在 26 条到 32 条之间。

（1）山猪和野山羊的总数量要比豺狼的数量多；

（2）豺狼和野山羊的总数量要比山猪的总数的两倍还要多；

（3）山猪和豺狼的总数量要比野山羊的三倍还多；

（4）豺狼的数量没有野山羊数量的两倍那么多。

那么请问，这三种动物她各发现了多少条?

43. 属相与几率

中国有 12 属相，这是在西方国家没有的。十二属相不仅代表着出生的年份，也跟中国的“十二地支”有关。“地支”是中国用来记年、记月、记日的。分别为子、丑、寅、卯、辰、巳、午、未、申、酉、戌、亥。后来人们又把它们跟十二属相的属性相联系，用于记年，于是便有了子鼠、丑牛、寅虎、卯兔、辰龙、巳蛇、午马、未羊、申猴、酉鸡、戌狗、亥猪的说法。

假设每个人的出生在各属相上的几率相等，那么至少要在几个人以上的群体中，其中有两个人出生在同一个属相上的几率，要高于每个人的属相都不同的几率？你能算出来吗?

44. 7 名头目什么时候一起碰面？

某市近一年来经常发生抢劫事件。刑警们即使抓住了犯罪分子，还会有新的犯罪分子冒出来。本市百姓苦不堪言。公安局长下令要求尽快查清事件，给百姓一个交代。刑警们经调查发现，这是一个有组织有头领的特大抢劫犯罪团伙。警察们抓住的不过是团伙中的小成员，根本不足以破坏整个犯罪团伙的行动。于是他们派出情报员彻底侦查此事。

经情报员缜密地侦查发现，他们有一个总头目，七名小头目，该组织活动很有秩序，形式很奇怪，不容易一网打尽。他们的见面形式是这样的：第一名头目的助手隔一天去头目那里一次，协助他处理事情；第二名小头目隔两天去一次；第三名小头目隔三天去一次；第四名小头目隔四天去一次……第七名小头目要每隔七天才去一次。为了避免打草惊蛇，并且把抢劫团伙一网打尽，刑警决定等到 7 名头目都碰面的那天再行动。聪明的读者，这 7 名头目什么时候才会一起碰面呢？

45. 老赵养马

老赵想要养马，已知他有这样一池水：如果养马 30 匹，那么 8 天可以把水喝光；如果养马 25 匹，那么 12 天把水喝光。

如果老赵要养马 23 匹，那么几天后他要为马找水喝？

46. 柠檬的数量

这天，薇薇安和院子里的小朋友做游戏。玩累了，大家都坐在那里休息。这时，住在薇薇安家前面那栋楼里的乔治苦着脸说自己有道题怎么也做不出来。

薇薇安对乔治说："那把题目说出来吧，也许我们大家能够帮助你解答呢？"

乔治想了想，说出了题目："一个小孩把柠檬总数的一半加半个放在屋子的东面，把剩下的一半加半个放在屋子的西面，另一个被放在冰箱上面，不过柠檬的总数少于9个，请问小孩一共有多少个柠檬？条件是，柠檬不能切成半个。”

薇薇安听完，想了想，算了算，就得出了正确的结果。正确的结果是什么呢？

47. 分月饼

中秋节快到了。这天下午发点心的时候，幼儿园的老师给三组小朋友分月饼，如只分给第一组，则每个小朋友可得7个；如只分给第二组，则每个小朋友可得8个；如只分给第三组，则每个小朋友可得9个。

老师现在想把这些月饼平均分给三组的小朋友，你能告诉她要每个小朋友分几个吗？

48. 和尚敲钟

在一个寺院里，每天寺院里面的和尚都要敲钟，第一个和尚用10秒钟敲了10下钟，第二个和尚用20秒敲了20下钟，第三个和尚用5秒钟敲了5下钟。这些和尚各人所用的时间是这样计算的：从敲第一下开始到敲最后一下结束。这些和尚的敲钟速度是否相同？如果不同，一次敲50下的话，他们谁先敲完？

49. 弟弟的难题

参加数学竞赛的弟弟正在抓紧练习。他让姐姐帮他解答一道数学题，一个两位数乘以5，所得的结果是一个三位数，且这个三位数的个位与百位数字的和恰好等于十位上的数字。姐姐看了以后，虽然心里很是着急，但是觉得自己摸不到头绪，这道题的答案到底是什么呢？

50. 多少个座位?

有一辆公交车总是在一个固定的路线上行驶，除去起始站和终点站外，中途有 8 个停车的中间站，如果这辆公交车从起始站开始乘客，不算终点站，每一站上车的乘客中恰好又有一位乘客从这一站到以后的每一站下车。如果你是公交车队的负责人，为了确保每个乘客都有座位，你至少要在车上安排多少个座位?

51. 怎样卖首饰?

这天考试，老师出了这样的一道题：

一位老师傅做首饰很有名。有一天，老师傅对徒弟们说："这里有一些首饰，你们去卖，我给你们分好。大徒弟拿 50 件，老二拿 30 件，小徒弟拿 10 件。卖的贵贱你们自己拿主意，但卖的价钱一样。最后你们每人都要交给我 50 元。"

二徒弟想，这东西有多有少，怎么能卖出一样的价钱呢。我师傅真能开玩笑。看见二师兄愁眉苦脸，小师弟笑了起来，他说："别愁，我有办法，既可以卖出一样的价钱，又可以交给师傅 50 元。"

那么小徒弟用了什么样的方法呢?

这道题目可难坏了苗苗，她没有答对。愁眉苦脸地回到了家里，妈妈看见女儿这样，赶紧上前问原因，苗苗说出了原因。妈妈说："没关系，我来帮你解答一下，你看我怎么做出来，以后再遇到这样的问题，就不怕了。"

不一会儿，妈妈就解出了正确的答案，苗苗拍着手说："妈妈的答案果然和老师的一模一样。"

那么小徒弟的办法到底是什么呢?

52. 男女赛跑

为了监测平均速度，一个男生和一个女生在一起赛跑，当男生到达

100米终点线的时候，女生才跑到90米的地方。现在如果让男生的起跑线往后退10米，这时男生和女生再同时起跑，那么，两个人能同时到达终点吗？

53. 白食的午餐

在一个家庭里面有5口人，一到周末的时候，这家人总是会去一家高档饭店吃午饭。吃了几次，这家人就提议让老板给他们点优惠，免费送他们一餐。精明的老板想了想，说道："只要你们每人每次都换一下位子，直到你们5个人的排列次序没有重复的时候为止。到了那一天，别说免费给你们送一餐，送10餐都行。怎么样？"那么，这家人要按照老板的说法，在这个饭店吃多长时间饭才能得到免费送的10餐呢？

54. 计算割草人数

雯雯最近在看动画片，动画片里演的是关于大作家托尔斯泰的故事。一天，托尔斯泰和他女儿在花园里散步，给女儿出了这样一道题，他说："有两片草地，大的一片是小的一片的两倍。上半天所有的人都在大片地上割草，下午一半的人留下，另一半去小片地割。收工时，大片地正好割完，小片地剩下一块，正好一个人第二天干了1天。问有多少人割草。"

托尔斯泰的女儿很聪明，很快就说出了答案。那么，正确的答案到底是什么呢？

55. 会不会天黑？

梅雨季节总是阴沉沉的。一直到6点放学，雨还在下，丽丽对青青说："青青，你看，雨已经下了三天了，看样子是不打算停了，你觉得40小时后天会黑吗？"

56. 笔记本和学生的数量

这天，纯纯去英文老师陈源家里补习功课，陈源想要给来补习功课的学生每人5个笔记本，但是当他买好了所需的本子之后，却发现当天多来了3个补习的学生。现在要把手上的笔记本平均分给每一位学生，每个学生将可以得到4个本子。

看到这样的情景，纯纯想陈源老师买了多少本笔记本？原定有多少个学生来补习呢？

57. 火车提前进站

有一天，小华乘坐火车到达某一个地方，他会给女朋友送东西，本来说好女朋友来接小华的，可是，这天火车提前到站了，所以小华就一个人开始往女朋友住的地方走，走了半个小时后，迎面遇到了女朋友，女朋友接过东西，没有停留就掉头回去了。当女朋友到住的地方时发现，这次回来的时间比平时早了10分钟。那么，这天的火车比平时早到了多长时间呢？

58. 无价之宝上的钻石

一位淘金者在南美洲淘金，他不但淘到了大量的金子，还淘到了许多钻石。他用自己淘到的钻石镶成了一个世界上绝无仅有的无价之宝，借此向别人炫耀自己的富有。有一天，他决定从保险柜里取出一颗钻石；第二天，他取出了6颗钻石一起镶在了第一天钻石的周围；第三天，又多了一圈，变成了两圈；又过了一天，又多了一圈，变成了3圈。6天过后，一颗钻石变成了一个巨大的钻石群，真的成了一块闪闪发光的无价之宝。请问，这块无价之宝一共有多少颗钻石？

59. 绿地到底多少钱呢？

乔治和乔治夫人打算再买一套房，让孩子的姥姥和姥爷来住，因为姥姥和姥爷的房子要拆迁了。

“把你的钱拿出3/4给我，”乔治说，“和我自己的钱合起来，就可以买一套价值100万的房子，而你手头剩下的钱，正好可以购买小区前面的那块地，让咱爸咱妈没事时还可以种种菜。”

“不行，不行，”乔治夫人答道，“把你的钱拿出2/3给我，我把它们同我自己的钱合起来，那时我就能正好买下那套房子，而你的手头上的钱正好可以买下小区前面的那块绿地。”

你能根据乔治和乔治夫人的对话算出绿地的价钱吗？

60. 有多少狮子和鸵鸟？

丁丁在做作业时遇到了这样一道难题：

有一个管理员决定计算一下公园里的狮子和鸵鸟的数量。出于某种原因，他是通过计算这些动物的头和腿的数目来统计动物数量的。最后，他算出一共有35个头和78条腿。那么，你知道公园里分别有多少狮子和鸵鸟吗？

你能够帮助丁丁解出这道题的答案吗？

61. 用空瓶子换汽水喝

柔柔、琪琪、多多、可可和军军5个人约定去文化宫玩。到了文化宫门口，他们决定喝些汽水后再进去，因为天气实在太热，每个人都口干舌燥的。

这时他们发现文化宫门口的冷饮店今天有促销活动：

1元钱可以买1瓶汽水，2个空汽水瓶可以换1瓶汽水。

他们5个人一共有10块钱。你能帮他们算算，最多可以喝几瓶汽水吗？

62. 要迟到多久呢？

今天是星期六，马克和同学约好要去必胜客吃比萨。那家必胜客距离马克家有1600米。他们约定好的时间是下午1:20分。

马克正好1:00准时出门，他以每分钟80米的速度向餐厅前进，但在1:05时，爸爸发现马克忘带钱包了，于是以每分钟100米的速度追了出去。

另外，马克在1:10分时也发现忘了带钱包，然后还是以每分钟80米的速度返回。终于，马克和爸爸碰面了。马克从爸爸那里拿到钱包，仍然以每分钟80米的速度前进。

那么，在两个人交接钱包的时间忽略不计的情况下，你能算出马克会迟到几分几秒吗？

※ ※ ※

答 案

1. 提升上尉

他应该让他的6个好朋友站在4、10、15、20、26、30的位置上。

2. 合伙生意算清账

如果按1个西瓜分别为10/3元和10/2元，那么放在一起后，1个西瓜就是25/6元。由于是以5个西瓜20元的价格出售的，也就是说1个西瓜4元，所以，每个西瓜就损失了25/6－4＝1/6元。现在损失了20元，所以，一共有20/（1/6）＝120。因此，每个人有120个西瓜。

3. 诸葛亮神机妙算

对1024这个数一半一半地取，取到第10次时，就是1。根据这个方法，连续提10个问题，就能找到所需要的数。

4. 蚂蚁搬兵

一共搬了4次兵，蚂蚁总数为：11×11×11×11＝14641。

5. 八仙过海

最少要4次才能把8位神仙渡过海去。

6. 毛拉德巴斯的故事

我们设苹果的总数为x个，那么，给了第一个守门人x/2个；第二个守门人x/4个；第三个守门人x/8个；最后一个守门人x/16个，剩下的也是x/16个。而x/16=10，故x=160。

这个女人共摘了160个苹果。

也可以反过来考虑，即从第四个守门人开始考虑，也是十分有趣的。

即：x=［（20×2）×2］×2=160。

7. D代表什么？

首先判定111是整数。因而CB为37或74（即237）。如果CB为37，则A=3D。如果CB为74，则2A=3D。于是A、B、C和D的值有六种可能。

由于每个字母各代表着一个不同的数字，（a）、（c）、（e）这三种可能可以排除在外。以（b）、（d）、（f）的数值做实际运算，可以确定在每种情况下E、F和C所代表的数字。经过反复的演算，其中只有（b）是每个字母各代表一个不同的数字。所以D代表数字2。

8. 取弹珠游戏

最多只需要取9次。

9. 爬楼梯游戏

千万不要以为是第8层，这道题的陷阱就在于此。第一个孩子到3层时，第二个孩子到2层，此时第一个孩子实际爬了2层，第二个孩子爬了1层。所以第一个孩子的速度是第二个孩子的2倍。第一个孩子到9层时，实际上爬了8层，此时第二个孩子爬了4层，所以第二个孩子在5层。

10. 百货商城赔钱了吗？

如果原价为100%，商城降价是按照涨价后的110%降的价，降价后的价格为110%×0.9=99%。所以，百货商场赔钱了。

11. 最少要几架飞机？

3架飞机飞5次可以完成任务。

假设3架飞机分别为A、B、C。3架（ABC）同时起飞，飞行至1/8

处，其中一架（A）分油后，安全返航；剩余两架（BC）飞行到1/4处时，其中一架（B）分油后，安全返航；A降落后加完油，在B返回后马上起飞，逆向接应C；同样B降落后加完油，也立即逆向起飞，接应AC；两架（AC）在逆向1/4处相遇，分油后，同飞行；3架（ABC）飞机在逆向1/8处相遇，分油后继续飞行，这样就可以完成任务了。所以，3架飞机飞5次就可以完成任务。

12. 有多少个珠子呢？

因为敲击桌子的次数是21次，所以30个珠子不会全放在红盒子里。如果21次都往蓝盒子里放珠子，那么一共要放42个珠子，这不合题意，所以有一部分放在红盒子里。每往红盒子里放一颗珠子，也要敲击桌子一次，这样敲击桌子的数量不会变化。但放的珠子数量比放在蓝盒子里的要少一颗。所以红盒子里放的珠子的数量是（42－30）÷（2－1）＝12个。

13. 安瑞撕日历

安瑞撕的第一张是2号，最后一张是10号。

因为连着的日期是每日增加1，而第一张又为X，于是可以列出方程：$X+X+1+X+2+X+3\cdots+X+8=54$，得出$9X+36=54$。而$X=2$。因此，第一张是2号，最后一张是10号。也可以这样想：$54\div9=6$，中间是6号，往前数4张到2号，往后数4张到10号。

14. 打碎的花瓶

一共打碎了40个花瓶。

假设这些高档釉彩花瓶都没有破，安全到达了目的地，那么，运输公司应该得到2000元的运费，但是运输公司实际得了1760元，少得了$2000-1760=240$元。说明运输公司在运送的过程中打碎的有花瓶，打碎一个花瓶，会少得运费$1+5=6$元，现在总共少得运费240元，从中可以得到一共打碎了$240/6=40$个花瓶。

15. 杀杀迈克的威风

可以。

先要把两个杯子都倒满水，然后把300毫升杯子里的水倒入水壶中，接着用500毫升杯子里的水把小杯子倒满，再把小杯子里的300毫升水倒入水壶。此时大杯子里还剩下200毫升水，再把它倒进小杯子中，并用水壶里的水注满小杯子，接着把小杯子里的水倒掉，再用大杯子里的水注满小杯子，于是大杯子里的水便剩下了100毫升。最后，把小杯子里的水倒掉，并把水壶里剩下的100毫升水倒入小杯子。

16. 盖瑞装围棋

盖瑞说的话是不对的。

因为从第一只杯子里放1枚棋子算起，要想数目不同只能是把2、3、4去放入相对应的杯子里，这样得出15只杯子全不相同，最少所需的棋子数是1+2+3+4+…+15=120。现在只有100枚棋子，当然是不够装的。

17. 驴子和苹果

卖苹果的数量是534个。

假设出沙漠时有1000个苹果，那么在出沙漠之前一定不只1000个，那么至少要驮两次才会出沙漠，那样从出发地到沙漠边缘都会有往返的里程，那所走的路程将大于3000公里，故最后能卖出苹果的数量一定是小于1000个的。那么在走到某一个位置的时候苹果的总数会恰好是1000个。

因为驴每次最多驮1000，那么为了最大限度的利用驴，第一次卸下的地点应该是使苹果的数量为2000的地点。因为一开始有3000个苹果，想要运完，驴必须要驮三次，设驴走X公里第一次卸下苹果，则：5X=1000（吃苹果的数量，也等于所行走的公里数）X=200，也就是说第一次只走200公里。

驴驮1000个走200公里时剩800个苹果，卸下600个苹果，返回出发地。前两次就囤积了1200个，第三次不用返回则剩800个苹果，则总共是2000个苹果了。第二次驴只需要驮两次，设驴走的路程Y公里时第二次卸下苹果。则：3Y=1000，Y=333.3。

驴驮1000个走333.3公里时剩667个苹果，卸下334个，返回第一次卸苹果地点。第二次在途中会吃掉334个苹果，到第二次卸苹果地点是加上卸下的334个，刚好是1000个。而此时总共走了：200+333.3=533.3公里，而剩下的466.7公里只需要吃466个苹果，所以可以卖苹果的数量就是1000-466=534.

18. 女儿的年龄

3个女儿的年龄分别为2，2，9。

显然3个女儿的年龄都不为0，否则爸爸就是0岁了，因此女儿的年龄都大于等于1岁。这样可以得到下面的所有假设：

$1\times1\times11=11$，$1\times2\times10=20$，$1\times3\times9=27$，$1\times4\times8=32$，$1\times5\times7=35$，（$1\times6\times6=36$），（$2\times2\times9=36$），$2\times3\times8=48$，$2\times4\times7=56$，$2\times5\times6=60$，$3\times3\times7=63$，$3\times4\times6=72$，$3\times5\times5=75$，$4\times4\times5=80$

因为已知道父亲的年龄，但仍不能确定父亲三个女儿的年龄，说明父亲是36岁（因为（$1\times6\times6=36$），（$2\times2\times9=36$）），所以3个女儿的年龄只有2种情况，父亲又说只有一个女儿的头发是黑的，说明只有一个女儿是比较大的，其他的都比较小，头发还没有长成黑色的，所以3个女儿的年龄分别为2，2，9。

19. 萝莉太太家的电话号码

萝莉太太家电话的新号码是8712。

设旧号码是ABCD，那么新号码是DCBA，已知新号码是旧号码的4倍，所以A必须是个不大于2的偶数，即A等于2；4D的个位数若要为2，D只能是3或8；只要满足：$4(1000A+100B+10C+D)=1000D+100C+10B+A$。经计算，可以得知$D=8$，$C=7$，$B=1$，所以新号码是8712，正好是旧号码的2178的4倍。这个题只能有这一种答案。

20. 吝啬的烟鬼

9根烟可以供这个烟鬼抽13天。

烟鬼每天抽1根好烟，因此，他抽完9根烟要9天，而每根烟又有1/3的剩余，那么就有9根烟的剩余。又知，3根剩余的烟可以接成一根新烟，又可以再抽3天，那么这9根烟可供使用的天数增加到12天。而最后3天剩余的烟又能接成一根新的烟。这样，9根烟就可以供这个烟鬼抽13天。

21. 算算他们的滞留时间

小雅是2日入住7日离开的；南江是1日入住5日离开的；杨夏是4日入住8日离开的；阿紫是3日入住6日离开的。

22. 39条腿

有3张凳子、4张椅子和7个人。

有一个唯一的解：你只要记住，每条腿都数过了——凳子的腿、椅子的腿和人的腿。这样，对于每张有人坐的板凳有5条腿（3条凳子的腿和两条人腿）。而每张有人坐的椅子有6条腿。所以，5（凳子数）+6（椅子数）=39。由此就很容易解出。

23. 彩色袜子

最少要从抽屉中取出3只袜子才能保证其中有两只配成颜色相同的一双。

24. 办公桌的价格

900元，1300元，1800元。

第一种办公桌的单价是1300元，第二种办公桌的单价是900元，第三种办公桌的单价是1800元。假设第一种办公桌的价格减少400元，那么，第一种办公桌就与第二种办公桌的价格相同了，这时，将总价格减少400元，就变成3600元了，3600元是4个第二种办公桌的总价格。3600÷4=900元，900×2=1800元，900+400=1300元。

25. 奔跑的宠物狗

120米。

本题表面上看似乎是一个距离上的问题，于是开始计算从最初宠物狗跑到母亲身边是多少米，然后又跑到儿子身边是多少米……这种反复计算的思路，只会使问题复杂。

如果在一开始就把注意力放在母亲追上儿子的这段时间内，宠物狗共跑了多少米，就可以立即把思路从距离转换到时间上。按照母亲和儿子的行走速度，母亲追上儿子需要1分钟。按照宠物狗每秒2米的奔跑速度，宠物狗来回奔跑了120米。

26. 巧算年龄

小宁的计算方式是：（年龄×5+6）20+月份−365=x，可变成：520×年龄+620+月份−365=x，即：100×年龄+月份−245=x。

从这个式子就可以看出，若没有245这一项，则头两项之和组成的3位或4位数，年龄在前两位上，月份在后两位上（或个位上）所以把答案加245就等于消除了245这一项，当然可以立即得到对方的年龄和月份了。

27. 金公鸡

农夫可以成为百万富翁，但也可以不是，要看邻居是怎么理解的。因为金价是 8 万元一斤，如果按公鸡的重量来看，农民只能有“16 万”。但如果按鸡的体积来算，公鸡若是金子做的，那么这金鸡将有 30 多斤（鸡的比重约为 2 斤/立方分米，金子的比重约为 38 斤/立方分米），农民也会成为百万富翁。

28. 麻烦的密码锁

很明显地这是个排列组合题。5 个圈上的字母全部组合一遍，次数是 24^5，即 7962624 次，即便操作再快，以每次 3 秒钟计算，也需要 830 天。所以小王的想法不切实际。

29. 巧算整除数

奥林匹克竞赛的题目一般都是有巧妙方法来解决的，并且对解题时间的要求也特别高，短时间内就需要得到结果，所以，显然露露不能通过真的去除来试验。有这样一个巧算的方法可以判断：从这个数的个位开始，每两数断成一组，如上数断成 10，42，68，73……（如最后剩一个数就以一个数为一组）把这些两位数相加，10 + 42 + 68 + 73 + …… = 495。我们再用上面的方法处理 495，得到 95 + 4 = 99，用 11 除这个数，如果除得开，这个大的数就能被 11 除开。

30. 1000 米长跑训练

速度提高了 1/4。因为速度时间 = 路程，1000 米是固定不变的，所以速度和时间是成反比例的量，时间比原来缩短了，速度自然是提高了。训练后所用的时间应是原来时间的（1 - 1/5） = 4/5。那么速度就是原来速度的 5/4。所以提高的速度应是：5/4 - 1 = 1/4。

31. 免费购物车

它们在 9 点 10 分再同时发车一次。实际这个问题是求 10 和 7 的最小公倍数，因为 10 与 7 是互质数，所以它们的乘积 10 × 7 = 70 就是它们的最小公倍数。即 70 分钟后再同时发车，也就是 9 点 10 分再同时发车。

32. 糊涂的侍者

概率为零。因为不可能正好 8 个人给对，一人给错。

33. 没有时间学习

原来小白把时间进行了重复计算。举一个很简单的例子，在他双休日的 104 天里，他把用餐和睡觉的时间既计入了双休日的时间，又分别计入了全年的用餐时间和睡眠时间里。

小白骗了妈妈，我们不应该欺骗家长，应该好好学习，把握每天的大好时光。

34. 撕书的问题

还剩142页。因为剪60页的同时也带着另一面的59页，同样95页也带着第96页。一般的书正面是单号，背面是双号。

35. 相隔多远？

这题的答案是120英里。也就是说，两列火车相遇前1个小时，它们之间相隔的距离就等于1小时中两列火车行驶的距离之和。

36. 他们能赶上公车吗？

所用时间是46秒，来得及赶公交。具体方法如下：

第一步：在这里外婆走得最慢，其次是小妹，然后是约瑟、妈妈、爸爸，所以因该让走得最慢和次慢的同时过独木桥，也就是先让外婆和小妹过独木桥，所用时间以外婆为准，即23秒；

第二步：这一次同样让走路最慢和第二慢的同时过，即约瑟和妈妈过独木桥，所用时间以约瑟为准，即15秒；

第三步：这一次爸爸一个人过，所用时间是8秒。此时他们一家过独木桥一共用了46秒；

第四步：过完独木桥他们还要走两分钟的路，走完路需要时间是两分钟46秒，此时离三分钟还有14秒，所以他们赶得上公交车。过独木桥顺序是外婆和小妹，约瑟和妈妈，爸爸，过独木桥用了46秒。

37. 赔钱还是赚钱？

赚了20元。

第一步：莫娅花了90元买了一件衣服，结果120元卖出，此时她赚了120－90＝30元；

第二步：莫娅又花了100元买了另外的衣服，90元卖出，此时她赚的钱是90－100＝－10元，说明这次她赔了10元，这里的150元是干扰的数字；

第三步：第一步莫娅赚了30元，但第二步她赔了10元，所以赚的钱数是30－10＝20元。

总的来说莫娅还是赚了，并且赚了 20 元。

38. 高明的盗墓者

这个案子涉及一个数学常识，大家都知道，单数和单数相加得出的和一定是双数。而根据盗墓者的描述，假如 100 这个数可以分成 25 个单数的话，那么就是说单数和单数的和等于 100，即等于双数了，而这显然是不可能的。

事实上，25 个人如果偷的都是单数的话，那么这里面就有 24 个单数，即 12 对单数，另外还有一个单数。每一对单数的和是双数——12 对单数相加，它的和也是双数，再加上一个单数得出的和不可能是双数，因此，100 块壁画分给 25 个人，每个人都分到单数是不可能的。自首的盗墓者这样做是想嫁祸给他的手下，好让自己私吞赃物。

39. 成绩如何？

分数是 89，相应的竞赛名次是 2。

第一步：马克考的分数、名次数和他年龄的乘积是 1958，就说明分数、名次数和年龄是 1958 的质因数；

第二步：将 1958 因式分解，得质因数 1、2、11、89；

第三步：因为这是学生的知识竞赛，所以马克的年龄不可能是 1、2，更不可能是 89，只能是 11，所以马克的年龄是 11 岁；

第四步：马克的分数是 89，相应的竞赛名次是 2。

40. 教室的钟表

晓宇从家到学校一个来回用了 20 分钟，所以单程用 10 分钟。到家时家里的钟是 4 点 10 分，所以从学校出发的时候应该是 4 点钟。而学校的钟显示的是 3 点 55 分，所以慢了 5 分钟。

41. 该怎样下注？

基本上只要跟丽莎小姐用同样的方法下注就可以了。如果丽莎小姐赢了，周星星先生也会得到同样的报酬，他们的名次就不会受到影响。要是丽莎小姐输了的话就更不会影响名次了。

事实上周星星先生只要押 401 个以上的金币，赢的话金币就会在 1502 个以上，仍然是第一名。所以，在这种场合，手里有较多金币的人便是赢家。

42. 大草原上的野兽

山猪9条、豺狼13条、野山羊7条。

首先，把山猪用A，豺狼用B，野山羊用C来替换一下，那么：

$A + B > 3C$、$B < 2C$……

根据条件（2）（4）可得：$2A \leqslant B + C - 1 \leqslant (2C - 1) + C - 1$

所以 $A \leqslant 3/2C - 1$……

因此，根据条件（4）和推导结果可得：

$26 \leqslant A + B + C \leqslant (3/2C - 1) + (2C - 1) + C = 9/2C - 2$

所以 $7 \leqslant C$

根据条件（3）可得：4C 因此，$C = 7$

由推理结果可知：$A \leqslant 9.5$，所以 $A \leqslant 9$

根据条件（4）可知：$B < 14$，所以 $B \leqslant 13$

根据条件（3）可知：21

由推理可得，$A = 9$，$B = 13$

43. 属相与概率

5个人。

我们可以用假设的方法计算。属相一共有12个，假设答案是2个人时，拥有不同属相的几率是 $12/12 \times 11/112 \approx 92\%$。而3个人拥有不同属相的几率是 $12/12 \times 11/12 \times 10/12 \approx 76\%$。以此类推，当人群中有5个人时，拥有不同属相的几率是38%，降到了50%以下。5个人拥有不同属相的几率是38%，那么其中最少有2个人是相同属相的几率就是62%。所以答案是至少在5个人以上的群体中，其中有两个人出生在同一个属相上的几率，要高于每个人的属相都不同的几率。你算对了吗？

44.7名头目什么时候一起碰面？

先从第一个小头目开始去的那个晚上计算。如果7个小头目能同时碰面，他们之间间隔的天数一定能够被2、3、4、5、6、7整除，那么我们可以很方便地得出这个数字是420。

因此，在他们开始会面的第421天，7人将同时出现。而由于他们已经在本市活动了一年，所以离这一天的到来已经不会太远了。

45. 老赵养马

23 匹马 13 天能把水喝光。

第一步：这道题是在理想情况下的推理。根据题意可以知道 30 匹马 8 天把水喝光，马匹数加上所用天数就是 38；

第二步：25 匹马 12 天喝光水，马匹数加上所用天数是 37；

第三步：由于第一步的加和是 38，第二步的加和是 37，说明马匹数加上喝光水所用天数的和是逐次递减的；

第四步：如果 23 匹马把水喝光所用天数加上马匹数就应该是 36，所以答案应该为 36 - 23 = 13 天，即 23 匹马 13 天能把水喝光。

46. 柠檬的数量

小孩一共有 7 个柠檬。

单数的一半再加上半个，正好是整数，可取 3、5、7，但 3、5 不符合条件，所以可以推断柠檬的总数一共有 7 个，其中 4 个被藏在屋子的东面，2 个被藏在屋子的西面。

47. 分月饼

每个小朋友分到的月饼是 21 个。

设有 N 个月饼，一组 X 个小朋友，二组 Y 个小朋友，三组 Z 个小朋友，则有 N/X = 7，N/Y = 8，N/Z = 9。

由上式知道月饼数量是 7、8、9 的公倍数；然后算出最小公倍数 504，分别除以 7、8、9，得出小组的数量比：72∶63∶56；最后用 504 除以 7、8、9 的和，得出每个小朋友分到的月饼是 21 个。

48. 和尚敲钟

第二个和尚敲钟的速度是最快的，他最先敲完 50 下。

和尚的敲钟速度是不同的，应该按敲钟的间隔来算时间和速度，而不是一共敲了多少下。每一个和尚用 10 秒钟敲了 9 个间隔，第二个和尚用 20 秒敲了 19 个间隔，第三个和尚用 5 秒敲了 4 个间隔。所以他们敲钟每个间隔所用的时间分别为：10/9，20/19，5/4 即 1. 11，1. 053，1. 25. 所以综合来看第二个和尚敲钟的速度是最快的，他最先敲完 50 下。

49. 弟弟的难题

1，2，3，4，6，7，8，9。

根据题干所提的我们先假设，这个两位数是AB，三位数是CDE，则AB5 = CDE。

第一步：已知CDE能被5整除，可得出个位为0或5。

第二步：若后一位数E = 0，由于EC = D，所以C = D。

第三步：又根据题意可得CDE ÷ 5的商为两位数，所以这个数的百位小于5。

第四步：因为上一步得出了C = D，因此，当C = 1，2，3，4时，D = 1，2，3，4，CDE = 110，220，330，440。

第五步：若E = 5，当C = 1，2，3，4时，D = 6，7，8，9，CDE = 165，275，385，495。

所以，这道题的答案应该有8个这样的数。

50. 多少个座位?

这辆公交车最少要有25个座位。

由题意可知，这辆公交车从起始站到终点站一共有10个站，在这里用1站10站表示。那么起始站（1站）应该至少上来9个人，才能保证以后的每一站都有人下车；2站应该下1人，上8人；后面的依次类推。

1站：9人

2站：（9 - 1） + 8 = 16人

3站：（9 - 2） + （8 - 1） + 7 = 21人

……

9站：（9 - 8） + （8 - 7） + （7 - 6） + （6 - 5） + （5 - 4） + （4 - 3） + （3 - 2） + （2 - 1） + 1 = 9

10：全下了。

即

1站：1 × 9 = 9人

2站：2 × 8 = 16人

3站：3 × 7 = 21人

4站：4 × 6 = 24人

5站：5 × 5 = 25人

6站：6 × 4 = 24人

7 站：$7\times3=21$ 人

8 站：$8\times2=16$ 人

9 站：$9\times1=9$ 人

10 站：0 人

那么这辆公交车最少要有 25 个座位。

51. 怎样卖首饰?

每人的首饰中都有一些精品，先选出来，老大选出 1 件，老二选出 2 件，小弟选出 3 件，余下的按 7 件 5 元成套卖出。大哥的 7 套卖 35 元，二哥的 4 套卖 20 元，小弟只 1 套卖 5 元，价格一样。精品按 15 元一件卖出，大哥得 15 元，二哥得 30 元，小弟得 5 元，价格还是一样，而每人都卖够了 50 元。

52. 男女赛跑

不会，男生先到。

由条件得知，男生和女生的速度之比为 10 比 9，当男生跑 110 米，女生跑 100 米时，两人所用的时间比为（110/100）比（100/90），也就是 11 比 11.111。所以，两个人不会同时到达终点线，男生用的时间少一些，仍旧比女生先到。

53. 白食的午餐

这家人需要 120 周、840 天才能吃到老板免费送的 10 餐。

每次换一下位子，第一个人有 5 种坐法，第二个人有 4 种坐法，第三个人有 3 种坐法，第四个人有 2 种坐法，第五个人有 1 种坐法。$5\times4\times3\times2\times1=120$，按照这家人每一周去这个饭店吃一次的频率，那他们要去 120 次，需要 120 周，也就是说，这家人 840 天才能吃到老板免费送的 10 餐。

54. 计算割草人数

8 个人。

这题可以用代数解。设人数为 X，一人一天的工作量是 y。在这里介绍一种简单的思路；大片地用全组人割半天再加上半组人的半天，则很清楚是半组人半天割这片地的 1/3，而小片地又是大片地的一半，第一天干了（1/2 - 1/3）正好剩下 1/6 是一个人干的量。用所有人全天干的量也就是 4 个 1/3 除以 1/6，就是人数了。所以最终可以算出人数是 8。

55. 会不会天黑?

天不会黑。

因为40小时已经超过了一天一夜的时间，但没有超过48小时，所以用48去掉一天的时间24小时，剩余16小时，在下午6点的基础上再加上16个小时，6点到夜里12点只需6个小时，所以剩余的10个小时是第二天的时间，即是第二天的上午10点，此时明显天是亮的，所以那时天不会黑。

56. 笔记本和学生的数量

陈源老师一共买了60本笔记本，原本有12个人来补习。

因为多出了3个学生，而这3个学生每人可以分得4个笔记本，所以多出的3个人合计得到12个本子。这12个本子应该分给原有的学生每人一本的，因而可知原来的学生每人少分到一本，由此可以判断出最初补习的学生人数应该是12人。

而陈源老师一共买了60本笔记本。加上后来的3个学生，最后的分配情况是：60本笔记本分给15个学生，每人得到4本。

57. 火车提前进站

火车提前了20分钟到站。

女朋友提前10分钟到家，也就是说他从遇到小华到火车站这段路程来回需要10分钟。所以从相遇时到到达火车站，步行需要5分钟的时间。也就是说，按照以前的时间，再过5分钟火车应该到站，但是此时火车已经到站15分钟了，也就是小华走的这段时间。所以，这一天的火车应该比以前提前了20分钟到站。

58. 无价之宝上的钻石

127颗。

开始时只有1颗，第二天出现了6颗，第三天又出现了12颗，3天后又出现了18颗，计算公式为：$1+6+12+18+24+30+36=127$ 颗。

59. 绿地到底多少钱呢?

我们假设乔治夫人的钱为a，乔治的钱为b，则绿地的价值等于b/3，也等于a/4。此外，已知（3/4）a+b等于100万元，而（2/3）b+a也等于100万。从这些方程中可以解出乔治的钱是50万，而乔治夫人的钱是

200/3 万元，约 66.67 万，所以绿地的价格是 50/3 万元，约 16.67 万。

60. 有多少狮子和鸵鸟？

公园里有 4 只狮子、31 只鸵鸟。

因为他算出有 35 个头，所以，最少有 70 条腿，也就是比最少的数多了 8 条腿。因此，多出的 8 条腿必定是狮子的。8 除以 2 便是 4 条腿的动物的数量。这样，狮子的数量是 4。总共有 35 个头，其中 4 个头是狮子的，那么，一定有 31 个头是鸵鸟的。

61. 用空瓶子换汽水喝

最多可以喝到 20 瓶。

买 10 瓶汽水喝完后，便有 10 个空瓶；就可以换 5 瓶汽水。喝完后又可以得到 5 个空瓶，再拿出 4 个再换 2 瓶汽水，又可以得到 2 个空瓶，再换 1 瓶汽水，喝完后一共还剩 2 个空瓶，可以再换 1 瓶汽水。这时还剩下 1 个空瓶，这时可以向商店借 1 个空瓶，换 1 瓶汽水，喝完后再把空瓶还给商店。因此，最多可以喝到的汽水数为：10 + 5 + 2 + 1 + 1 + 1 = 20。

62. 要迟到多久呢？

马克会迟到 3 分 20 秒。

在 1∶10 的时候，离家的距离是：马克为 80 米/分 10 分 = 800 米；爸爸为 100 米/分 5 分 = 500 米。也就是说，两个人之间的距离间隔为 300 米。从那个时候到两个人碰面为止：300 ÷ （100 + 80） = 1 分 40 秒。马克把返回的距离又走了一次，往返浪费的时间 = （迟到的时间）1 分 40 秒 2 = 3 分 20 秒。

第六章

由此及彼

——联想逻辑推理测试

1. 县令夫人的智慧

古时沧州府有一个商人长年在外经商，商人的妻子在家操持家务。由于她善于理财，家境颇为殷实。可是，不幸正悄悄地落到她的头上。

3 月的一天，商人的妻子被人杀害，家里的财物也被洗劫一空。县令勘察现场，发现凶案现场留有一把扇子。经过调查，扇子的主人是一个叫李宁的人。李宁平时游手好闲，举止轻浮，县令据此认定李宁就是犯罪嫌疑人，于是将他捉拿归案。可不管县令如何对李宁严刑拷打，李宁就是不承认自己杀了人。案子顿时陷入僵局。这时，县令的夫人对县令说：“李宁不是凶手，凶手另有其人。”

听了夫人的解释，县令恍然大悟，最终抓住了真凶。

请问，县令夫人说了什么，使这个案子峰回路转？

2. 神奇的巫师

国王把一位据说十分神奇的巫师叫到大臣面前说：“听说你聪明机智，我想考考你。”接着国王问诸位大臣：“考他什么？”一位大臣说：“就考考他，我们各位在想什么。如果他猜对了，我们每人给他 10 两黄金；如果他猜错了，他就给我们每人 10 两黄金。国王，您看行不行？”国王答应了。巫师说：“我十分清楚诸位大人心里在想什么，我能把你们心里的话说出来。如果诸位大人认为我说错了，你们心里想的和我说的正好相反，那就请诸位立刻提出来。如果认为我说的不错，你们心里想的和我说的完全一致，那就请你们马上把金子给我。”过了一会儿，巫师说出了一段话，大臣们听了，都频频点头，没有一个说“不”的，全都乖乖地认输，给了金子。你认为巫师说的是什么话?

3. 不受欢迎的聪明鹦鹉

有一位驯兽师饲养了一只鹦鹉，不论谁跟这只鹦鹉讲话，它都能模仿得十分逼真。驯兽师曾带它到世界各地巡回演出，很受欢迎。几年后，该驯兽师又精心训练了一只很好的鹦鹉，它不只是模仿，还会回答一些简单的问题。当有人问它“今天天气怎么样”时，它会回答“是晴天，但下午恐怕有雨”。驯兽师同样把它带到世界各地演出，但却并不受欢迎。你认为这是什么原因造成的呢?

4. 不会化的巧克力

李路是火车站的反扒警察。一个炎热的夏天，他照常来到未安装空调的车站，仔细搜索犯罪嫌疑人。这时，一个行色匆匆的男子映入李路的眼帘。根据多年的反扒经验，李路认为这个人可能是小偷，便走上前去，问道：“你是刚从火车上下来，还是乘车。”

“都不是，先生，我是来接人的。”那人边说着，边吃起了巧克力，还顺便给了李路一块。

李路严肃地说：“你为什么撒谎?”随即对这个人进行盘查，结果证实了他的判断，这个人就是小偷。

请问，李路根据什么判断此人就是小偷?

5. 入睡妙招

一个人躺在酒店的床上久久难以入睡，他站起来给隔壁房间打了个电话，但是什么都没说，电话通了他就挂掉了。挂掉以后，他很快就睡着了。他为什么要这么做呢？

6. 外星人的描述

外星人在观察了地球人的生活、工作状况之后，说了这样一番话：“在纸上打个眼，同时为了便于知道这个眼在什么地方，就在它周围用线圈起来，这真是神奇的工具呀！”你知道外星人到底在描述什么东西吗？

7. 痕迹的深浅

王探长有早起的习惯。这天早晨，他正沿着山间慢骑自行车锻炼身体，突然看见有个人躺在路边，浑身是血。王探长赶忙停下，一问究竟。受伤的人用微弱的声音说：“刚才有人抢走了我的钱包和自行车，并向那边跑了，请你帮我抓住他。”

王探长一边报警，一边骑自行车追赶。追了一里多路，发现前面有两条道，一条是平道，一条是上坡路，两条路上面都铺着沙子。

王探长俯下身子仔细查看自行车的车痕，发现平道上的前后车辙印痕一致，而上坡路上的前后车痕也一致。王探长思考了一会儿，立刻做出判断，并追上了凶手。

请问，王探长是依靠什么判断的呢？

8. 考警察的试卷

为了提高把握常识的能力，某个警察局决定对警员进行常识考核，于是进行了一次考试。试卷上有这样一道题：

某日中午，烈日当空，湖上留下长长的树影。海因策和沙夫把一艘预先准备好的小船推进湖里，他们顺着潮涌漂向湖心。这个湖是两国毗邻的界湖，由于地下泉水补充水源，所以常年不会干涸。

海因策和沙夫经常利用这个湖做走私的买卖。当然，为掩人耳目，他们经常是以钓鱼人的面目出现。当他们钓起十几斤重的海鳟时，便向众人炫耀他们的高超钓鱼技术，他们这样做的目的是使人们相信他们就是钓鱼者。某一天午夜时分，当他们正偷偷地走私物品时，被湖对岸的巡逻警察发现了，他们被缉拿归案。

聪明的同学们，依靠你们的常识，能发现这张试卷上的错误吗？

9. 找地方

一个人坐在屋中，另一个人能在屋中找到一个第一个人永远不能坐在那里的地方坐下来吗？

10. 跳不出去的圆圈

哥哥用绳子做了一个直径 3 米的圆圈，弟弟一下子就跳出去了。哥哥说："好，我用这条绳子再做 1 个圆圈，让你永远跳不出去。"你知道哥哥做的是怎样一个圆圈吗？

11. 真假钞票

凌晨时分，比尔旅馆早已客满了，所有的客人都已入睡。夜班服务员鲁伯见离下班还有 5 个小时，就先把账结算好。等他把账目结清，准备把抽屉里的现金 731 马克一张一张地叠好时，突然他瞪大眼睛，把手里的一张钞票看了又看。原来这张 100 马克的钞票的纸面颜色比其他 4 张颜色深。难道这是假钞？想到这里，鲁伯忙拿起电话向警方报警。

闻讯赶来的达奎尔探长来到服务台，拿起那张深色的钞票看了又看，然后对鲁伯说："你估计得不错，这是一张假钞。"

"你是否有印象，今天晚上谁付账了？付账的人是否都离开了。"达奎尔探长询问道。

"这点我真没留心，谁会知道有人用假钞啊。"鲁伯回答道，"即便我记住他们，也不知道谁给我的是假钞。"

“你不是有结账记录吗？不妨看一看。”达奎尔探长在一旁提醒道。

鲁伯翻了翻记录本，说：“这儿有三位客人付账的记录。他们都准备坐早晨五点的车离开这里。所以他们提前结了账。史密斯先生付了124马克，鲍威尔先生付了219马克，斯特劳斯先生付了374马克。”

马奎尔探长思索了一会儿，然后用探询的口气问：“你确信他们都还没离开旅馆?”

“是的，他们都还未离开。”

“那就好办了，我大概知道是谁给了你假钞票了。”

经过询问，马奎尔探长怀疑的对象果然是作案者。

请问，是谁付了假钞，马奎尔探长又是根据什么判断出来的呢?

12. 过河谜题

最近几天，妈妈迷上了谜题，每天都会和茉莉、爸爸聊一会儿。这不，这天她刚收拾完房间就乐呵呵地把茉莉拉到身边说：“好儿子，妈妈看到个挺有意思的谜题，要不要试试?”

茉莉最喜欢猜谜、玩游戏了，就连声应了下来。

妈妈说：“有一个人带着一只老虎、一匹马和一捆草过河，但河里只有一条船，而且每次只能乘两样东西。但是，有一点需要注意，在没人看管的情况下，老虎会吃掉马，马会吃掉草。那么，这个人要往返多少次，才能和他的老虎、马和草安全过河呢?”

茉莉听妈妈说完，眨巴眨巴眼睛，随即进屋拿纸笔，仔细规划了起来。

你能赶在茉莉之前把答案说出来吗?

13. 超载机车巧过桥

马克爸爸在检查儿子作业的时候发现，儿子今天上课的内容是关于距离的应用题。想到这个，爸爸灵机一动，打算给马克找个有趣的相关谜题来换换脑筋。

于是，他翻开平时积累谜题的本子，坐到了儿子边上。马克呢，一看见爸爸凑过来就知道一定是有好玩的东西了，注意力马上就被拉到这里来了。

“儿子，请听题，”爸爸清清嗓子，有模有样地说，“一辆汽车坏了，被另一辆汽车用钢索托着向修理厂的方向前行。在行进中，有一座桥，更主要的是，这座桥的最大载重量是30吨。这下司机发愁了，为什么呢？因为坏了的汽车15吨，而前面的汽车是29吨，一起过桥的话就会超重。但是，这司机灵机一动，想到了好办法。你知道是什么办法吗？”

14. 运动员的小腿肚

海尔丁博士一次去美国南部旅游时，来到一个村庄。当地村民正在庆祝丰收，再过一会儿，就将上演庆祝活动的压轴大戏：26英里长跑比赛。

既然是庆祝活动，村民们脸上应该洋溢着兴高采烈的神情才对，可不知为何，海尔丁发现村民们的脸上阴云密布，似乎很不高兴。他找到担任此次长跑比赛的裁判询问原因。裁判告诉海尔丁：“这个村子每年都要举行一次长跑比赛，获得冠军的人将得到1000美元的奖金。可是，几乎每一年的冠军都由村长的家人获得。当然，那1000美元的奖金也就归村长所有了。”

“怎么会这样？”海尔丁一脸疑惑地问，“难道村长家人都是长跑健将？”

“不是，这里面有问题。可是即便知道村长在弄虚作假，我们也没有办法，因为我们没证据。”裁判说。“你能仔细叙述一下长跑规则吗？”海尔丁问。

裁判说：“运动员不是一起出发，而是每隔5分钟起跑一个，然后钻进森林，在森林里边转圈子，最后跑出森林，回到终点。村长的家人总是第一个跑，也总是第一个跑回来。但他跟别人不同的是，别人跑完26英里个个累得气喘吁吁，而村长的家人跑得却很轻松。我们猜测，他根本就没有跑，只是躲进了森林里，等到了时间再跑出来。”

“没有人监督长跑者吗？”海尔丁问。

“村长规定，不允许人监督。”裁判无奈地说。

听完裁判的抱怨，海尔丁安慰道：“我有办法让村长露出马脚。我只需一卷皮尺，就能戳穿他的诡计。”

请问，海尔丁是怎样揭穿村长的阴谋的？

15. 自作聪明

迈克曾在杰克家里做学徒，因为曾经偷过杰克的钱，所以杰克认为此人不可教，便一气之下将他赶走了。迈克无时无刻不在寻找机会报复杰克。一天，迈克看见杰克正坐在梯子上给门刷油漆，就悄悄溜了过去，猛然将梯子推倒。受到这种突然袭击，杰克毫无防备，一头栽了下去，摔死了。迈克见四下无人，飞速逃走。

这时，警长杰弗逊赶着马车经过，为避免露马脚，迈克故意装作镇定的样子跟杰弗逊说：“警长先生，我去前面的杰克家是否可以载我一程。”杰弗逊表示同意。马车经过杰克家门前，迈克跳下去，敲着窗户对着里面喊：“杰克，杰克。”没人回应。迈克沮丧地对杰弗逊说：“杰克不在家，我明天再来找他吧！”迈克的举动让具有职业敏感性的杰弗逊非常奇怪，杰克的家门是半掩着的，为何不去敲门呢？他意识到此事非常蹊跷。

几个小时以后，警局接到报案，说杰克死在家里。杰弗逊仔细查看了现场，断定杰克是他杀，他联想到几个小时前迈克的举动，马上命令警员，迅速将迈克捉拿归案。

请问，迈克露出何种破绽，让杰弗逊找到了蛛丝马迹？

16. 难以模仿

在哈根贝克动物园里，有一只猴子专爱模仿人的动作。人们逗它时，它的姿势、手势简直像一面镜子，立刻模仿得毫无差别。一个人走到猴子跟前，右手抚摸自己的下巴，猴子就用右手抚摸下巴；人闭上左眼，猴子闭上左眼；人再睁开左眼，猴子也立刻照办。可是，那里的饲养员却说：“猴子再有本事，有一个简单的动作它却永远也模仿不来。不仅猴子办不到，人恐怕也办不到。”请问，到底什么动作那么难模仿呢？

17. 不速之客

坂本太郎到长野旅游时，晚上住进一家旅馆。洗完澡后，他感觉有点饿，便打电话给前台，要了一份外卖。

十几分钟后，门外传来敲门声。“可能是服务员送来了外卖。”坂本太郎心里想着。

坂本太郎打开门，只见服务员端着一杯热气腾腾的咖啡站在门口。坂本太郎说：“我没要咖啡呀。”

“噢，原来这是325号房间，我敲错门了，很抱歉，打扰您了。”

过了一会儿，又有人来敲门。这一次坂本太郎以为是服务员送来了外卖。打开门一看，却发现是一个陌生的男子站在门外。那个男子看见坂本太郎，表现出惊愕的神情，然后用愤怒的语气说：“你怎么在我的房间里，你是什么人？”

坂本太郎被他问怔住了，短暂的迟疑之后，坂本太郎马上说：“这是我的房间，你是什么人？”

那男子说话的语气突然软了下来：“哦，这是325号房间，我走错了。”

又过一会儿，楼梯中突然传来女子的尖叫声：“我的戒指和项链都不见了，快抓小偷。”

正在屋中的坂本太郎马上意识到了什么，他打开门大喊：“那个男子就是凶手，快抓住他。”

请问，坂本太郎要抓谁？为什么？

18. 蚂蚁的路

人类主要是通过语言进行交流和沟通的。那么其他的生物呢？它们也都有各自的交流和沟通的方式。

蚂蚁之间是通过它们的触角来相互沟通的。有一只蚂蚁在地下通道里爬行，这时对面又爬过来一只蚂蚁，因为通道非常狭窄，只容得下一只蚂蚁通过，所以必须有一只进行避让。这时候一只蚂蚁发现通道的一侧有一个凹进去的坑，大小刚好能容得下一只蚂蚁。可不幸的是，坑里有一粒沙子，如果把沙子移动出来，通道就被堵住了，还是无法通行。另外一只蚂蚁用触角碰了碰这只蚂蚁的触角，然后想出了通过的办法。

你知道通过的办法是什么吗？

19. 乒乓球游戏

薇薇和爸爸妈妈一起到叔叔家去玩，叔叔的女儿是一个活泼好动的小姑娘。吃完饭以后，小姑娘一个劲儿地要求爸爸和她一起去打乒乓球。

但是，叔叔正在和薇薇的爸爸说话，薇薇也不会打乒乓球。于是，叔叔想了一个办法。他对小姑娘说："这袋子里放了两个乒乓球，一个黄色的，另一个是白色的。现在，要你伸手进去拿乒乓球。如果你拿到黄色的，我跟你玩；但如果拿到白色的，你就要放弃了，而且不能再吵我。"小姑娘的眼睛顿时亮了起来，但此时却瞥见转过身的爸爸放了两个白色乒乓球进去。

那么，不论她拿到哪一个都会是白色的。

请问，小姑娘是不是玩不成乒乓球了？

20. 没有摔伤的技巧

这天自习课以后，班里的几个同学在一起聊天。其中有个同学问玛莉："你是解题小能手，我这里有一道题，你能不能解呢？"

玛莉问同学："是什么题呢？"

同学说了这样一道题："有个人从一幢20层高楼的窗户往地下面跳，虽然地上没有什么铺垫，但是他落地后却没有摔伤，这是为什么？"

玛莉听完以后，笑着说出了答案。那么，正确答案是什么呢？

21. 聪明的卫兵

某国政要去欧洲访问，由于这位政要身份特殊，所以被访国做好了充分的安全保障工作。这位政要在会晤被访国的首相和国王之后，便去某风景名胜区进行游览。他的到来，引起轰动。一时间，游人争相向他拥来，场面一度失控。好在安保措施做得到位，该政要才得以安全脱身，进入游览地的宾馆休息。

当这位政要入住宾馆后，突然一位肤色与这位政要相同的人匆匆走向宾馆。卫兵拦住了他，用英语说："请出示您的证件。"那男子摇摇头，表示听不懂卫兵说的话。没办法，卫兵只好用手语和身体语言提醒他，对方好像明白过来了，从口袋中掏出了某国安全部门的证件。卫兵仔细一看，发现这的确是该国安全人员的证件，卫兵略作思考，用英语提醒说，这个宾馆有数个电梯，乘坐第二个电梯可以直达这位政要的房间。当这个男子准备走进电梯时，却被卫兵及时地拦了下来。事后经证实，这名男子是恐怖分子。

聪明的同学们，卫兵是怎样识破这个男子的诡计的？

22. 你想不到吧？

A 由 B 生出，B 在沸水中生成 C，C 在空气中氧化成 D，D 有臭鸡蛋的味道。请问 A、B、C、D 分别是什么？

23. 魔术的奥妙

舞台上，相隔 1.5 米放着 2 张木椅，美人儿丽莎头脚着椅仰卧着。两个助手将床单盖在她身上，只露头脚在外面。魔术大师查理上台"作法"一番，然后挥动双手，示意助手将两椅抽掉。这时，奇迹出现了：丽莎小姐悬浮在空中。查理继续"作法"，手往上一抬，丽莎似被牵动而往上浮；当查理将手往下压时，丽莎又往下沉。台下掌声雷动，观众啧啧称奇。

你可知这魔术的奥妙之处在哪里吗？

24. 掺水的威士忌

碧碧的小舅舅是个爱开玩笑的人，一次他到碧碧家里找碧碧爸爸商讨事情，结束以后，他不禁玩性大起，跟碧碧的爸爸开了一个无伤大雅的玩笑。

小舅舅偷偷喝了一点点爸爸的威士忌，然后掺上水，看他能不能发觉这一切。加了水的威士忌口味上淡了一些，但是爸爸竟然完全没有发现。在一旁的小舅舅不禁窃喜。

小舅舅看着在一边的碧碧，不禁笑道："你看你爸爸一点儿没有发觉，你觉得我是怎样在酒里掺进去的水呢?"

小舅舅的确是非常聪明，这个问题可算难倒了碧碧。那么到底是怎么回事儿，你知道吗?

25. 死神从背后来

68岁的富翁A正准备装修他位于郊区的别墅，以便在此安度晚年。不幸的是一颗子弹夺去了他的性命。

一天早晨，有人发现富翁A被杀死在他正在动工的别墅里。

X侦探和警长正站在案发现场。这是别墅的二楼富翁的卧室里，楼下是他侄儿的房间。

警长环顾了一下四周，轻声地对侦探说："侦探，你怎么看这个案子?太不可思议了!"

X侦探仿佛没有听见他的问话，只是专注于观察现场。

富翁的尸体就仰躺在床上，背部有个创口，警察在里边找到一颗来复枪的子弹。创口周围的皮肤有裂痕和灼伤的痕迹，看来应该是近距离的枪击造成的。床上有一个枪洞，一直通向楼下。

"楼下是他侄儿的房间。"警长告诉侦探。

X侦探和警长一同来到一楼富翁侄儿的房间，天花板上也有一个洞，洞口同样有烧灼的痕迹，估计凶手是贴着天花板开的枪。洞口也正对着死者侄儿的床。"但是凶手如何可以确定死者在床上的位置呢?"侦探自言自语地说道，“况且死者的侄儿说他昨晚参加朋友的聚会，喝醉了酒就睡在朋友家里了，一夜未归，他的朋友也为此做了证。这到底是怎么一回事呢?”侦探更为疑惑了。

警长叫来死者的管家，他证明死者的侄儿确实昨晚一夜都没有回来。死者的家仆证明说，别墅的所有钥匙只有富翁和管家有，别人没有钥匙是进不了门的。

X 侦探沉思着又回到案发现场，死者的尸体已经被送去检验。这时他突然发现死者睡的地方竟然留下一个跟尸体轮廓相同的印迹，印迹里的床单明显地变黑了。

他猛然回头看看外边，窗外就是工地——富翁正在装修他的院子。X 侦探的眼睛从许多的大型机器上一一扫过，同时也松开了紧皱的眉头，嘴角露出了笑容，说：“证据和凶手都找到了!”

富翁被人杀死在别墅里，X 侦探不仅发现了证据，而且还找到了凶手，您知道怎么回事吗?

26. 拍出来的答案

今天是星期四，盼盼他们下午最后一节课上数学，数学课的最后几分钟，数学老师给大家留下了这样一个课后作业：

要求同学们用 3 根火柴棍摆出一个比 3 大比 4 小的数字。

盼盼想了很久都想不出来，和同学商量了一会儿，也没有结果。一路上，盼盼都在思考着这个问题。

回到家中，盼盼把这个问题告诉了老爸高大伟，高大伟听了盼盼的话后，略微思索了一下便笑着说：“我知道这个问题的答案了！来，接着。”爸爸拿起墙角那个皮球，递给盼盼说，“问题其实很简单，就看你能不能想得到，答案就在这个皮球身上。”

盼盼拿着皮球在屋子里拍来拍去，不一会儿，他也眉开眼笑地说：“我想到答案了。”

你知道老师这道数学题的答案是什么吗?

27. 这时间是怎么回事儿？

杨阳的书房里挂着一面大镜子，那面镜子对面的墙上挂着一个大钟，平时站在门外，就能从镜子里看到大钟上的时间。中午，儿子杨峥走进爸爸的书房叫他吃饭，看到镜子里大钟上显示的时间是12点11分，爸爸说让他们先吃，自己待会儿就来；过了20分钟后，杨峥又去叫爸爸吃饭，这次，他看到那个镜子里显示的时间是11点51分，他觉得很奇怪；40分钟后，杨峥又随着爸爸去书房，这次他看了那个镜子里显示的时间是12点51分。

杨峥很困惑，问道："爸爸，你能通过那面大钟知道时间吗？""当然能了！"爸爸回答道。

其实，这个大钟并没有人调过。那么，你能向杨峥解释一下这是怎么回事吗？

28. 欢快的鱼

某日夜晚下了一场大雪，气温骤降到0℃以下。在某小区发生了一起盗窃案，警方经过周密的调查，最后将目标锁定在鲍勃身上。

警察问鲍勃，昨天晚上他是否有不在场的证据。鲍勃回答说："昨天晚上我一直在家里看电视，10点钟时，电视出了故障，导致短路。由于我本人对电路一窍不通，所以洗洗就睡了。今天早晨，我找了一个修理工，将电视机和电路都修好了。"

"你能让那个修理工证明他确实替你维修过电视机和电路吗？"警察问道。

"发生这样的事毕竟很偶然，我一般不留下他们的联系方式，如果再发生同样的事，我会找别人。"鲍勃答道。

警察未能找到鲍勃的破绽，可是当警察将目光定格在鲍勃家中鱼缸里那几条活蹦乱跳的热带鱼时，立刻意识到鲍勃所说的全是谎言。

请问，警察发现了什么？

29. 说假话

杰瑞在热闹的集市上出售一条狗，而且标价颇高：5000 美元。杰瑞的举动引来很多人的围观。

大家都想问的一个问题是，他的狗为什么值 5000 美元。

杰瑞解释说："我的狗通人性。给大家举个例子吧。在我家附近有一条铁路，有一天，突然从山上滚下来一块巨大的石头，将铁路拦死。我看见后非常着急，便想爬到山坡上发信号，但由于着急，却扭伤了脚踝；这时，这条狗不顾一切地跑回家，叼来一块硕大的红布，然后爬到了坡顶。火车司机看见坡顶上的红布，马上采取了紧急措施，从而避免一场灾难。大家说我的狗是不是很神奇？"

围观的人们听了都发出啧啧的称赞声。这时，正好侦探威尔斯从这里经过，他微笑地说："你说的根本不是事实。"旁边的人听完威尔斯的解释后，都信服了。

请问，威尔斯根据什么判断杰瑞在说谎？

30. 遗留的线索

格林兄弟两人在伯明翰开了一家小珠宝店。忽然有一天，他们的堂弟博尔特从远方来投靠他们，于是格林兄弟就让堂弟到店里帮忙，顺便照顾他。可是心怀叵测的博尔特却计划把平日与他合不来的弟弟杀死，并准备偷走店中的珠宝后逃走。

博尔特和格林兄弟中的弟弟长得几乎一模一样。一天，博尔特假装哥哥的声音，从外面打电话给弟弟，将弟弟骗出去杀了，然后把尸体投入水井之中，并且把弟弟所穿的衣服藏起来。到了半夜，博尔特偷偷地进入珠宝店，把现款、珠宝及弟弟的旅行支票拿走。第二天是礼拜天，珠宝店公休，博尔特就把头发染成与弟弟一样的金黄色，穿上弟弟的衣服，这样的打扮，几乎就跟弟弟一模一样。

博尔特首先将珠宝放到挖空的书本中，然后以自己为收件人把书寄出去；接着用弟弟的旅行支票，搭船渡过多佛海峡，并且尽量地引人注意。

最后博尔特再以自己本来的面貌回到伯明翰。

星期一，格林哥哥来到珠宝店，发现珠宝和现款被盗，而弟弟又不见踪影，大惊失色，连忙报警。

伯明翰警察局的盖伊警长奉命调查此事。哥哥对他说，弟弟平时生活虽然不太检点，但是珠宝的产权有一半是弟弟的，所以不可能是弟弟偷走了现款。

盖伊警长认同他的说法，现场留下的线索虽然对弟弟不利，可是盖伊认为弟弟是无辜的，最大的嫌疑犯就是堂弟博尔特了。

盖伊警长在珠宝店中仔细地搜查，最后发现了可靠的证据。

请问，盖伊找到了什么证据呢？

31. 把底部的大米倒出来

今天，巍巍看到奶奶拿出了一个袋子，然后往里面装了一些大米。接着，用绳子扎紧袋子中部后，又往里面装了一些红豆。

看到这里，巍巍对奶奶说："奶奶，我不久前学了一个方法，能在没有任何容器也不将大米和红豆倒在地上或其他地方的情况下，先把大米倒入另一个空袋子中。"

"这怎么可能呢？大米可是在这个袋子的底部呢？"奶奶疑问道。

你觉得巍巍能够先把底部的大米倒出来吗？

32. 视力很好的证人

探长布朗是一个非常注重观察生活的人，他能在极其细小的事情中发现出不平常的道理，而这种喜好也帮他破了不少棘手的案子。

一次，在法庭上，被告的证人上庭替被告作证："当时是晚上10点多，他没开灯，我走进他的房间，发现他穿着红色的衣服躺在沙发上。当时我很奇怪，屋里这么暗，为什么他不开灯呢？"

"你确定他穿着红色衣服吗？"布朗问。

"对，不仅穿着红色的衣服，还穿着一双红色的拖鞋。"证人说。"法官大人，他做的是伪证。”布朗毫不迟疑地指出。

请问同学们，如果是你，你也会做出这样的判断吗？

33. 来自鲜花的指证

雷蒂诺到树林里溜达，无意间发现了一具尸体。他一边报警一边蹲下来对尸体进行检查。他看到死者的身上没有任何外伤，死亡时间至少有 20 小时以上，在死者的旁边有一个空饮料瓶子。

一会儿警察赶来了，经过鉴定，饮料瓶的瓶口和里面残存的液体都有毒。在搬动尸体时，又看到尸体下方压着一株月见草，上面还盛开着一朵小黄花。

警方判断死者是在这个地方服毒自杀的。但雷蒂诺不同意这样的判断，他告诉警方：“这个人的确是被谋杀的，但第一现场不在这里，他是死后被移尸到这里的。”

雷蒂诺是怎么判断的呢？

34. 戴着墨镜的富商

7 月的一天，摩尔私人侦探所来了一名戴着墨镜，蓄着胡子，年约五十岁的富商。他想请人保护自己，说有人要暗杀他。

他已结婚 20 多年，夫妻恩爱，但有个鲜为人知的秘密，就是他在外面有一个年轻的情人，而该女子也有另外一个德国籍男朋友。最近，她的男朋友得知自己的女友与富商关系密切之后，十分愤恨，扬言要杀了他报复！

这名中年男子的太太外出旅游已有一段时间了。富商昨晚回到家，一进门，只见屋内一片凌乱，心知不妙，特来求摩尔帮助。

摩尔本不想介入这种家庭纠纷，但迫于无奈，只得答应，并叫他明天过来，一起商量对策。

第二天早晨，摩尔一到办公室，就看到了报纸的头条新闻——昨晚一个中年富商惨遭暗杀！细看照片，正是昨晚所见到的男子，于是他赶紧同助手赶到现场，只见尸体安放在床上，脸被毁容。警方凭死者的指纹，结合现场调查，推测是疑凶撬开窗户，潜入屋内，杀死了熟睡中的男主人。在旁边，还发现了一张德文报纸。

摩尔赶紧把死者昨晚向他求助的事情告诉了警方。于是，警方登报通缉女子情夫德国男子。

不久，富商的妻子回来了，得知丈夫被害，感到非常伤心。警方找不出足够的证据证明这名德国籍男子杀死了富商，案子一拖再拖。慢慢地，富商的妻子又有了新的男友。

摩尔为此事一直耿耿于怀，于是下定决心，一定要侦破这件案子。一天，当摩尔在咖啡厅喝咖啡想着案情的时候，突然听到邻桌有一个熟悉的声音，循声望去，发现富商的妻子正在和一个陌生男子谈话。

摩尔想了想，顿时冷汗淋漓，终于明白了，心中想："好一个奸猾的圈套啊!"

聪明的读者，你知道这到底是怎么一回事吗?

35. 爷爷怎样把鱼竿带上飞机的?

海蓝的爷爷高峰春节快过完时，去了一趟海南游玩。回来的时候，在当地买了一根长鱼竿回来。

临上飞机时，爷爷才知道航空公司规定，登机人员随身携带的物品长宽高都不得超过1米，而爷爷的这根鱼竿直径虽然只有2厘米，但长度却有1.7米。

眼看飞机马上就要起飞，但爷爷还在为这根鱼竿烦恼不已，既然买了就不能不带走，可想要带走的话，航空公司又不允许。情急之下，爷爷突然想到了一个好主意，他买了一个东西，然后便把鱼竿装进去顺利带上了飞机。爷爷既没有把鱼竿折断，又没有违反相关的航空规定。

你知道爷爷买了什么东西吗?

36. 怎样看到对方的脸?

两个人，一个面向南一个面向北站着，不允许回头，不允许走动，也不允许照镜子，他们怎样才能看到对方的脸?

37. 教授的新药

艾克罗伊德教授发明了一种新药。轰动了医药学界，很快成了名人。这一天克鲁格警长接到一个电话，对方焦急地说："我是艾克罗伊德教授……"克鲁格警长说："我知道您的大名，有什么事?"艾克罗伊德教授显得很慌张，语无伦次地说了半天，警长才明白，原来他的办公室被小偷光顾了。

克鲁格警长来到教授的办公室，只见文件柜的抽屉开着，纸片撕了一地，房间里很暖和，椅子后面的火炉上，水壶在咕嘟咕嘟冒着热气。艾克罗伊德教授和他的秘书趴在地板上整理着，不知道是太紧张还是屋里太热了，艾克罗伊德教授光光的头上都是汗水。

艾克罗伊德教授见到克鲁格警长，站起来说："我回到办公室，看到文件柜被打开了，资料撒了一地，有一份新药的机密资料不见了。"

克鲁格警长说："我看，小偷是冲着机密资料来的，你觉得有谁值得怀疑吗?"艾克罗伊德教授想说什么，又止住了，秘书提起火炉上的水壶，给艾克罗伊德教授和克鲁格警长各沏了一杯咖啡，把水壶放回火炉上，就离开了。艾克罗伊德教授等他走了以后，悄悄地说："我有些怀疑他。"克鲁格警长说："我去跟秘书聊聊，也许能问出点什么。"

克鲁格警长来到隔壁的秘书办公室，问了很多问题，秘书都一一做了回答，没有什么不正常。忽然，隔壁传来一声沉闷的声音，克鲁格警长和秘书跑过去一看，只见艾克罗伊德教授倒在椅子旁，捂着胸口抽搐着，接着就停止了呼吸。

法医检查以后，发现艾克罗伊德教授的后颈上，有一根细细的毒针，针的尾部连着一只软木塞。可是，凶手是怎么进到房间里的呢?克鲁格警长看了看现场，很快做出结论：是秘书盗窃了机密资料，受到艾克罗伊德教授的怀疑，就谋杀了教授。

秘书一直和克鲁格警长在一起，克鲁格警长为什么说他谋杀了教授呢？

38. 门铃不响

某小区昨天晚上发生一起盗窃案，警方根据小区监控录像发现小区居民罗伯特有很大的嫌疑。警方立即传讯了罗伯特。

“你昨天晚上干什么去了？”警察问。

“我待在家里看电视，哪儿也没去。”罗伯特镇定地说。

“可是，当我们接到报案后，敲了你家的门，并且按了你家的门铃，你没开门，说明你当时不在家中。”警察继续追问。

“当时我正在屋里睡觉，你们敲门我当然听不见。至于我家的门铃，很抱歉，昨天晚上我不小心掐断了电线，门铃没响。”罗伯特回答说。

警察直视着他说：“你在撒谎。”

请问，警察有什么证据证明罗伯特在撒谎？

39. 假酒鬼

一个寒冷的夜晚，巡警本森正开着车在街上巡逻，突然他发现前面不远处的珠宝店里有手电发出的光亮。“这么晚了，珠宝店里怎么还有人。就算他们加班，也不会打手电筒。”本森意识到有情况，马上给警局打电话，请求支援。当他们包围这家珠宝店后，发现小偷好像事先得到了消息一样逃走了。“一定是有人在给他们放哨，否则他们不可能知道我们赶到。”本森说。

当时街上有三个人，一个是上了年纪的老人，一个是中年妇女，一个是酒鬼。上了年纪的老人说：“我从女儿家回来，经过这条街准备回家。如果你们不信，可以去问我女儿。”中年妇女说：“我儿子得了急病，正急急忙忙赶往医院。”酒鬼拿着打开瓶盖，并且已经结冰的酒瓶，摇摇晃晃地说：“我不知道发生了什么，我只想喝酒暖暖身子。”本森看着这三个人，说：“我知道谁与小偷是同伙。”

同学们，如果你是警察，你认为谁是小偷的同伙呢？

40. 王子能娶到公主吗？

一位王子向智慧公主求婚。智慧公主为了考验王子，就让仆人端来两个盆，其中一个装着 10 枚金币，另一个装着 10 枚同样大小的银币。仆人把王子的眼睛蒙上，并把两个盆的位置随意调换，请王子随意从中选一个盆，从里面挑选出 1 枚硬币。如果选中的是金币，公主就嫁给他；如果选中的是银币，那么王子就再也没有机会了。王子说：“能不能在蒙上眼睛之前，任意调换盆里的硬币组合呢？”公主同意了。

请问：王子该怎么调换硬币才能够确保更有把握娶到公主呢？

41. 黑暗中的绿光

有一座古老的小镇，小镇民风淳朴，几十年来一直未发生过恶性案件。可是，一件凶杀案，让原本宁静了几十年的小镇突起波澜。

这件凶杀案发生在偏僻的小旅馆里，死者是一位货车司机。

经过警方查访，有三个人的嫌疑最大。一个人是司机的朋友托马斯，据知情人说，司机与托马斯的妻子存在暧昧关系，托马斯曾扬言要杀死他们二人；另一人是赫尔岑，他是一家餐馆老板，死者曾多次去这家餐馆吃饭，但拒绝付账，因此，赫尔岑对他恨之入骨；最后一个是附近的一个保安，因为司机曾胡乱停车，遭到过这个保安的罚款。二人由此交恶。

据目击者提供的信息，案发当时，现场曾发出绿光。根据这一线索，警方找到了凶手。

同学们，以你对常识的了解，你认为谁是凶手呢？

42. 北极探险的故事

英国两个探险爱好者到冰天雪地的北极探险，被一条冰河挡住了去路。他们想游过去，但冰河很宽，水又很凉，很可能会被冻死。他们想要绕过去，可是沿着河岸走了半天，也绕不过去。“要是有树就好了。”一个探险家说，“我们有斧子、铁棍等工具，可以造一只木船。”可是，这里到处是厚厚的冰雪，上哪里去找树呢？

后来，另一位探险者想了一个办法过了河，他们没有用到树，而且他们的身体没有被河水沾湿，请问他们是用什么办法过河的？

43. 异常工整的遗嘱

帕尔默和亨利是兄弟俩，二人正在为遗产争得不可开交。起因是，二人的父亲临死前留下一份遗嘱。遗嘱中说，他死后将名下所有的遗产都留给亨利。而帕尔默认为，这份遗嘱是伪造的。

俗话说，清官难断家务事，但家务事所引起的纠纷还是需要人来判断真伪。兄弟二人便向素有神探之称的皮特求助，请他来做个评判。皮特问：“你父亲临去世前嘱咐了什么吗？”

“没有，因为他得的是帕金森综合征，话很难说得清楚。”亨利说。

“那这份遗嘱是什么时候写的呢？”皮特问。

“临终前他写的。”亨利答道。

皮特仔细看了看这份遗嘱，发现字写得异常工整。“噢，我知道真假了。”皮特说。

请问，皮特知道了什么？他又是根据什么判断出真假的。

44. 陆倩和王琳

陆倩住在一幢高层大楼的16楼。平常她和王琳一起出去，但是某一天，王琳生病了，她只好独自出去了。她乘电梯到了一楼，然后乘坐公交车。在她回来的时候，她乘电梯仅到了5楼，然后爬楼梯到了第16楼。电梯没有出故障，而陆倩也的确宁愿乘电梯也不愿走那么久的路。那么，她那天到底是为什么呢？请你给出一个合理的解释。

45. 藏在哪里不被发现？

一所著名的警校招考警员，其中有一道题是这样的：一个人，藏在哪儿最不易被发现。考生回答的答案五花八门，有答躲在荒郊野外的，有答躲进屋子里不出来的，等等。只一个叫凯恩斯的考生的答案最令考官满意。

请问，凯恩斯的答案是什么呢？

46. 露馅儿的回答

伯尔顿博士死在自己的公寓里，从现场看，是他杀，但是狡猾的凶手居然没有留下任何蛛丝马迹，这给破案工作带来了极大的难度。

经过警察的明察暗访，六十多岁的门卫向警方提供了一条重要线索。门卫说，在死者被杀前，有个陌生男子曾来过此公寓，他只在这个公寓待了十几分钟时间，就匆匆离开了。

警方根据门卫的描述，绘制出了那人的图像。令警方吃惊的是，这个人是某监狱的越狱犯。警方随即展开搜捕。不久，嫌疑人被抓获。警方出示证据，但是嫌疑人狡辩说：“你们说那个老头见过我，可我从来没见过那个老头。”警察听完他的话，严厉地说：“你还狡辩，你已经承认自己所犯下的罪行。”

请问，警察根据什么得出此结论？

47. 无穷旅馆

这个问题把你引向奇异的无穷世界：你是一家无穷旅馆的经理，你的旅馆有无穷多个房间。无论旅馆有多么拥挤，你都能给新来的客人安排房间：只要简单地把 1 号房间的客人移到 2 号，2 号房间的客人移到 3 号，3 号房间的客人移到 4 号。以此类推，把所有的客人都用此方法安置好后，你就可以把新来的客人安排到 1 号房间。

不幸的是，当你打算去休假时，来了一批前来开会的客人，会议讨论的问题一定很热门，因为来了无穷多个人。你已经有了无穷多个客人，那么你怎么安排这批新客人呢？

48. 会发声的陶瓷品

一位古董商正在与富翁谈生意，他告诉富翁自己有一件很值钱的陶瓷瓶，这个陶瓷瓶可以发出清脆的声音，但是里面什么东西也没有，富翁一听当然非常感兴趣，于是便花大钱买下了这件宝贝。拿回家轻轻一摇，里面果然有清脆的声音，他很好奇，想看看瓶子里究竟有什么东西，可是这个瓷瓶的盖子怎么也打不开。富翁好奇心切，最后把瓷瓶打碎了想一看究竟。结果什么都没有发现。那么，到底是什么东西发出的声音呢？

49. 人车的位置

一天夜里，斯皮尔警长和他的助手正在巡逻，巡逻车开到一个偏僻的地方时，发现一个人横躺在马路旁，后面是他的摩托车，前面几米处是一棵大树，大树被撞得破了皮。

“这可能是这个人开车速度太快，不小心撞到了树上，导致车毁人亡。”助手在一旁说。

“有这个可能，不过我们还是需要仔细查看一下现场。”斯皮尔警长说。

现场并没有留下证据证明是他杀。助手说：“现场除了死者的摩托车印和脚印外，并没有其他人的脚印，应该是自杀无疑了。”

助手的这句话让斯皮尔警长心头一震，他沉吟了一会儿，大声说：“不对，这是他杀。”

请问，斯皮尔警长根据什么判断出这是一桩谋杀案？

50. 神色慌张的青年

金山公司老板在夜晚加班处理事务时，被闯进来的陌生人枪杀了。公司的安保措施历来被认为是非常健全的，但对于此人是如何闯入公司，并以无人觉察的方式来到老板办公室的这些问题，该公司的安全总监不知作何解释。他只能确定凶手是外部人员。因为摄像头的拍摄证明，这个人在进入大厅10分钟后来到了老板办公室门前。

由于报案及时，警方相信凶手还未跑远，便立即展开了搜捕。的确如此，他们还没有追出多久，社区警察就提交了一个嫌疑人给他们。原来，他们在附近巡逻时，发现一名青年从公司出来，向远方跑去，并不时地回头张望。当巡警拦住他，问他为什么逃跑时，青年更加慌张了。就在这时，巡警正好接到了呼叫中心的通知，所以把这个青年带到了指挥中心。

警方立刻调出录像和该青年进行比对。因凶手奇迹般地躲开了所有主摄像系统，拍摄到凶手的都是备用摄像系统，录像效果非常差，所以根本无法确认。青年说，他今天确实是到金山公司捣乱的，因为金山公司让他破了产，但他只是用棍棒砸了公司的大门，并没进去杀人。

那么，他会不会是凶手呢？

51. 一张被丢弃的面巾纸

美术馆丢失了一幅珍贵的名画，只留下一个空空的画框，现场没有机械工具的痕迹，警方怀疑是内部人偷盗。唯一的线索是画框下面一张被丢弃的面巾纸，几只苍蝇正叮在上面。

警方锁定嫌疑人是昨晚值班的四位工作人员之一，于是分别传唤四个人。管理员甲说："我承认错误，没有请假就擅自不来上班，昨晚我儿子突然发烧，我带着孩子去医院了，我整个晚上待在急诊室里。"管理员乙说："我昨晚一直在整理美术馆的资料，没有留意其他事情。"管理员丙说："我、我一直在用电脑看节目，我承认自己上班时间玩忽职守。"管理员丁说："为了让自己上班时间保持清醒，我昨晚喝了两杯咖啡，一直待在监控室里，没有发现什么可疑情况。"

根据四个人的话，警方很快找到了盗窃者，你知道是谁吗？

52. 能够将网球取出来吗？

网球比赛时，网球掉到了地面上的一个洞里，这个坑不仅弯弯曲曲，而且也不大，其直径只有20厘米左右。手不能伸进去把球取出，地面土质又硬又黏，也不好挖掘。你说在不损坏网球的前提下，能够将网球取出来吗？

53. 谁是行凶者？

一个叫汪虎的恶汉出村割草，看到邻村的曹小宝在采桑叶，汪虎欺负曹小宝身体瘦小，便口出污言辱骂。曹小宝起先还忍着，只顾采桑叶，也不理他。后来，汪虎竟得寸进尺，动了手。小宝忍无可忍，两人扭打了起来。汪虎向来蛮横，举刀便朝曹小宝砍去。曹小宝虽然被砍了几刀，但终于逃脱。当日曹小宝就将汪虎告到县衙。

县官一听，立刻派人捉拿汪虎。没想到汪虎不但不逃，反而来到县衙大喊："冤枉。"他辩解说："曹小宝恶人先告状，是他先砍了我，我才抢过他的刀，砍了他几下。"说着，拿出一件血衣，还把上衣脱下，露出有刀伤的右臂。

这究竟是怎么回事？

县官仔细察看了汪虎右臂上的伤，发现伤口是上轻下重，这让县官百思不得其解。县官略微沉思，然后说："本官审问多时，你们大概也饿了。"县官说着命人端来饭菜，汪虎拿起碗狼吞虎咽地吃了起来。县官一看，认准了汪虎就是凶手。

请问，县官发现了什么？

54. 调虎离山之计

私人侦探弗兰克·贝特尼独自经营着一家小小的事务所，生意十分兴隆。这天，事务所里来了一个戴着墨镜的男子。他对弗兰克·贝特尼说："我想请你对一个人进行跟踪，严密监视她的一举一动，而且千万不能让她察觉。”

“那很容易！跟踪这事儿，我干过不止一两回了，哪一回也没出过岔子。请问要跟踪多久呢？”

“一个星期就可以！到时我将来这儿取报告。”

说完，那个男人掏出厚厚一沓纸币交给了弗兰克·贝特尼，然后又取出一张少女的照片，放在那沓纸币上。

第二天，弗兰克·贝特尼立即开始了跟踪活动。他在那少女家的附近暗中监视，没过多久，就看到照片上的那个少女从家中出来。不过，看上去她家并不豪华，少女本人也不算个美女。为什么要不惜花费重金对她进行跟踪呢？弗兰克·贝特尼感到这事有点蹊跷。

看样子，这个少女是个喜欢旅游的人。她并未察觉到有人跟踪，径直走到火车站，买了一张车票。少女在一个小站下了车，来到山上一家小旅店住了下来，看样子是来游览山上的风光的。她一天到晚总是出去写生，从不和任何人交流。

弗兰克·贝特尼巧妙地隐蔽行踪，躲在远处，用望远镜监视着她。可是三四天过去了，他根本没有发现少女的行动有丝毫可疑之处。她既不像间谍，也不像是来寻找什么宝藏的，为什么要监视跟踪她呢？弗兰克·贝特尼十分纳闷。

一周时间就这样过去了，那个少女仍然没有什么异常的举动。虽说跟踪就要结束了，可弗兰克·贝特尼还是按捺不住自己的好奇心。他装着若无其事的样子走到少女身旁，搭讪道：“您这次旅行好像很悠闲呀！”

少女微笑着答道：“是呀，我是一个学生，本来没钱这么尽兴地游玩。多亏一位好心人的帮助，我才得以享受旅游的乐趣！”

“这是怎么回事？”弗兰克·贝特尼很奇怪。

“事情是这样的。有一天，我在酒吧里碰见了一个戴墨镜的男子，他好像很热心，主动提出给我一笔钱做旅行费用，让我选择自己喜欢的地方去走走。真是个好心人！他什么要求也没跟我提，只是要了我的一张照片，说不定是用来做广告什么的，所以才肯……”

戴墨镜？弗兰克·贝特尼若有所思，莫非就是我的那位雇主？不过，很难想象在当今这个尔虞我诈的社会中，竟有这种乐善好施的人。突然弗兰克·贝特尼脑子里灵光一闪:“啊,不妙!”他马上意识到了什么,于是赶紧乘车赶回事务所。

一回到事务所,弗兰克·贝特尼立刻就明白了事情的缘由……

你知道发生了什么事吗?

55. 反常举动

两名铁路工人正在检修路轨,这时一辆特快列车迎面向他们高速驶来。火车司机没有注意到他们正在路轨上工作,因此来不及减速了。这两名工人沿着特快列车所在的铁轨朝列车迎面跑去,这是为什么?

56. 追车人

一辆载满乘客的公共汽车沿着下坡路快速前进着,有一个人在后面紧紧地追赶这辆车子。一个乘客从车窗中伸出头来对追车子的人说:“老兄,算啦,你追不上的!”“我必须追上它。”这人气喘吁吁地说。请你想象一下,到底会是什么原因,才使得这个人追车如此卖力?

57. 没撞着穿黑衣的醉汉

公路上有一辆汽车飞驰,没有开灯。突然间,有一个穿黑衣服的醉鬼走到路中央。这时没有路灯,也没有月光。眼看那个人就要被汽车撞倒,但汽车忽然刹住了,是什么原因呢?

有人答:“醉鬼手里有手电筒。”

有人答:“因为醉鬼大声叫喊。”

但这些答案都不够准确,你知道正确答案是什么吗?

58. 抬病人

清朝有个叫于成龙的人,他是一位清正廉洁、断案如神的官吏。

当于成龙在某地当县令的时候，有一次他出门，偶然看见四个人用木板抬着一个女病人。女病人躺在床上，盖着大被子，“哎哟”“哎哟”地叫个不停。抬她的那四个人非常吃力，不停地换肩膀。于成龙感觉这件事异常奇怪，便吩咐捕快暗地里跟踪。结果证实了于成龙的判断，这是一帮盗贼。捕快立即将这伙人缉拿归案。

请问，于成龙是怎样看出其中破绽的呢?

59. 盲人的花招

有一个盲人，准备去集市摆摊算命。路过一条河时，听到河水哗啦啦地响，他不敢涉河，只好停在河边。

这时过来一个农夫，盲人请农夫背自己过河。农夫人很淳朴，爽快地答应了。

趴在农夫的背上，盲人摸到农夫腰间有一块布，贪婪之心让他心生歹意，他想将这块布据为己有，便偷偷地在布上别了一根针。

当农夫背盲人过河后，盲人强说这块布是他的，农夫气得直跺脚，却又无可奈何，只好去县衙，请县令裁决。

县令问：“既然你们都说这块布是自己的，你们有什么证据没有?”

“这是我妻子辛辛苦苦织出来的，怎么可能会是他的呢?”农夫又气又恼地说。

“大人，我有证据。在这块布上有一根针，如果大人不相信，可以仔细地看一看。”盲人说。

县令打开布一看，果然有根针。“嗯，不错，花布上果然有根针。”

“是啊!”盲人得意扬扬地说，“这块花布是前天我从集市花一两碎银子买回来的。”

“大胆，竟然为一匹布而生贪念，还不从实招来。”县令大喝道。

请问，县令是怎样知道盲人在说谎?

60. 坛子里的红枣

有一个富商经营有道，积聚了大量财富，令人遗憾的是，他无妻无儿。

有一年，富商离家出去做生意，但家中的财宝又让出远门的他很不放心。再三权衡，富商将银两装进一个坛子里封好，然后交给了一位朋友。富商对朋友说这是一坛红枣，请朋友务必保存好，并说自己不久就会回来。

可是富商一去，竟然三年都没有音信。而朋友等了两年多，不见富商回来，便打开坛子查看，发现里面放的是白花花的银两，于是贪心顿起，用红枣代替了白银装进坛子里。

之后，富商回来，他见坛子里放着红红的大枣，就问："坛子里的银子呢？"

"你不是说这坛子里装的是红枣吗？"朋友反问道。

面对见利忘义的朋友，富商无奈，只好将朋友告到了县令那儿。

县令一看那还算新鲜的红枣，便立即判断出富商的朋友在撒谎。

请问，县令为何如此迅速地作出正确的判断？

61. 让人惊慌的叫声

这几天，整个休斯敦警察局都没得安宁，大家都在为某报社董事长杰夫家里失窃一事忙得不可开交。因为如果这个案子侦破不了，警方一定会被这家报社在报纸上羞辱一番。

局长亲自负责这件案子。一日，局长塔普利叩开了杰夫家的门，漂亮的女主人彬彬有礼地将他让到客厅。女主人喋喋不休地介绍这介绍那，就是提供不出一星半点有价值的线索。塔普利失望极了，漫不经心地听她的唠叨。

突然，客厅里的那只鹦鹉开口学舌了，似乎在反复重复着一句话："到这儿来，罗兰多！到这儿来，马克！"

局长塔普利很是好奇，忙转过头问女主人："杰夫夫人，请问您家里有名叫罗兰多、马克的人吗？”

杰夫夫人想了好长一会儿，说：“绝对没有。这鹦鹉学人说话很逼真，这几天老是重复这两句莫名其妙的话。”

“夫人，请再回忆一下，鹦鹉学说这两句话，是在盗窃案发生之前还是之后？”

“肯定在案件发生之后！”

“太好啦！请转告杰夫先生，过几天，这起盗窃案将水落石出！”局长塔普利很自信地说。

塔普利回到警察局，借助电子计算机查找名叫罗兰多、马克的惯犯档案。不出他所料，果真确有其人。经过一番侦查，两人作为嫌疑犯拘捕入警察局。

塔普利开始审讯，可罗兰多和马克不当回事，竟在警察面前大摇大摆，有说有笑。局长塔普利亦不发问，只是冲他们笑，直笑得两人毛骨悚然。

突然，半空中传来一声叫唤，罗兰多和马克听到后，惊慌地尖叫一声，马上耷拉下脑袋。于是，一五一十交代了自己的作案事实。

你知道，是什么东西叫唤使得罗兰多和马克如此惊慌吗？

62. 列车上的失窃案

在一列从南方开往北京的特快列车的 10 号车厢里，相对坐着 4 个人，他们的目的地分别是北京、济南、徐州、德州。

由于去北京的那个旅客年纪偏大，坐了几站后，想去补一张卧铺票，于是他便将包放在桌子上，趁火车靠站时，去了补票车厢。

老人回来后发现自己的皮包不翼而飞。乘警闻讯赶来进行调查。一个人说：“我去隔壁车厢看我的老乡去了。”一个人说：“列车停站后，我出去买了点吃的。”另一个人说：“当时内急，我去了趟厕所。”乘警听完他们的叙述，当即带走了第三个人。

请问，乘警为什么带走他？

※ ※ ※

答 案

1. 县令夫人的智慧

3月，沧州还处于寒冷时节，根本不需要扇子。犯罪嫌疑人之所以将李宁的扇子留在现场，是为了嫁祸李宁。

2. 神奇的巫师

巫师的话大致是这样的："在座诸位大人心里所想，我了如指掌，那就是：'我一生都会忠于国王，永远不会图谋背叛或造反。'"在国王面前，大臣们谁敢不同意呢？

3. 不受欢迎的聪明鹦鹉

这只鹦鹉只会说一国语言。前一只鹦鹉，到哪里都能模仿当地国家的语言，这样就显得很有趣。而后一只鹦鹉虽会回答问题，但它不会使用当地国家的语言，因此在国外的观众看来就没有什么乐趣了。

4. 不会化的巧克力

众所周知，巧克力在28℃以上就会变软，而这个火车站还没有安装空调，那人拿出来的巧克力是硬邦邦的，说明他刚从有空调的火车上下来。一般而言，普通乘客是不会撒谎的，由此证明此人是小偷。

5. 入睡妙招

隔壁的房客鼾声如雷，他只好用这种方式让对方醒过来，他好入睡。

6. 外星人的描述

就是圆规呀！日常生活中即使是我们非常熟悉的东西，如果换个角度看，就会有意外的发现！

7. 痕迹的深浅

骑自行车走平坦的道路时，人体的重量一般会加在后车轮上，因此，在平坦的道路上骑自行车，一般是前车轮痕迹浅，后车轮痕迹深。凶手为加快逃跑的速度，必定会将身体向前倾，于是导致车轮印痕前后一致。而在上坡时，由于要奋力蹬踏，前后车轮印痕一致是正常的。根据这个常识，王探长抓住了真凶。

8. 考警察的试卷

（1）太阳当空照时，树是不会留下长长的影子的。

（2）靠地下涌泉补充的湖是不会有潮涌的。

（3）海鳟是海水鱼，而不是淡水鱼。

（4）午夜时分，湖对岸的警察很难看到海因策和沙夫。

9. 找地方

坐在第一个人的膝上。

10. 跳不出去的圆圈

哥哥把绳子绑在弟弟的身上，弟弟当然就跳不出去了。

11. 真假钞票

付假钞票的是史密斯。因为鲁伯在结账时，史密斯只是付了一张 100 马克面值的钞票，没有其他钞票可以比对。通常情况下，使用假钞的人一般会利用两种情况达到目的，一是给一张钞票，使人无法比对；二是给一摞钞票，企图蒙混过关。

12. 过河谜题

需要往返 7 次。1. 人和马一起过河；2. 人回来；3. 人和老虎一起过河；4. 人带马回来；5. 人带草一起过河；6. 人自己回来；7. 最后一次，人带马一起过河。这样，人、虎、草和马就都过河了。

13. 超载机车巧过桥

要想不超重的话，那前后两辆汽车就不能一起过桥。这么想的话，答案就出来了。加长中间钢索的长度，保证一辆汽车在桥上的时候，另一辆还在岸上就行了。

14. 运动员的小腿肚

比赛开始时先测量一下村长家人的小腿肚，比赛结束后再量一下。在跑完 26 英里后，运动员小腿肚大约会增加 1 英寸。

15. 自作聪明

上门拜访，通常情况下是敲门，而不是敲窗户。由于迈克事先知道杰克给门刷油漆，为避免身上沾染油漆，所以敲了窗户。正是由于这一点，让他露出了破绽。

16. 难以模仿

人紧闭两眼，猴子也紧闭两眼。可是，人什么时候睁开眼睛，猴子是永远不知道的。题目中所举的模仿都是在至少睁开一只眼睛的情况下，猴子只要有一只眼睛不闭着，就始终能够看到它跟前所有人的一举一动。

17. 不速之客

进入自己的房间，一般是不会敲门的。那个男子之所以会敲门，是在试探屋子里是否有人。显然他就是小偷。

18. 蚂蚁的路

由一只蚂蚁把沙子搬出凹处，放在通道里，然后另一只蚂蚁进入凹处，再由那只蚂蚁推着沙子过凹处后暂停，然后另一只蚂蚁爬出凹处沿着通道爬走，最后那只蚂蚁将沙子再拖回凹处，自己走掉。

19. 乒乓球游戏

小姑娘还是能玩乒乓球的，小姑娘可以从袋子里拿出一个乒乓球之后，立刻藏在身后。如果爸爸要求小姑娘把它亮出来，而此时小姑娘就可以说："我亮不亮出来没有关系，只要看看袋子里面留下的是什么颜色的乒乓球，就知道我拿的是什么颜色的乒乓球。"此时，爸爸一定无话可说了，因为袋子里装着的就是白色乒乓球。

20. 没有摔伤的技巧

虽然是20层高楼，但没有说那个人是从哪一层窗户往下跳的。从一楼的窗户往下跳的话，怎么也不会摔伤的。

21. 聪明的卫兵

当卫兵用英语同那名男子交流时，那名男子表示自己听不懂英语；而当卫兵用英语提醒他乘坐第二个电梯时，他马上听懂了，说明他刚刚欺骗了卫兵，可能图谋不轨。

22. 你想不到吧？

A是鸡，B是生鸡蛋，C是熟鸡蛋，D是臭鸡蛋。

23. 魔术的奥妙

当丽莎被床单盖住之后，她的双脚立即从硬质的长靴中脱出踩在地上，那双"脚"则由平伸的双手举着。她随着查理的手势上浮下沉，实际上是在做站立和下蹲动作。

24. 掺水的威士忌

小舅舅偷喝之后，留在威士忌瓶内的酒和水的重量总和等于偷喝之前的威士忌量，所以小舅舅用水代替偷喝的威士忌的量就解决了这一问题。忽略密度的不同，两者应该是相等的量。

25. 死神从背后来

富翁的管家是凶手。别墅的所有钥匙只有富翁和管家有，别人没有钥匙是进不了门的。各种证据证明富翁的侄儿案发当晚并不在家，因此，他不是凶手。而能进入侄儿房间的就只剩下管家了，管家就是凶手。他的作案过程是这样的，管家趁富翁在院子里监督装修的时候把富翁杀了。富翁倒下时会沾到污垢。管家用枪在富翁侄子房间天花板的相同位置打一枪，然后用装修使用的机器把富翁的尸体直接放在二楼他自己的床上，并使尸体的创口处与弹孔重叠，所以在把富翁尸体移走以后，在床单上看到的印迹比其他地方深，那是因为污垢沾到床单上的缘故。

26. 拍出来的答案

3 根火柴棍摆出的 π。因为“拍”皮球的“拍”与“π”同音，并且 3 根火柴完全可以组成一个“Π”，所以老师让大家摆的是“π”。

27. 这时间是怎么回事儿?

因为镜像是反着的，所以杨峥看到的 12 点 11 分，其实是 11 点 15 分；11 点 51 分其实是 12 点 11 分，而 12 点 51 分却正好是 12 点 51 分。

28. 欢快的鱼

在寒冷的天气里，如果断了电，鱼缸中的水温调节器也会断电，热带鱼必定无法存活。正是基于这一点，警察识破了鲍勃的谎言。

29. 说假话

狗和人不同，所有的狗都是色盲。另外，狗根本不知道红色代表预警信号。

30. 遗留的线索

是博尔特的指纹。人们的外貌可以相似，但指纹绝不会雷同。

31. 把底部的大米倒出来

先把袋子中上半部分的红豆倒入空袋子，解开袋子上的绳子，并将它扎在已经倒入红豆的袋子上，然后把这个袋子的里面翻到外面，再把大米倒入袋子中。这时候，把已经倒空的袋子接在装有红豆和大米的袋子下面，把手伸进大米里解开绳子，这样红豆就会倒入这只空袋子，另一个袋子里的就是大米。

32. 视力很好的证人

在光线昏暗的情况下，红色的衣服是很难被看见的。

33. 来自鲜花的指证

是尸体下面压着的那株月见草提醒了雷蒂诺。月见草只有晚上才开花，并因此而得名。如果死者死后一直躺在这里，月见草就会因为见不到月光而不能开花，但尸体下的月见草却开花了，这就说明死者是被移尸至此的。

34. 戴着墨镜的富商

这名陌生男子既是富商太太的新男友，又是那天出现在摩尔侦探社的那名男子。他与富商的太太有着不寻常的关系，怕被富商知道，起了杀心。于是他假扮富商本人，去摩尔侦探社求助，并编造年轻小姐与德国情夫的故事，使案情更加扑朔迷离。当晚，他潜入富商家，杀了他，并把他毁容，有意在现场留下一份德文报纸，也就是为了干扰警方侦查的视线。但是他的声音，侦探摩尔记着清清楚楚。

35. 爷爷怎样把鱼竿带上飞机的？

可以买一个长、宽、高均为1米的箱子，然后将鱼竿斜着放进去。因为1米的立方体的对角线为3的平方根＝1.732，刚好超过1.7米，所以就能在不违反航空规定的前提下，将鱼竿顺利带上飞机。

36. 怎样看到对方的脸？

两个人面对面站立，才能够看到对方的脸。

37. 教授的新药

克鲁格警长从毒针联想到火炉上的水壶，有人用软木塞堵住水壶嘴，并把毒针插到软木塞上，水开了以后，蒸汽把软木塞推出来，毒针便带着软木塞刺中了教授。而这一切只有秘书才有机会做得到。

38. 门铃不响

门铃的用电是由电池供应的，即使停电了，门铃也不会受到影响。同时，提醒一下大家，照明用电和固定电话用电也不是来自同一个电源，即使家中停电了，电话依然可以使用。

39. 假酒鬼

酒鬼是放哨的，因为酒是不会结冰的，酒鬼喝的不是酒，而是水。

40. 王子能娶到公主吗？

王子可以在装有金币的盆里留 1 枚硬币，把另外 9 枚金币倒入到另一个盆里，这样另一个盆里就有 10 枚银币和 9 枚金币：如果他选中的那个放 1 枚金币的盆，选中金币的概率是 100%。如果选中放 19 枚钱币的盆，摸到金币的概率最大是 9/19。王子选中两个盆的概率都是 1/2。所以，根据前面的概率，得出选中金币总的概率是 $1/2+9/19\times1/2=14/19$。这样就远远大于原来未调换前的 1/2。

41. 黑暗中的绿光

凶手是那个保安。保安在夜间巡逻时，会戴有亮光的手表。

42. 北极探险的故事

可以用冰造一条船。因为冰比水要轻，所以冰船是可以浮在水面上的。

43. 异常工整的遗嘱

患有帕金森综合征的人，是不可能写出字迹工整的字来的，因此，这份遗嘱是伪造的。

44. 陆倩和王琳

陆倩是个每天上学、放学回家的小女孩。当她早上进入电梯时，她可以够得着标有“1 楼”的底部按钮。但是回家时，她够不着任何高于“5 楼”的按钮。如果与成年人王琳做伴，那么陆倩可以请她帮忙按一下“16 楼”的按钮，然后可以一直乘坐电梯到家。

45. 藏在哪里不被发现？

躲在人群中。有些嫌疑人哪里人多，就越往哪里跑。

46. 露馅儿的回答

警方并没说门卫是老年人，而嫌疑人却说了出来，这证明他就是凶手。

47. 无穷旅馆

你只要把客人移到号码是现在居住的房间号码的两倍的房间里就行

了。1号房间里的客人移到2号房间，2号房间里的客人移到4号房间，3号房间里的客人移到6号房间。以此类推，最后，所有奇数号的房间都空了出来，就能安置所有新来的客人了。

48. 会发声的陶瓷品

狡猾的商人在这个普通的瓷瓶里装了一些与瓷瓶材质相同的碎片，所以当富翁打碎了瓷瓶后，不可能从一堆碎片中发现他的骗人伎俩。

49. 人车的位置

第一，现场有死者脚印，而死者临死前是骑摩托车的，不大可能留有脚印；如果他留下了脚印，说明他当时经过此地时并没有骑摩托车，也就不可能发生事故。第二，如果骑车撞树而死，根据惯性原理，死者应该处于摩托车的后方才对。斯皮尔警长正是根据这两点认为是他杀。

50. 神色慌张的青年

青年不是凶手。首先，凶手能够绕过多重监控系统杀人，很明显是个中高手，他的心理素质一定非常好，在被发现后也一定能保持镇定。而这位青年在被巡警发现时神色慌张。这两种截然不同的态度和表现，明显不是同一个人应该具有的。因此，青年和凶手非同一个人。

51. 一张被丢弃的面巾纸

盗窃者是丁管理员。他偷画以后，用面巾纸擦掉指纹后扔到地上，因为他的手上有残留的咖啡，咖啡中的糖分招引了苍蝇，所以苍蝇叮在面巾纸上。

52. 能够将网球取出来吗?

把水倒入坑洞中，因为洞壁是黏性土质，水不会渗入土中，网球就浮出来了。

53. 谁是行凶者?

汪虎是左撇子，他自伤，然后嫁祸于曹小宝。

54. 调虎离山之计

原来，当弗兰克·贝特尼返回事务所的时候，发现他的事务所已经被洗劫一空。这个戴墨镜的男子使了一个小小的诡计，让弗兰克·贝特尼去跟踪那个少女一个星期，赢得了充分的时间，可以不慌不忙地进入空室作案。

55. 反常举动

他们正在一座很长的桥上工作，并且路轨旁边没有多余的空间。火车到来时，他们离火车进入大桥的一端已经很近了。所以他们可以跑到大桥的一端，然后跳到一边去。

56. 追车人

这个人不是这辆车的乘客，他很可能是掌控这辆车的人，也就是司机。

57. 没撞着穿黑衣的醉汉

因为当时是白天。你不要被本题的“没有开灯、穿黑衣服的醉鬼、没有月光”等条件给迷惑住了，以为就是晚上，也许不是晚上呢。

58. 抬病人

一个女病人，一床被子，显然不重，但那四个抬女病人的男子却异常吃力，说明被子里面还有其他非常重的东西。据此判断，于成龙认为这几个人形迹可疑。

59. 盲人的花招

县令故意卖了一个破绽，说是花布，盲人由于看不见，跟着人云亦云，从而出卖了自己。

60. 坛子里的红枣

如果红枣贮藏在坛子里 3 年，必定会干瘪，而坛子里的红枣却还算新鲜，说明是不久前放进去的，由此可以断定富商的朋友在撒谎。

61. 让人惊慌的叫声

鹦鹉叫了一句：“到这儿来，罗兰多！到这儿来，马克！”他们做梦也没想到，自己作案时相互召唤的声音给鹦鹉偷学去了。

62. 列车上的失窃案

火车靠站时是不允许上厕所的，第三个人明显在撒谎。

第七章

见机行事

——应变逻辑推理测试

1. 军事机密

一次，约翰将军受访于好友，好友向将军提出了一些问题，但这些问题事关军事机密，将军是不会回答的。但是他们俩是好朋友，将军既不愿意让好朋友为难，又绝对不能泄露军事秘密。怎么办呢?

这时，将军想了一个办法巧妙地拒绝了好朋友的要求。你知道将军是怎样说的吗?

2. 我在想什么?

父亲对儿子说："这里有一千块钱，如果你猜得出我在想什么，这一千块钱就给你。"儿子一听非常想得到这一千块钱，所以他绞尽脑汁想出了一个绝妙答案，父亲听到以后，说了声"对"后，就不得不把这一千块钱给了儿子。

你知道儿子说了句什么话吗?

3. 巧取约会

曹博士的女儿伊娃是位绝世美人，很多人都对她动了心，小伙子凯奇也不例外。不过，伊娃小姐生性羞怯，如果直截了当地请她吃饭，可能会遭到拒绝。对此，凯奇绞尽了脑汁，苦思对策。

这一天他突然想到了一个好主意，于是他来到伊娃面前对她说：“亲爱的，我有两个问题要问您，而且你只能回答‘是’或‘不是’，不准用其他语句。但在正式提问以前，我要向您预先讲好，您一定要听清楚之后再郑重回答，而且两个问题的答案都必须在逻辑上是完全合理的，不能自相矛盾。”

伊娃感觉面前的这个小伙子非常有趣，于是，她爽朗地说：

“好吧！那就请您发问吧！”请问，凯奇应该怎样提问，才能达到请伊娃小姐吃饭的目的？

4. 资深的车迷侦探

波特警长是本市颇有名气的侦探，他还是一名资深的车迷，什么样的车他都喜欢体验研究，车技更是十分了得。

一天下午，他正骑着自行车在街区巡查。忽然一辆摩托车从他眼前飞驰而过，后边传来一个女孩子焦急的声音，“抢劫了，抢劫了……”波特立马追了上去，可是自行车怎么也撵不上摩托车。碰巧，旁边一家大型超市正在送货，送货的是一辆大型的货车。时间紧急，波特扔掉自行车，跳上驾驶室开足马力追了上去。谁知，前面竟然有一个铁路桥，只差几毫米高度，卡车竟然过不去。

看着扬长而去的歹徒，不愧是资深的车迷侦探，急中生智的波特警长，很快就通过铁路桥追了上去。他是怎么过去的？

5. 以镜退敌

大家应该都知道数学家阿基米德吧？关于他的故事有很多，其中一个是说他智退敌军的。

公元218年的一天，古希腊叙拉古城上值守的士兵突然发现远处的海面上出现了无数敌军的战船。他惊慌地大喊起来：“罗马人向我们发动进攻了！”

但是，罗马人的进攻实在是太悄无声息了，而且发现得也太晚了。眼看着罗马人的战船已经以扇形排开向这里快速前进。而整个叙拉古城，几乎所有身强力壮的男人都已经被派遣到前线去参加战争了，留守的士兵非常少，想要抵挡住这样的进攻是几乎不可能的。

留守在城里的指挥官非常着急，但是又想不出任何办法。就在这个时候，他听人说阿基米德很聪明，常常能够想到许多办法，也许可以帮助我们。

指挥官当然也知道阿基米德是出名的智者，所以马上派人将他请到了城楼。

阿基米德也感到事情十分严峻。他在院子里走来走去，苦思冥想着，这个时候正是中午，太阳光非常强烈。阿基米德感到很热，抬起头，双眼就被炽热的阳光刺得睁不开。但就是在这样的时候，一个念头却突然出现在他的脑海之中。

于是他迅速找到了指挥官，对他说："请现在发布命令，召集全城所有的妇女，让她们每个人带一面镜子来到城楼上集合。"

指挥官虽然不知道阿基米德的想法，但他还是非常愿意相信这位远近闻名的智者，所以马上发布了命令。不一会儿，几乎所有的妇女都带着大大小小的镜子来到了城楼之上。

阿基米德就利用这些镜子战胜了前来侵略的罗马人，成就了战争史上的一大奇迹。

你知道他是如何利用这些镜子的吗？

6. 解缙化险

明朝永乐皇帝有一次命才子解缙在一把绘有西北风光的扇子上题诗，解缙就题了王之涣的《凉州词》："黄河远上白云间，一片孤城万仞山。羌笛何须怨杨柳，春风不度玉门关。"不料解缙一时疏忽，竟将诗中的"间"字漏写了，有人便暗中启奏皇上。永乐皇帝大怒，欲治解缙"欺君之罪"。谁知解缙不慌不忙地说："我这是依王之涣诗意，另外做的一首词。"说罢便在诗中加上标点。永乐皇帝一看，果然成了一首完整无缺的词，于是解缙得以转危为安。

你知道解缙是如何在缺了一个“间”字的王之涣原诗中加上标点的吗?

7. 女演员的急智

萧伯纳的剧作初次公演时赢得了整个剧场所有观众的热烈掌声。萧伯纳很兴奋，跑到后台情不自禁地握住女主角的手说：“精彩之极，绝妙之至!”受宠若惊的女演员连连谦虚地说：“过奖了。”哪知萧伯纳一怔，却说：“对不起，我指的是剧本。”女演员顿时大感尴尬，但她灵机一动，当即回答了一句话，便马上变被动为主动，摆脱了自身的窘境。你能想到她说了一句什么话吗?

8. 谁能代表工人阶级

苏联外交部长维辛斯基出身于贵族，是著名的能言善辩的外交家。在联合国的一次代表大会上，英国工党的一名外交官向他发难：“你是贵族出身，我家祖辈是矿工，我们两个究竟谁能代表工人阶级呢?”在这种情境下，你猜维辛斯基说了一句什么话，巧妙地回击了挑衅者，令挑衅者大为难堪，并赢得了众人敬佩的掌声?

9. 猜谜大王

几名自称打遍天下无敌手的猜谜大王，常常四处大摆擂台，让参与者和观看者都大呼过瘾。一天，他们摆了擂台，结果自然又是大获全胜，令他们好不得意。

“各位朋友，今天的擂台赛就到此……”

“且慢，我还有个问题要问。”只见人群中站起了一位白发老翁。

“请问用什么可以解开世上所有的谜?”

这几名猜谜大王一时间呆住了。请想想，该如何回答老先生的问题?

10. 出言不逊的年轻人

一天，两名青年来到你开的旅店向你问道："这种狗窝，住1宿要多少钱?"你会怎样回敬他们呢?

11. 富人和骗子

一个有钱人经过集市时对正在卖东西的一名青年说："这个地方不是穷人就是骗子!"你猜青年怎样巧妙地回敬他呢?

12. 商人的请帖

一天，你收到了一个狂妄自大的商人的请帖，请帖上写道："明早10点至11点我将在家。"你知道他这是要你在这个时间段内去他家，你会怎样回敬他的傲慢?

13. 傲气十足的局长

一个傲气十足的局长来到你的公司，你拉过椅子给他坐，可他想见公司经理，根本不把你这个普通员工放在眼里。他傲慢地说："我可不是一个普通的人!"你会怎样回应他呢?

14. 纪晓岚的巧妙回答

一次，才子纪晓岚陪同乾隆皇帝出游。在出游途中，乾隆给纪晓岚出了一道难题。

经过湖边，乾隆对纪晓岚说："纪爱卿，既然你对我忠心耿耿，那么我现在就命令你投湖自尽。如果你不肯的话，就是违抗圣旨，也应当处死。"

这是一道两难选择的问题，无论选择哪一种，都是一种结局。但聪明的纪晓岚还是有效化解了这个问题。

请问，纪晓岚怎么回答的？

15. 大臣抓阄

古希腊有一个王国，这个王国有一条奇怪的法令，被判处死刑的人，都有一个选择自己生死的机会。即在箱子中放有两个阄，一个上面写着“生”，一个上面写着“死”，抓到“生”的，则被释放，抓到“死”的则当即被处死。

有个叫阿庇修罗斯的大臣遭同僚诬陷入狱，即将要选择自己是“生”还是“死”。那些诬陷阿庇修罗斯的人，担心他抓着“生”，便收买了相关官员，那些官员就在阄上做起了文章，将两个阄都写成了“死”。

阿庇修罗斯的朋友告诉他这个秘密。阿庇修罗斯嘱咐他们，他自有办法让自己起死回生。

请问，阿庇修罗斯采用了什么办法？

16. 儿媳妇的机智

明代的严嵩是著名的权臣，凡是与他为敌的人，他都会想尽办法铲除掉。

严嵩的亲家罗洪先是一个刚正不阿的官员，他对严嵩大权独揽、排除异己的行为颇为不满，罗洪先准备联合几位大臣弹劾严嵩。严嵩知道这个消息后，立即邀请罗洪先来家中做客，并让自己的大儿子也一起陪同。

在酒宴上，严嵩与罗洪先推杯换盏，丝毫看不出他要置罗洪先于死地。酒足饭饱后，罗洪先去客房休息。这时，严嵩开始编造罗洪先的种种罪状，准备在第二天早朝时弹劾罗洪先。

严嵩的秘密让他的女儿发现了，父亲要整垮自己的公公，这怎么能让她不着急呢？但严嵩家的家规很严，即便是女儿也不能四处走动。那该怎么办呢？情急之下，严嵩的女儿想出了一个办法，让自己的公公成功脱险。

请问，她想出了什么对策？

17. 求人不如求己

宋代的妙远和尚为一代禅僧，妙远和尚反应极快，几乎什么事都难不倒他。宋孝宗听说妙远和尚很有智慧，便有意刁难他。

一天，宋孝宗带着妙远和尚来到汴梁附近的一家寺院。走着走着，宋孝宗就开始向妙远和尚发问："听说你很有智慧，从没有什么问题能难倒你。我有一个问题想问你，那个'飞来峰'为何叫'飞来峰'，而不叫'飞去峰'？"

妙远和尚当即回答："既来之，则安之，何必要到处乱动？一动不如一静嘛。"

接着，宋孝宗又指着观音像问："几乎所有的观音都手持佛珠，呈念念有词状。苍生如果有难时，都会念叨观音菩萨保佑，那观音菩萨在念什么呢？"

请问，如果你是妙远和尚，应该如何回答呢？

18. 和珅的答案

乾隆皇帝很宠爱大臣和珅，也常拿和珅开玩笑。一天，乾隆心血来潮，想为难一下和珅。他问和珅："都说京师有9门，每天从9门中进出的有多少人呢？"

和珅回答道："每天进出9门的有两人。"

乾隆一听，非常地纳闷问："为什么？"

和珅给出了答案，让乾隆很满意。

乾隆又问："你说这一年中生死各多少人？"

和珅又给出了答案，乾隆无话可说。

如果你是和珅，你该怎样回答呢？

19. 聪明的圆智和尚

圆智和尚是清朝乾隆年间有名的智慧之士。圆智和尚是潭柘寺的住持，由于他有问必答，而且答案总能令人无话可说，所以他的名声越传越大，最后传到了乾隆的耳中。

乾隆一向认为自己很有才学，听说圆智和尚有才，心中颇为不服，就想找个机会考考圆智和尚，看他是否像传说中的那样神奇。

一年春天，乾隆带着几个大臣来到潭柘寺，看见山门上挂着两个灯笼，便问圆智和尚："这门上挂的是什么呀!"

圆智和尚当即明了，他知道，乾隆是想让他说出"灯笼"二字，可一旦说出，就犯乾隆忌讳，所以不敢说。

乾隆看着圆智和尚的窘状，哈哈大笑说："都说圆智智慧过人，看来也不过如此。"

圆智和尚立即回答说："贫僧早已知道它叫什么，但担心说出来皇上不高兴。这门上挂的是'东西'。"接着他又解释了一番。乾隆听完圆智和尚的解释，暗自佩服圆智和尚的机敏。

想一想，圆智和尚为什么将"灯笼"说成"东西"呢?

20. 鱼该怎样吃?

古时有一个皇帝非常讲究饮食，他认为饮食合理可以延年益寿。一天，皇帝邀集众大臣商议，吃什么有益于身体。大臣们一致认为，吃鱼有益健康。但在吃鱼的部位上，大臣们有分歧。

一个人说，吃鱼头最健康；一个人说吃鱼身最健康；另一个人说吃鱼尾最健康。为此，大臣们争论不休。

为得到一个准确的答案，皇帝找来御医。御医听完大臣们的述说后，心想：得罪任何一方都对自己有害，什么回答才让他们都满意呢?

想一想，御医是怎样回答的?

21. 不存在的阳台

有一个叫莎拉的记者，经过种种努力终于得到了与福尔摩斯齐名的大侦探哈代的默许，对他进行采访。当她来到哈代在六层的房间时，得知哈代保管着一份非常重要的文件。

“我之所以精心地保管这份文件，是因为它会改变历史，无数人想要得到它，但我只会交给应得的人。”哈代边对莎拉解释边用钥匙打开房门，就在房门打开的一刻，出现在莎拉和哈代眼前的却是黑洞洞的枪口。

哈代惊慌地说：“马克斯，你不是在柏林吗？怎么会出现在这里？”被称作马克斯的男人拿着枪贴近哈代低声说：“哈代，那份关于新式导弹的文件恐怕放在我手里更安全一些。”

“见鬼，这次我一定要换一个房间，这已经是别人第二次从阳台进入我的房间了。还真是不安全。”哈代气恼地说。

“阳台？”马克斯疑惑地说，“我有万能钥匙，根本不需要阳台，要是早知道这样就不必这么费事了。”

“那根本就不是我的阳台，是隔壁那个浑蛋的，不过却直接延伸到了我的窗下，上个月就已经有人通过它爬进来了。旅馆主人答应拆除却迟迟不动手，见鬼！”

马克斯笑笑，用枪命令莎拉坐好，并对哈代说：“我想现在不是讨论阳台的时候吧？给你五分钟的时间，我要看到文件，否则你知道后果的。”话音刚落，就响起了砰砰的敲门声。哈代淡淡地笑了：“警察终于来了，为了这份文件，他们可是不时地来巡视呢。而且，没有记错的话，刚刚我并没有锁门，我不开门的话恐怕他们会闯进来开枪的。”

马克斯没有办法，只好将一只脚伸到窗外说：“赶快让他们离开，我在阳台上等，如果做不好你们就死定了。”这时候门外催促道：“哈代博士！”

马克斯迅速地把枪对准哈代，一手抓住窗框，门把手转动的瞬间，他迅速松开手，跳到窗外。一声尖利的惨叫后一切都重新恢复了平静。

门开了，一位侍从端着两杯咖啡走了进来，放在桌子上转身离开了。

莎拉仍在不停地发抖，望着渐渐关上的门说：“可是……警察呢？”哈代端起咖啡轻轻地抿了一口，仍旧淡淡地说："警察？哪来的警察？"

"可是阳台上的家伙怎么办？"莎拉担忧地问。

"哦，他再也不会回来了。"哈代淡定地微笑着，"因为……"

你知道为什么马克斯再也不会回来了吗？

22. 小纸条的大作用

有一个刚刚毕业的大学生汉娜，终于等到了自己最喜欢的公司的面试。于是她特意起了个大早赶到面试现场，没有想到的是她的前面已经排起了长长的一队。大家都知道，面试官不一定是等到全部面试结束之后才确定录用人选的，很可能在之前就看到了喜欢的人选。汉娜也知道这个道理，所以她十分焦急。但是她很快说服自己冷静下来，仔细地数了数排在自己前面的人数，然后掏出自己的记事本写了一张小小的纸条。她拜托一旁维持秩序的工作人员将纸条交给面试官之后就开始非常认真地准备起来。

终于轮到汉娜的时候，她非常从容地回答了面试官的各个问题。最后，面试官站起来高兴地笑了："非常欢迎你加入我们公司，你和我预想的一样优秀。"

你知道面试官为什么对汉娜评价这么高吗？如果是你，你会在那张小纸条上写下什么呢？

23. 急中生智的演员

乔蒂百货举办了一台圣诞晚会，其中一个节目中有两位职工饰演一对夫妻。可是这两名职工之间最近有一些不愉快，其中一个人心胸比较狭窄，就想趁着表演的时候让另一个人出丑。剧情中有一段是他把一张写有台词的手稿交给另一个人来念，可是，当表演进行到这里的时候，他偷偷地将这张手稿换成了一张空白的纸，然后装模作样地交给了另一个人。另一个人接过手稿就发现了这个情况，可是这时来不及去换真正的手稿了，台下的观众都在等着他继续下面的表演呢。

这可怎么办呢？很快他急中生智，想出一个办法，不仅能让自己脱离这个尴尬的境况，还让那个试图让自己出丑的人自食其果。

请你想一想，到底他用了什么办法？

24. 机智的海涅

德国著名诗人海涅是犹太人。

一次，有个人想捉弄他一下，便对他说道："我去过一个小岛，那岛上什么都有，只缺犹太人和驴了。"

面对这样带有侮辱性的语言，海涅只平静地说了一句话："……"那人听了之后立马灰溜溜地走了。

请问：海涅是怎样反击的？

25. 小沙弥智斗丞相

在浙江东部育王山下，有座阿育王寺，那儿风景秀丽，是个风水宝地。谁想，这里被南宋丞相史弥远看中，他想在此为自己修造墓地。

听说丞相看中阿育王寺，寺中众僧一片惊慌。若在寺前建墓，对寺庙大为不利。方丈急忙召集全寺的僧人商讨对策，但是大家均一筹莫展。

这时，打扫庙门的小沙弥大慧正在此扫地，听说史丞相要占庙前的土地，大慧脱口而出道："我自有办法对付，但是天机不可泄露。"

方丈一听，便将这个任务交给了大慧。

想一想，如果你是小沙弥大慧，应该如何妥善解决此事呢？

26. 蒯祥妙造金刚腿

明成祖朱棣登基后将京城由南京迁到北京。朱棣下令，将全国最好的工匠都召集到北京，建造皇宫。江苏吴县人蒯祥也被选入宫。

在蒯祥的设计和监督下，皇宫初具规模。

朱棣来视察，看见皇宫气势雄伟，非常满意，连连称赞蒯祥。这引起了工部右侍郎黄明的妒恨。在营造最后一座宫殿时，黄明偷偷钻进工地，把尚未完工的金门槛截断了一段。

这一招十分毒辣，如果找不到同样的材料补上，金门槛装不起来，蒯祥以前的功劳都将消失，而且还会面临被杀的危险。

第二天清晨，当蒯祥来检查工程进度的时候，发现金门槛断裂了一块，他顿时意识到，有人想陷害他。

请问，蒯祥应该如何解决此事呢？

27. 狄仁杰的考题

唐朝武则天时期，由于武则天非常重视人才，所以每两年就派遣官员去地方上做主考官，选拔人才。

这一年，当狄仁杰前往某地选拔人才时，走到半道上，他的轿子被一个放牛娃给拦住了，放牛娃说自己是人才，朝廷应该破格提拔他。

狄仁杰心中虽有疑惑，但他也非常爱才，便出题考放牛娃。狄仁杰说："如果你能在纸上写一万个字出来，就证明你是人才。"

狄仁杰知道，在一小块纸上不可能写出一万个字，他是故意试探一下这个放牛娃的反应能力。

令狄仁杰意想不到的是，这个放牛娃的解决方案超出了他的想象。狄仁杰破格将其录取为秀才。

若干年后，这个放牛娃成了狄仁杰的同僚。

请问，这个放牛娃用的是什么方法？

28. 从天而降的警察

正在看电视的苏菲小姐看到一条新闻："今天下午5点左右，在花园街，一名71岁的老人被枪杀。目击者称凶手身穿绿色西装，希望知情者尽快与警察局联系。"苏菲正害怕地意识到自己居住的街道就是花园街的时候，阳台的门口突然出现了一个陌生的男子。她几乎有些绝望地发现这名男子身上穿的正是一件带血的绿色西装。男子威胁苏菲马上将自己的手表、戒指以及屋子里的金钱通通给他。

正在这紧急关头，敲门声响了起来，男子紧张地用枪抵住苏菲的后背命令道："就说你已经睡觉了，不要让他进来。"

苏菲只好问道："谁啊？"

"莱恩警官，我正在巡视，苏菲小姐你这里没有事情发生吧？"

听到熟悉的警官的声音，苏菲感觉自己的内心安定了许多，她深呼吸了一下说道："没事。"停了一下，她提高自己的音量补充了一句："警官，楼上的山姆叔叔让我给您问好呢。"

"谢谢，祝你晚安。"警官说完就开着巡逻车离开了。

"算你老实，赶紧把钱财都拿出来。"男子高兴地坐到桌边，再次命令道。突然间，从阳台上一下子冲进来几个警察，在男子还没有反应过来的时候就已经将他制伏。

"您真聪明，苏菲小姐。"莱恩警官亲切地说。

你知道这些从天而降的警察是哪里来的吗？莱恩警官为什么夸奖苏菲小姐呢？

29. 丑角杜罗夫

一次，一位很傲慢的观众在演出结束后，走到俄国著名的马戏丑角杜罗夫身边讥讽地问道："小丑先生，观众对你非常欢迎吧？"

"还好。"

"是不是想在马戏团中受到欢迎，小丑就必须有张愚蠢而丑怪的脸蛋呢？"

杜罗夫微笑着回答说："的确如此。如果……我准能拿双薪。"

你知道杜罗夫是怎样回答这位无礼的观众的吗？

30. 水有多少桶？

古时候有一个国王非常聪明，也常常出一些令人很为难的问题。相传有一日国王和众位大臣一起在御花园游玩，他们刚好走到一处湖边上，国王看到水中的荷花都已经盛开了，非常漂亮，他突发奇想，问众位大臣：“你们谁知道这湖中一共有多少桶水?”

这是一个很大的湖，想要一桶一桶丈量根本没有可能，大臣们一时之间你看着我我看着你，谁也不知道答案。

国王见到这种情况当然非常生气了，他没有想到自己手下的臣子竟然连这样一个小小的问题都没有办法解决，于是他在震怒之下下令大臣们必须在三日之内得出答案，否则就通通拉出去砍头。大家都知道国王是金口玉言，因此大臣们谁也不敢轻视，但是他们在三天的时间里不管怎样绞尽脑汁都无法想出答案。

这时候一位老大臣家的孩子看见自己的爷爷整日叹息就问道：“爷爷，你为什么这么不开心呢?”老大臣索性就将整个事情的经过讲给孩子听，谁知道，孩子听后只是稍作思考就对老大臣说：“爷爷，我已经有答案了。”他顽皮地笑了一下，又说道，“但是我这么小的孩子，一直都没有机会见到国王，我想亲自告诉国王答案。”

老大臣想了一下，反正现在自己想不出答案也是死，这个孩子虽然顽皮了点，但是平时古灵精怪的，不如就让他试一试。于是和其他大臣商量了一下之后就带着小孩子进宫面见国王。

国王听到大臣们找来一个孩子代替他们回答问题，也对这个孩子感到好奇，就召见了这个孩子。国王看到这个孩子长得非常可爱，又很勇敢并没有紧张，就和气地说：“我先带你去看看那个湖有多大，你再回答我的这个问题。”

谁知道小孩子摇了摇头，没有去看那个湖就给出了让国王非常高兴的答案，得到了国王的很多赏赐。

为什么小孩子没有看湖就给出了答案呢?如果是你，你要怎么回答这个问题呢?

31. 大科学家的司机

举世闻名的大科学家爱因斯坦有位很机灵的司机，名叫柏富里，他与爱因斯坦年纪相仿，很聪明，爱学习，记忆力特别强。

爱因斯坦的相对论问世之后，轰动了世界。爱因斯坦也收到了很多邀请，请他去做讲座。每场讲座都由柏富里送他去。

一连数日奔波于各地，加上气候的变化，爱因斯坦的身体有点吃不消了。

一日，柏富里又送他去一所知名大学做讲座，爱因斯坦忽然感到头非常疼，他很担心今天无法完成这场演讲。柏富里从汽车后视镜中看到爱因斯坦的脸色不太好，便放慢速度问道："先生，您看起来很不舒服。您昨天就发烧了，这样下去会更严重的，我还是送您去医院吧。今天这场讲座别去了。"

爱因斯坦摇摇头，说："这样不好，我们已经答应人家了，那么多学生都等着听讲座呢。而且，我不想放弃这场讲座。"

柏富里知道爱因斯坦的脾气。便不再说什么，忽然，他灵机一动，说："今天这场演讲可以由我来代劳，您在讲台下休息就可以了。"

爱因斯坦愣了一下，惊讶地问："啊？你可以吗？"柏富里笑着说："您的讲座，我听过几十次了，虽然分析研究我不懂，可是您讲过的东西我都记住了，要我背诵出来都没问题。而且那儿的人都没见过您，我去讲他们也不知道。"爱因斯坦的身体实在吃不消，而且柏富里办事一向可靠，他便同意了。

演讲很顺利，柏富里没说多余的话，听众报以雷鸣般的掌声。可是就当柏富里正要走下讲台时，一位教授站了起来，提了一个问题，这个问题十分深奥，之前也没有听众提过，柏富里不知如何回答，可是，柏富里只说了一句话就解决了这个难题，而且，惊爆了全场观众。

那么你知道，他是怎么解围的吗？

32. 阿凡提吃西瓜

一次，阿凡提和同伴在一起吃西瓜。由于他刚赶了远路，非常渴，于是坐下就大吃起来。

同伴想取笑他，就偷偷把西瓜皮都扔到了他身边，吃完西瓜后，一个人说道："看！阿凡提的嘴多馋！西瓜皮剩下了一大堆。"于是大家捧腹大笑起来。

这时阿凡提不慌不忙地说："……"表示他们比自己更馋。

你知道他是怎么说的吗？

33. 首相的尴尬

第二次世界大战期间，英国为了寻求联盟共同对抗德国法西斯，首相丘吉尔与当时的美国总统罗斯福在华盛顿会面，请求美国参与联盟，并给予经济物资援助。罗斯福热情地接待了丘吉尔，并安排他住进白宫。

一天清晨，丘吉尔在房间里思考下一轮的沟通内容，为了放松一下，他把浴盆里放满了水，躺在里面还抽着自己最喜欢的那种特大号雪茄。

突然，美国总统罗斯福推门而入。丘吉尔连浴室门都没有关，他大腹便便，整个肚子都露出水面，面对如此情景，这两位国家领导人都非常尴尬。愣了一下后，丘吉尔拿掉嘴里叼着的烟，用幽默的口吻说了一句话，一下子就使这特殊的尴尬情形反而变成了有利的局面。

你知道，丘吉尔是怎样说的吗？

34. 贵重的项链

一个青年女教师因为去参加一个朋友的生日宴会直到凌晨才回家。她一个人走在昏暗而又长长的大街上，觉得十分害怕。就在她拐进最后一个胡同的时候，突然从拐角处冲出来一个高高的男子，手里拿着一把尖刀，恶狠狠地对着她。

女教师向后退了几步，害怕地问："你想要干什么？"

"我不想伤害你，"高个子男子说，"我只是需要钱，把你身上最贵重的东西给我一件就可以了。"

女教师感觉安心了许多，她一边用大衣的高领悄悄地掩盖住自己脖子上的项链，一边用另外一只手把自己耳朵上的耳环取了下来，扔到了男子的身前。然后问道："现在我可以离开了吗？"

男子仍旧拿着尖刀，并没有去捡地上的耳环，而是冷笑着说道："小姐，别和我耍心眼，快把你的项链扔过来！”

“先生，这条项链并不如那对耳环值钱。”

“少废话，让你扔就赶紧扔过来！”

女教师只好不情愿地摘下自己脖子上的项链交给男子。等到男子离开之后，她才不慌不忙地将地上的耳环小心地捡了起来。女教师安全地回到了家，也并没有不开心，因为她其实并没有损失什么。

你知道为什么女教师明明丢失了自己的项链还要说并没有损失什么吗？

35. 无中生有的借据

一个商人从杰克手里借走了2000枚金币，但是粗心的杰克第二天却突然发现自己不小心将商人写给自己的借据弄丢了。怎么找也无法找到借据的杰克急得满头大汗。他急忙跑去找自己被称为“智多星”的朋友大卫，他带着哭腔说道：“我弄丢了借据，如果那个商人知道这件事情，大概就不会把钱还给我了。2000枚金币，我可损失不起啊，你快点帮我想想办法吧。”

杰克认真地想了一下说：“我们可以重新从那个商人手里要回一张借据。”

“这怎么可能，这是最烂的方法了。他知道了就更不会还钱了。”杰克感到很生气。

“相信我，一定可以的。”大卫笑了笑说，“你现在就立刻给那个商人写一封信，就说你需要那笔钱，希望他能够尽早把从你这里借走的3000枚金币还给你。”

“但是我只借给了他2000枚啊。”

“就按我告诉你的写准没错，我什么时候骗过你？”

杰克也实在无法想出更好的办法，虽然有一点将信将疑，但还是按照大卫的要求给那位借钱的商人写了一封信。果然，8天之后，杰克就收到了一张来自商人的新收据。

你知道这张新的收据是怎么来的么？

36. 紫色的花圃

城中的庭院里有开着红花的花圃和开着蓝花的花圃。

公主不满意地表示："真无趣。这个国家里竟只有红、蓝两色的花圃而已。难道没有其他颜色的花圃吗？"

家臣听后回答："交给老臣好了，明天我就想办法改善，但请公主从城堡的窗口眺望好吗？"

家臣自然不会在花朵上面着色，但他打算怎么做呢？

37. 徐渭的竹片餐

明代艺术家徐渭到姨父家做客，姨父半晌才端出一盘菜，却只有一个鸡蛋。姨父说："文长（徐渭的字）啊，真是不好意思，你来得真不巧。要是晚来3个月，这个鸡蛋就是一碗鲜鸡汤了。"徐渭笑道："啊，真是难为你了。"

一日，徐渭复请姨父，半晌，端出一盘竹片，对姨父说："姨父啊，真是不好意思，你来得真不巧……"

请问：徐渭是怎样回击吝啬的姨父的？

38. 真假聋哑人

一天，一个政府机关里来了几个穿着打扮十分时尚的姑娘，她们从随身携带的背包里取出了一封介绍信，只见上面写着："因为家乡遭受了自然灾害，请给予适当援助。"上面还盖着某乡政府的大红印章。机关的同志其实是很有同情心的，但是看着她们的打扮，心里难免会有点怀疑。一个叫张峰的忍不住说道："你们这身打扮，怎么看也不像是受灾的人啊。"

听到这话，这几个姑娘却还是不说话，只是站在那里看着大家。过了一会儿，一个姑娘重新从自己的背包里掏出了一张纸，在上面写道："我们都是聋哑人。"之后又从自己的背包里摸出了一些毛笔。这样一来，大家就知道了。最近电视上常常都有报道，一些人故意冒充聋哑人，高价贩卖一些质量很差的毛笔。于是大家觉得将这几个姑娘轰走好了，可是大家不管怎么劝，怎么说，这几个姑娘都装作自己听不见，也没有开口说任何一句话。

一直在一旁沉默的刘向这时候站出来说："大家还是不要说了。她们是聋哑人，自然听不到我们说话，好在我以前学过一段时间的手语，让我来和她们交流吧。"说着，他开始打起手语来，过了一会儿他停了下来，但是那些姑娘却没有回应他，而是你看看我我看看你，不一会儿就全都自动走开了。

同事们都非常奇怪，纷纷对刘向说："挺厉害的嘛，以前还真不知道你会手语呢。"

刘向真的会手语吗？你知道姑娘们为什么自动离开了吗？

39. 语意深长

有位少年向莫扎特请教怎么写交响乐。

莫扎特答道："你写交响乐还太年轻，为什么不从写叙事曲开始呢？"

少年反驳道："可是您开始写交响乐时才 10 岁呀？"

"对，"莫扎特回答道，"……"

莫扎特的回答充满了自信，又语含教育，你知道他是怎么回答的吗？

40. 复活的死坦克

第二次世界大战的时候，苏联军队和德国军队不断交锋，但是在一次战斗之中，苏联军队的一辆坦克竟然在冲入敌人阵地的时候不小心陷进了一个水坑里面，发动机也因此熄火。看起来，坦克里边的士兵这样孤身陷入敌营，除了束手就擒之外似乎没有任何办法。

这时候德国士兵也发现了这个情况，于是他们一窝蜂地冲了过来，敲打着坦克，喊着："快点投降，你们跑不掉了！"

"苏联人绝对不会向法西斯投降的！"坦克里边传来了非常坚定的

声音。

气坏了的德国人于是找来了大量的稻草和汽油，决定将坦克里的苏联士兵活活熏死。他们再次警告："给你们一分钟的时间，要么投降，要么死。"

话音刚落，坦克里边就响起了三声枪响和三声惨叫。在那之后，不管德国人如何呼喊都没有任何回应了。德国士兵断定苏联士兵一定是自杀了，于是他们爬上坦克，企图看个究竟。但是，坦克的舱门被人从里面反锁了，怎么也打不开。德国士兵看了看，觉得这辆重型坦克本身的价值还是很高的，于是他们向上级申请，重新调来了一辆坦克想要将这辆坦克从水坑中拉出来。

但是，当他们费尽气力将这辆苏联坦克拉出水坑的那一刻，意想不到的事情却发生了，这辆大家认为已经"死掉"的坦克突然重新发动起来，巨大的力量连新调来的德国坦克也无法抗衡，于是大家只能眼睁睁地看着苏联士兵将这两辆坦克通通拉回了自己的阵地。

你知道"死坦克"为什么会突然复活吗？

41. 本杰明该怎么办？

在一个刮着狂风的深夜，街上已经基本没有人了。本杰明开着一辆跑车，在回家的途中，看到路边有三个人在向他招手想要搭车。本杰明把车停下，一看，这三个人中一个是他心仪已久的姑娘，由于他们住在两个城市，错过这个机会恐怕又不知道什么时候才能再见面了；一个是一位患了急症的老人，需要马上去医院进行诊治，否则会有性命之忧；第三个人是一位外科手术专家，这位外科手术专家曾经在危急关头救过他的命，本杰明一直想找机会报答他。可是本杰明开的是一辆两座的车，车上只能再搭载一个人。虽然不远处就是公交车站，可是这大风天，公交车要放慢速度，恐怕要过很久才能开来。

如果你是本杰明，如何是好呢？

42. 李时珍的药方

明朝时有一县官，鱼肉百姓，无恶不作。他访得李时珍医术高明，能妙手回春，便亲自登门，请李时珍为他开一副能延年益寿的药。

李时珍平素最恨的就是这帮贪官污吏，便随手为他开了一个药方：

柏子仁3钱 木瓜2钱 官桂3钱

柴胡3钱 益智2钱 附子3钱

八角2钱 人参1钱 台乌3钱

上党3钱 山药2钱

县官拿到药方，如获至宝，高兴地回到县衙。师爷为人狡猾，粗通医理，看了药方后说道："老爷，这哪里是什么益寿药方，这是李时珍在借方骂你呢!"

县官按他的指点读去，被气得直翻白眼。

那么，这个药方你读懂了吗？

43. 沃其诺智得奖赏

古老的莫落城里有一位脾气古怪的国王，他不时地就会闷闷不乐，生起气来对宫里的人又打又骂。大臣和宫里的仆人每次见到国王时都心惊胆战，他们非常想找一个能逗国王开心的人，好让国王不再拿他们出气。

沃其诺虽然出生一个贫寒家庭，但他非常聪明，机智幽默，善解人意，他自告奋勇要求去见国王。

"你有什么才能敢来见我，难道仅仅是因为你的胆量过人吗？"国王问。

"不，国王陛下，我胆量很小，可是我却是全世界最厉害的撒谎专家。"沃其诺回答。

国王不禁笑了起来，说道："什么？你是全世界最厉害的撒谎专家？就凭你这一句话吗？我不相信。如果你能向我撒一个弥天大谎，并让我相信，那么我就承认你是全世界最厉害的撒谎专家，并且我还赏赐你100枚银币。"

“国王陛下，您听我说，”沃其诺说，“18 年前的一天晚上，您的父亲与我的父亲还有很多朋友们在一起打牌。很快，您的父亲就把身上所带的钱都输光了，然后只好从我的父亲那里借了 100 枚银币。令人惋惜的是，他们两人都先后离世了，所以这笔钱直到现在都没有还给我家。”

“你胡说！这怎么可能！我的父亲怎么可能向你的父亲借钱？这简直太可笑了！你真是鬼话连篇！”国王一听，顿时大发雷霆。

可是正当国王要处罚沃其诺时，他忽然冷静下来，然后给了沃其诺 100 枚银币。

沃其诺是靠什么智慧赢得了这些银币呢？

44. 韩老大戏财主

从前有一个老财主，又贪又狠。每年秋收以后，哪家佃户不请他吃喝一顿，他就撤租。

这一年，韩老大也租了老财主的几亩地。秋收了，韩老大来请老财主：“东家，明天请到我家做客。我家没什么好酒菜，杀只家养的猪，宰只家养的鹅，肉片炒咯哲。割牛肉，蒸馒头，鱼段儿、虾段儿全熘着。”老财主很高兴。

为了能在韩老大家多吃一点儿，老财主头一天晚上和第二天早上都没吃饭。当他肚子咕咕叫着来到韩老大家时，果然闻到一阵阵熘鱼段儿、虾段儿和炒肉片的香味。他连忙跟韩老大签好来年租地的契约，专等好菜上桌。

5 盘菜端上来了：第一个盘里是烂韭菜，第二个盘里是一只蜘蛛，第三个盘里是一只虫蛾，第四个盘里装着半只花牛，最后一个盘子里装着蔓菁顶儿。

老财主问：“韩老大，这是怎么回事？”

韩老大微微一笑，说：“咱们有言在先，这和我说的一样也不差呀！”

老财主想了想，无话可说，饿得晃晃悠悠地回去了。

想一想，老财主为什么无话可说？

45. 拉米诺买面粉

拉米诺提着半篮鸡蛋到集市上去卖。由于前一天刚下过雨，路不好走，拉米诺在路上耽搁了一些时间，等他走到集市的时候，天已经快黑了，赶集的人已经很少了，眼看拉米诺就要提着鸡蛋徒劳而返了。

这时，集市上的面粉铺老板叫住了他："拉米诺，你的鸡蛋我全部要了。"

"那太好了！我可以便宜些卖给你。"拉米诺高兴地说。

"那倒不需要。"老板说，"不过，我不是给你现钱，我想用店里的面粉跟你换鸡蛋。"

"那也很好啊，我正需要买些面粉呢。"拉米诺说，"不知怎么个换法?"

"我倒是可以给你便宜些，半篮子鸡蛋换给你一篮子面粉。"店主说，"不过我有个条件，早就听说你很聪明，我给你便宜的条件就是要考考你，你要用装鸡蛋的篮子来装面粉，而且不能在篮底垫东西。"

用篮子装面粉？那不是全都漏出去了吗？很明显店主这是在为难拉米诺，拉米诺看了看手上的篮子，虽然它编扎得很密，装稻谷到不会漏下去，可是面粉那么细小，还要走那么远的山路，能走到家，面粉非漏光不可。

不过拉米诺略加思索，还是答应了老板的条件，而且成功地把面粉提到家，一点都没漏。

请想一想，拉米诺是怎样用篮子装面粉的呢?

46. 夜半争吵

半夜的时候，刚刚结束加班的莎拉才赶回家，她开灯之后发现丈夫已经睡熟了。于是就一面脱下衣服，一面轻轻地从梳妆柜上拿起木梳梳头，不想打扰到新婚不久的丈夫。但是就在她梳头的时候，她突然发现镜子里的床下面有四只脚。

她吃了一惊，但是努力装出不知道的样子，脑袋里却在飞速地思考着，一定是小偷潜进来了。可是现在正是半夜，自己的丈夫又睡得很死，而且对方有两个人，即使丈夫醒来也没有打赢的把握。

这时候她突然注意到梳妆柜上的热水瓶，一条妙计出现在她的脑海里。于是她做出想倒开水喝的样子，摇了摇热水瓶，发现里面是空的，于是大怒。她猛地将手中的热水瓶摔到地上，热水瓶摔得粉碎，巨大的声音惊醒了梦中的丈夫肖恩。

“怎么了？”肖恩有些惊讶地问。

“叫你准备开水你怎么不准备？刚刚结婚就摆架子给我看是吗？”平时非常温顺的莎拉大声吵了起来。

肖恩感到非常奇怪，梳妆柜上放着的热水瓶其实是用来装饰的，从来也没有装过开水啊。而且，要是想喝开水的话，厨房里明明有啊。于是，肖恩用手朝厨房里指了指，就又继续准备睡觉了。

哪知道莎拉竟然又顺手摔了一只杯子。并且拎起自己的箱子开始往外走，边走边骂：“你睡吧，睡吧，我走了就是了。”

丈夫虽然不知道怎么回事，但是眼看着新婚的妻子就要走了也马上追了出去。开了门，却发现莎拉竟然不走了，倚在自己家的门上大哭大闹，吵着要马上和肖恩离婚。

你知道这是怎么回事吗？莎拉不喊人捉贼反而和丈夫吵闹是为了什么呢？

47. 为慈禧画像

山东有个著名的画师，有一年，慈禧太后为了修复被八国联军破坏的颐和园，把他召到京城，要他画一个大屏风，放在仁寿殿里，好为她歌功颂德。画师心里恨死了慈禧，可是又不能违抗，只好答应了。

他把自己关在屋子里，没日没夜地画画。献画的那一天到了，慈禧带了文武百官来看画，只见屏风上画了一个胖小孩，跪在午门前，手里托着一个大寿桃，后面树着各种国旗，排列着各国军队。官员们都拍马屁说：“这是仙童祝寿，万国来朝！”慈禧开始还很得意，突然，她想到了什么，大声骂道：“好大的胆子，竟敢用谐音来骂我！”她马上派人抓画师，但他早已经逃走了。

慈禧为什么这么说?

48. 小男孩的暗示

古时候，有一个小男孩随父亲一同出远门，途中住进了一家旅店里。令父子两人没有想到的是，到了半夜的时候，竟然有一个强盗手持钢刀闯进了他们的房间，并用刀逼迫小男孩和他的父亲交出所有的财物，否则就要对他们行凶。

就在这时，打更的梆子声从远处传来，而且越来越近，心虚的强盗就催促假装在找东西的小男孩赶快交出财物。可小男孩却告诉强盗，如果着急的话，就必须允许自己点亮灯来找。于是，就在打更的梆子声在房间门外响起的时候，小男孩点亮了灯，并把父亲藏在枕头下面的钱交给了强盗。可就在这个时候，门外的更夫却突然大声地发出了“抓强盗”的喊叫声。很快，人们就冲进了房间，抓住了还来不及跑掉的强盗。

你能想到这个小男孩是怎样为走在门外的更夫做出屋子里有强盗的暗示吗?

49. 智斗公交车扒手

有一个叫安娜的女子一次在乘坐公交车的时候，感觉到一个人的手伸向了自己的胸部，她意识到自己的钱包恐怕是被扒手摸去了。但是她知道如果自己大声喊叫的话恐怕会被扒手的刀子伤到。眼看着就到终点站了，她急中生智，暗暗地设下了一个小圈套。

等到公交车停稳之后，安娜第一个冲出车厢，对着执勤的警察说：“请先不要放人出站，我的钱包被人偷走了，请你们帮我查一下哪个是小偷。”

警察虽然非常同情安娜的遭遇，但是看着开始走出车厢的人还是有些无奈，只好对安娜说：“这里是终点站，不放任何人离开是没有问题，但是我们没有权力对所有的旅客都搜身。”

安娜镇定地说：“当然不需要，您只要请所有的男士脱下自己的鞋子，查看一下他们的脚背就可以找到扒手了。”

于是，按照安娜的建议，所有的男旅客都被警察集中在一起，每个人脱下自己的鞋子接受检查。果然发现一个男子的脚背上有一块红肿，和安娜描述的完全相同。接着，警察们在这个人身上搜出了安娜的钱包。

你知道这是怎么一回事吗？当时安娜的背后站着好几个男旅客，她是怎么确认扒手的呢？

50. 拉夫托要工钱

拉夫托在一个农场主那里做长工。到了年底，该结算工钱了，农场主却不肯付钱，他给了拉夫托一些围栏，对他说：“你可以用这个围栏在我的农场里围一块地方，围起来的地方就属于你了，你可以在里面养牛、养羊，干什么都可以，一块地可比你的工钱值钱多了，不过你不能把这个围栏拆开。”拉夫托知道农场主的诡计：用围栏只能围成一个圈，可是这个圈也太小了，根本养不下牛、羊，连养鸡都不行，农场主这分明是想赖工钱。拉夫托很沮丧地走回去，跟伙伴们说了这件事，可是他的一个伙伴说他有办法，可以用围栏围出很大的面积，拉夫托听他说完后，就信心满满地去找农场主了。

你知道拉夫托的伙伴给他出了什么主意吗？

51. 装聋作哑的老农

有一个老农在休息的时候将自己的一头驴子拴到路边的一棵大树上，这个时候，另一个男人也牵来了一头驴子，也想要拴在这棵树上。看到这个情况的老农上前劝说道：“俗话说得好，一棵树上不能同时拴两头驴子。更何况我的这头驴子性格十分暴躁还没有完全驯服，如果你将你的驴子拴在一起的话恐怕会出乱子。你还是选择旁边的树吧。”

老农本是好意规劝，但是陌生男人却丝毫不领情，反而发起了脾气：“老头儿！这棵树你拴得为什么我就拴不得？我偏要拴在这棵树上！”说完，将自己的驴子拴在这棵树上离开了。

一会儿工夫，这两头驴子果然开始打了起来，相互又踢又咬，老农的驴子性格暴躁，力气也大，很快就将陌生男人的驴子弄得遍体鳞伤。陌生男人办完事情回来看到这个情形，马上愤怒地拉住老农说："老头儿！我的驴子被弄成这样，你要赔偿！"老农试图与他讲理，但是陌生男人却不依不饶，说什么都要老农赔偿。两个人争执不休只好去了当地的法庭。

可是到了法庭之后，不管法官如何发问，陌生男人怎样高声争吵，老农就是默默地站在那里一句话都不肯说。

法官只好叹了一口气说："这下子很难办了，你们之间的原因是非怎么弄得清楚，他分明就是一个哑巴。"

"不可能，他刚刚还在和我说话，一定是假装的。"陌生男人气愤地喊道。

你知道老农为什么要装聋作哑吗？

52. 齐白石的门

齐白石是我国著名画家，有很多人来拜访：有的要拜他做老师，有的拿了画来向他请教，也有的学生作品获奖了，来向他表示感谢。

有一天，几个学生拜访老师，他们刚想敲门，却看见门上写着一个"心"字。他们觉得奇怪，只见过门上写"福"字的，写"心"字是什么意思呢？这时有一个学生忽然说："我明白啦！"说着，拉着同伴就离开了。

第二天，他们又来到齐白石门前，只见门上换了一个"木"字。大家高兴极了，马上敲门进去，拜见了齐白石。

你知道这是为什么吗？

53. 钱包里有多少钱？

罗曼公司要招聘一名职员，经过几轮面试，最终该公司在众多应聘人员中选出3人，进入最后一场测试。

第一位应聘人员进来后，面试官拿着一个钱包对他说："我在这个钱包里面放了一些钱，如果你能猜出这个钱包里有多少钱，我们便会录用你。在猜之前，你有三次提问的机会，以便得到一些信息。而且在问完之后，你还有三次猜钱数的机会。”

面试官和他的助手做了一番演示之后，第一个应聘者开始提问：“请问这个钱包里一共有多少张钞票？面值最小的是多少？最大的是多少？”面试官分别做了回答。

然后，第一位应聘人员开始猜，他猜了三次，但都没有猜对。

第二位应聘人员问面试官：“这个钱包里的钞票全是美元吗？一共有几种面值？总金额超过五百元吗？”面试官也都做了回答。但是，第二位应聘人员仍然没有猜对。轮到第三位应聘人员时，他只是问了面试官一个问题，就知道了钱包里的钱数，并被录用了。

你知道第三位问的是什么问题吗？

54. 徐渭的酒令

相传，有 6 位文人想捉弄一下绍兴有名的才子徐渭。这天的酒桌上只摆了 6 盘菜，规定按年龄大小行酒令，并且酒令必须是一个典故。只要典故与桌上的菜肴有关，就可以拿这盘菜去吃。

第一个人说：“姜太公钓鱼。”便把桌上的一盘鱼端了过去。

第二个人说：“时迁偷鸡。”于是将一盘鸡肉端走了。

第三个人说：“朱元璋杀牛。”牛肉就归了他。

第四个人说：“苏武牧羊。”把羊肉也拿走了。

第五个人说：“张飞卖肉。”顺手将一盘猪肉移到自己面前。

第六个人忙说：“刘备种菜。”便把最后一盘青菜端走了。

6 个人得意扬扬地正要动筷子，只听年龄最小的徐渭说声：“等一等！”接着说出了一个酒令，然后 6 个人在叹服声中把他们的菜全都搬了过去。

你知道徐渭说了一个什么酒令吗？

55. 雷布恩发工资

雷布恩是公司的出纳，负责给公司的雇员发工资。一次，因为他无意中得罪了经理，经理想找借口开除他，就给他出了个难题。公司前几天请了三名临时工，现在工作结束了要发工资。经理拿出100美元让雷布恩平均发给三名工人。100美元分给三个人，最后必然会剩一美元，应该怎么分呢？

不过，雷布恩还是很快把事情办好了，然后告诉经理："工资已经按经理的要求平均分给三名工人了。"

经理不相信，让他把三名工人领取工资的收据拿给他看。

雷布恩把三份收据拿来给经理看了，每份收据上都写着：收到工资33美元33美分，下面是3名工人各自的签名。

没错，每位工人收到的工资都是一样的，但是，这样只付出了99美元99美分，还剩下一美分呢？经理便把这个问题提了出来。

雷布恩于是讲了几句话，经理听后便哑口无言了。而且他以后再也不敢刁难雷布恩了。

你知道，雷布恩最后那几句话讲了什么吗？

56. 约翰的灵感

美国得克萨斯州有一个名叫约翰的年轻人，他非常喜欢婚礼的喜庆气氛，即使是不认识的人的婚礼，他也喜欢到现场去感受那种气氛。约翰一直想要成为优秀的婚礼司仪。可是，要想得到大家的认可，并主持高端的规模大的婚礼，他必须要参加一个主持人资格考试。考试最重要的一个环节就是现场演讲。为了最好地发挥自己的水平，约翰提前两个星期就离开了家，到考试地点附近的旅馆住下，全身心地投入到演讲稿的写作中。他先写好草稿，然后又经过无数次的修改润色，直到他觉得满意为止。接下来他又开始背诵，每天全部的时间他都把心思放在这篇演讲稿上，直到最后他几乎可以对这篇演讲稿倒背如流。

终于等到了考试的这一天。由抽签抽到的序号来决定演讲顺序，约翰抽到最后一个号码。他先坐在台下听其他人的演讲，这样也能知道自己的水平在考试的人中排在什么位置，做到心中有数。约翰一直安静地听着，也学习学习别人的长处，直到倒数第二个人上台演讲，忽然，约翰目瞪口呆，大脑一片空白，因为台上正在演讲的人说的内容与他的演讲稿完全一样！怎么会这样呢？

他冷静了一下，回过了神，忽然他发现台上这个演讲者不就是住在他隔壁的人吗？他们曾经在楼道里碰到过几次，打过招呼。这下他明白了，他辛辛苦苦准备的演讲稿被隔壁的人窃取了。现在即使把这些说出来也没有用，他很难证实这是自己写的稿子，而且即便能证实，这一次的考试他不演讲，也通过不了。下一个就是他上台了，该怎么办呢？

他控制住自己又惊又怒的情绪，做了几下深呼吸，努力让自己平静下来，现在需要做的不是找台上这个演讲者算账，而是要解决自己的困境。忽然，他灵光一闪，有了主意。

轮到他时，他信心满满，非常从容地走上讲台，一席话迎来台上台下热烈的掌声。演讲非常成功。

试想一下，如果你是约翰，面对此情此景你该怎么办？

57. 刘伯温智救工匠

刘伯温是明太祖朱元璋最为倚重的谋臣，他足智多谋，为人厚道。有一天，开国皇帝朱元璋率文武大臣巡视正在建造的金銮宝殿，兴致上来，不小心说漏了嘴，道：“想当年我朱某打家劫舍……”话还没讲完，抬头忽见屋梁上有两个工匠正在干活。发现自己“失言”，朱元璋心想，若被他们传出，岂不留下笑料，便传旨将两人斩首。随行的刘伯温不忍目睹工匠被无辜杀害，便暗示他们不动声色，并且对朱元璋轻描淡写地说了句话。也正因为这句话，才使朱元璋的心里踏实了许多，免了二人的“死罪”。

你知道刘伯温对朱元璋讲了些什么吗？

58. 富裕的观众

布林德尔是奥地利著名的钢琴演奏家。但是在他成名前，也曾有过一段非常艰难的时光。一次，布林德尔去某城市演出，可是在音乐会开始时他发现有一大半座位都空着，这让他有些尴尬，观众也显得不够热情。可是布林德尔灵机一动，在演奏前先向观众们说了一句话，大厅里顿时充满了笑声，大家不约而同地为布林德尔鼓起掌来。音乐会就在和谐、欢乐的气氛中开始了。

布林德尔仅用一句话就化解了尴尬的场面。

你知道布林德尔说了什么吗？

59. 机智的店主

有三个窃贼，盗取了一颗价值连城的宝石，他们在赃物的保管问题上制定了一个规则："在宝石未变卖成现金之前，宝石由三人共同保管，必须经三个人都同意时方可打开箱子，取出宝石。"

一天，他们到洗浴中心去洗澡，把装有宝石的箱子交给店主，并吩咐他："只有在三人同时在场时，才能交回箱子。"洗到一半时，甲说要向店主要条毛巾，并问乙、丙二人是否需要，二人都说需要。于是甲来到店主这里，向店主要求取走箱子，店主拒绝了，说要他们三人同时到场才可以。甲对店主说，是乙和丙让他来取的，并大声地对乙、丙说："是你们要我来取的吧？"乙、丙还以为是毛巾一事，就大声回应道："是的。"店主一听他们这样说，便把箱子交给了甲。甲带了箱子就溜之大吉了。

乙、丙二人在里面洗了很久也不见甲回来，感到事情不妙，他们赶忙来到店主处要求取箱子，此时才知道箱子早已被甲取走了。二人缠住店主要求他赔偿。店主说，"这是征得你们二人同意的呀。"二人说："我们也不知道甲说的是箱子啊，我们以为他是问毛巾呢，而且不管甲问的是什么，三人都没有同时在场。"乙、丙坚持要店主交还箱子，要么就赔偿。正僵持不下时，店主灵机一动，说了一句话，乙、丙听了无可奈何，只好垂头丧气地走了。

店主到底说了句什么话呢?

60. 吝啬财主的请帖

从前，有个吝啬的财主家里要办喜事，于是发了很多请帖给达官贵人和有钱势的亲朋好友。令财主为难的是，他还有一个亲戚住在附近，按道理是必须请的，不请别人也会说闲话。但这个亲戚比较穷酸，若是请他来了，他必定送不起大礼，反而还要和其他客人一样吃喝，算起来自己还要赔。最后，老财主想了一个主意，他给穷亲戚发了一张请帖，请帖上写了这样几句话："若是来，便是贪吃；若是不来，便是不赏脸。"

那个穷亲戚看了请帖之后在盒子中装了一文钱，并写了一张回帖。老财主看到回帖后十分难堪。你知道回帖上是怎么写的吗?

61. 罗伯兄弟的火鸡

罗伯兄弟做的火鸡非常好吃，当地的镇长总想弄点来吃，却又不肯花钱。终于有一天，他找了个借口没收了罗伯兄弟的火鸡，并得意地把它挂在了自家厨房外面的窗户上。罗伯兄弟非常气愤，于是两个人就打算趁着夜深人少时把火鸡偷回来。

罗伯兄弟扛着梯子悄悄溜到镇长的房子外面，他们把梯子搭好，刚爬到梯子的一半时，一个警察路过发现了他们。罗伯兄弟没有惊慌，他们立刻镇静地对警察说："嘿，你知道吗，明天可是镇长上任一周年的纪念日，我们想在他家的窗户上挂一只火鸡，以表达我们的祝贺之意。"

警察听了他们说的话，还是觉得他们的行为有点奇怪，他怀疑地看着罗伯兄弟。这时的罗伯兄弟又说了一句话，不但打消了警察的疑虑，他们还当着警察的面大大方方地取走了那只火鸡。

你能猜到罗伯兄弟对警察说了一句什么样的话吗?

62. 杰西赶牛

杰西是一位牧民，他从外地买了二十头牛，在他赶牛回家的途中要经过三个关卡，当地政府规定所有过关的牧民每过一个关卡，都要没收一半的牲畜当做税费，然后再退回一只作为政府给予的福利。

杰西觉得政府这个规定实在太黑心了，这样下来，赶二十头牛回家，路上就几乎全被政府没收了。不过后来杰西想了一个办法，最后一头牛也没少。

请问，你知道杰西是怎么做到的呢？

※ ※ ※

答 案

1. 军事机密

将军问好朋友："你能绝对保守秘密吗？""那当然了！我能够保守秘密。"好友自信地说。将军紧接着说："那么，我也能够！"

2. 我在想什么？

儿子问爸爸："你不想把这一千块钱给我，对不对？"

要是爸爸说对，那么，就是猜中了爸爸在想什么，所以爸爸要给儿子一千块钱；要是爸爸说不对，也就是爸爸想把这一千块钱给儿子，那么儿子自然就得到了这一千钱。也就是说无论爸爸怎么回答，都要把这一千块钱给儿子。

3. 巧取约会

第一个问题是：如果下一个问题是你是否愿意和我一起吃饭，你的答案是否和这个问题一样？第二个问题是：你是否愿意和我一起吃饭？

如果伊娃小姐的第一个问题的答案是"是"，那第二个问题就必须要答"是"，就能约到她吃饭。如果艾娃的第一个问题的答案是"不是"，那她第二个问题也必须要答"是"。所以总能约到她吃饭的。

4. 资深的车迷侦探

波特警长马上打开轮胎的气门，放掉了些气，让轮胎瘪一点儿，卡车就降低了高度，能通过铁路，桥底下了。

5. 以镜退敌

原来阿基米德让所有的妇女准备好镜子，当敌人的战船靠得很近的时候将手里镜子一起举起来，瞄准船上的指挥官直直地射了过去。几千面镜子，将太阳光都反射到战船的船帆和船员身上，马上战船就燃起了大火，大风更是将火吹得更旺。罗马士兵们还以为是发生了什么灵异事件，没有着火的船都立即掉头，逃回罗马去了。

6. 解缙化险

黄河远上，白云一片，孤城万仞山。羌笛何须怨，杨柳春风，不度玉门关。

7. 女演员的急智

她说："我指的也是剧本。"

8. 谁能代表工人阶级

维辛斯基说："我能代表工人阶级，因为我们两人都当了叛徒。"

9. 猜谜大王

用"答案"就可以解开世上所有的谜。

10. 出言不逊的年轻人

你可以说："1 条狗 100 元，2 条狗 200 元。"

11. 富人和骗子

青年上前问有钱人："你是穷人吗?"有钱人答道："我才不是穷人呢!"青年于是笑道："哦，原来你是骗子!"

12. 商人的请贴

退回请帖，并在请帖下方添上一行字："我也一样。"

13. 傲气十足的局长

你可以说："这里有很多椅子，请您挑一张不普通的椅子坐吧!"

14. 纪晓岚的巧妙回答

纪晓岚知道乾隆在刁难自己，于是便假装跑到湖边，可一会儿工夫又跑了回来。他告诉乾隆："我正要投湖表忠心，这时，突然屈原出现了，他告诉我，他投江自杀，让楚怀王顶了昏君的骂名。如果我现在投湖，天下百姓也会骂您是昏君。为了皇上的英名，我就苟且活在这个世上。”乾隆听后哈哈大笑。

15. 大臣抓阄

阿庇修罗斯从箱子里抓住一个阄，迅速地将其吞进肚子，然后让官员打开箱中的另外那个阄，显然，那个阄上写的一定是“死”，那么阿庇修罗斯吞进肚子里的那个阄写的应该是“生”。就这样，阿庇修罗斯逃过了一劫。

16. 儿媳妇的机智

严嵩的女儿让侍女给公公送一杯茶，再三嘱咐说：“务必让我公公体会这杯茶的意思。”

罗洪先当时并未入睡，他对严嵩晚上的反常颇感意外。侍女送来茶，并告诉罗洪先，请他务必领会其中的意思。罗洪先打开茶杯一看，看见水面上浮着两颗红枣和一撮茴香。聪明的罗洪先立刻理解了儿媳的用意，她是在告诉自己，待在此地危险，赶快回乡。

罗洪先不觉惊出了一身冷汗，再也不敢上床入睡。等众人都睡下，罗洪先骑着一匹快马，迅速地奔回故乡。第二天一早，严嵩见罗洪先已不知去向，只好作罢。

17. 求人不如求己

妙远和尚回答说：“还是在念观音菩萨保佑。”

宋孝宗一听，以为妙远和尚的回答出现了漏洞，立即高兴了起来，说：“这不对呀！观音怎么可能求自己保佑呢？”

妙远和尚回答说：“这道理容易理解呀！求人不如求己嘛！”

18. 和珅的答案

第一个问题，和珅回答是男人和女人。第二个问题和珅回答是，生一人，死12人。意思是，不管是在哪一年出生，都是一个属相；一年中有12个月，月月都会有人故去，所以死12人。

19. 聪明的圆智和尚

圆智和尚回答得很巧妙：“这两个，一个挂在东边，一个挂在西边，合在一起，就叫做‘东西’。”

20. 鱼该怎样吃？

御医想一想，说：“春天是一年的开始，吃鱼头最健康；夏天和秋天是一年的中间，吃鱼身最有益于身体；冬天是一年的结尾，吃鱼尾最有益。”

21. 不存在的阳台

马克斯的确再也不会回来了，因为根本就不存在什么阳台。哈代在发现枪口的一瞬间并没有惊慌失措，而是已经展开急智思维，早早地给对方下了圈套。又刚好利用侍从送咖啡的敲门声使马克斯不得不退入“不存在的阳台”，从而获得安全。正是这样的急智思维，成就了哈代博士辉煌的侦探人生。

22. 小纸条的大作用

原来纸条上面只是简单地写了一句话：“我是今天面试的第 37 个人，希望您在看到我之前不要做出最后的决定。”虽然只有一句话，却可以看到汉娜的镇定和自信，以及在这种情况下解决问题的急智。我们很多人在遇到意料之外的情况时都会焦急不安，但是如果我们平时就注意培养自己的急智思维，那么在真正遇见困难的时候就可以正确地应对，像汉娜一样抢占先机，一鸣惊人。

23. 急中生智的演员

他看了一眼那张纸，就对着第一个人说：“亲爱的，你忘了我的视力有点问题，不能在昏暗的灯光下读文字吗？你看这里的亮度这么差，还是请你代替我来读吧。”说完这句话，他便把那张空白的纸递给了第一个人。

24. 机智的海涅

如果我和你去了，那就什么都有了。

25. 小沙弥智斗丞相

几天后，史弥远带着一队人马来到了寺前。史弥远的随从开门见山，说明了来意。方丈沉默不语。这时，只听小沙弥大慧从容地说道：“我这儿有一首歌谣，不妨唱给丞相大人听。”

史弥远很奇怪，问：“什么歌谣？”

大慧唱道：“寺前一块地，常有天子气；丞相要做坟，不知何主意。”

史弥远一听，立刻灰溜溜地离开了。

26. 蒯祥妙造金刚腿

蒯祥将金门槛的另一头也截短一段，再在门槛两边各做一个槽子，这样形成一个活络门槛。后来人们称这种门槛为“金刚腿”。

27. 狄仁杰的考题

放牛娃在纸上写下了这样几句话：一而十，十而百，百而千，千而万。在这几句话中，包含了从一到一万的所有数字。

28. 从天而降的警察

相信你也多多少少猜到答案了吧？没错，生命危急关头，苏菲小姐听到莱恩警官的声音就想要求救，又不能被男子发现。所以她想到了一个妙计，故意替山姆叔叔问好。但是楼上根本就没有山姆叔叔这个人，莱恩警官马上就反应过来苏菲肯定是遇见了危险，无法正面求助，所以警官假装离开，召集其他警察从阳台进入逮捕了逃犯。有时候我们需要抓住一点点求救的机会，挽救自己，以后如果大家遇见类似的情况，也可以多多向苏菲小姐学习。

29. 丑角杜罗夫

能生一张您那样的脸蛋的话。

30. 水有多少桶？

孩子并没有去看湖的大小，而是直接说道：我首先要知道国王您要用多大规格的桶来装这湖里的水，如果您是用一个湖那么大的桶，这湖里就只有一桶水。如果您是用二分之一湖那么大的桶来装湖水，这湖里就有两桶水。如果您是用三分之一湖那么大的桶来装湖水，这湖里就有三桶水……

31. 大科学家的司机

柏富里轻松地笑笑说：“这是一个很有意思的问题，我曾经与我的司机一起谈论过，我的司机已经明白了这个问题，请他来给大家说一下吧。”

爱因斯坦当然知道这个问题的答案，他只用几句话，就解答了教授提出来的问题，既简洁又透彻，征服了听众。

32. 阿凡提吃西瓜

看来我没你们那么馋，要不你们怎么连瓜皮都吃下去了呢？

33. 首相的尴尬

丘吉尔说了一句一语双关的话：“总统先生，我这个英国首相在您面前可真是没有一点隐瞒啊。”

34. 贵重的项链

女教师其实是在紧急关头采用了声东击西的办法，真正值钱的是她一开始扔给男子的耳环。她故意用衣领遮住项链，就是为了让男子认为项链才是真正贵重的，而毫不犹豫扔过去的耳环根本就不是什么值钱的东西，这样她就可以成功地骗过男子了。大家都知道，在危险的时候，身为比较柔弱的一方是不能够和强者硬拼的，要学会妥协，但也要妥协得有技巧，这样可以降低自己的损失。这样的小计谋在很多地方都可以派上用场，大家可以记下来在生活中多加研究和应用哦。

35. 无中生有的借据

大家可以想想，如果你原本从别人那里借了2000枚金币，却突然收到对方追要3000枚金币的信件，也一定会觉得对方搞错了，而匆忙回信说明情况吧？商人也是这样，他更是在信中着重强调了自己从杰克手里借到的是2000枚金币。而这封商人亲手书写的信，自然就可以当作是杰克的新“借据”了，是不是很巧妙呢？

36. 紫色的花圃

他将红、蓝两色的花朵混杂种在同一花圃里，若从远处的窗口眺望，便会看成是紫色的花朵。

37. 徐渭的竹片餐

要是早来3个月，这盘竹片就是一盘鲜美的竹笋了。

38. 真假聋哑人

相信大家也猜到了，刘向其实根本就不会手语，只是胡乱地比划了一下。这是因为他已经确定那些赖着不走的姑娘是假的聋哑人，只要自己装成会手语的样子，对方不会，这出“真聋哑人”的戏也就没法唱了，自然就会离开了。像政府机关这种地方，不能够随便对群众推推搡搡，刘向的这种做法正是在这种为难情况下想出的妙计，让骗子自己露出马脚是最好不过的了。

39. 语意深长

可那时候我没有问过谁交响乐该怎样写。

40. 复活的死坦克

原来那几个苏联士兵根本就没有自杀，在生死关头，他们发动自己的急智思维，决定赌上一把。他们猜到德国士兵一定不会放弃这样一辆重型坦克，只要将坦克拉出水坑，他们就能够再次启动坦克，自然就有了逃生的希望。这种假装死亡蒙骗敌人的方式也是我们在生死关头挽救自己的一种智慧的体现。

41. 本杰明该怎么办?

本杰明下车，让外科手术专家开他的车送患急症的老人去医院诊治；然后他与心仪已久的姑娘一起等公交车。

42. 李时珍的药方

只要把药方中每味药的第一个字连起来读，你就明白了。李时珍在药方中隐藏的话是：柏木棺（官）材（柴）一（益）副（附），八人抬（台）上山。

43. 沃其诺智得奖赏

沃其诺是个非常有头脑的人，无论他说的话是真是假，国王都要给他100枚银币。如果国王认为他在撒谎，那么国王前面已经说了，就要赏赐沃其诺100枚银币。如果国王不承认沃其诺在撒谎，那么就要替父亲偿还欠沃其诺父亲的100枚银币。

44. 韩老大戏财主

韩老大是利用汉语的同音字戏弄财主：蜘蛛，是家养的蛛（猪）；虫蛾，是家养的蛾（鹅）；肉片炒咯哲（搁着）；半只花牛是割的“牛肉”；蔓青顶儿是（馒）头；鱼段儿、虾段儿熘着是“留着”；没有好酒（韭）菜，所以上的是烂韭菜。

45. 拉米诺买面粉

拉米诺先把鸡蛋拿了出来，然后走到河边，把空篮子在河水里浸湿了，他再提着湿漉漉的篮子回到面粉店，对店主说：“请给我装面粉吧!”

店主纳闷地问：“拉米诺，你把篮子弄湿干什么呀?”

拉米诺笑着说：“篮子脏了，不洗一下就会把面粉弄脏，那就没法吃了，所以我洗一下。”

可是等店主往篮子里装面粉时他才发现，面粉一装进篮子里，靠篮子部位的面粉遇水就会结成团，堵住了篮子的洞眼，这样篮子里面的面粉就不会漏出来了。

店主只好眼睁睁地看着拉米诺提着满满一篮子面粉开心地走了。

46. 夜半争吵

莎拉这样做的原因很简单，她首先是让老公和自己出来，这样就避免了小偷突然袭击。同时在走廊里大吵大闹，肯定会吵醒邻居们，等前来劝架的邻居多了她就可以把真相说出来。到时候人多势众，就不害怕小偷了。在紧急的时刻还能保持这样的思考，不得不说莎拉是一个很有急智思维的人。

47. 为慈禧画像

各国军队列“阵”，托桃寓“脱逃”，合起来就是讽刺慈禧当年“临阵脱逃”，跑到西安。

48. 小男孩的暗示

小男孩特意将点亮灯的时间点选在更夫走到屋子门外时，这样一来，强盗拿着刀的影子就能够很清楚地映在窗户上，这就给更夫提供了一个最好的暗示，因此更夫知道屋子里有强盗。

49. 智斗公交车扒手

原来，聪明的安娜知道自己打不过扒手，所以她假装被前面的人挤了一下向后倒去，然后趁着这个机会狠狠地踩了后面的扒手一脚。这样，扒手的脚背上一定会留下和安娜的高跟鞋形状相似的痕迹，也降低了警察排查的难度，扒手自然就会落网了。在公交车上遇到小偷，这样的事情经常发生在我们的生活之中，有些人自认倒霉，有些人不懂得妥协反而被小偷伤害，故事中的安娜却很懂得在危急的时刻冷静思考，留下痕迹等到危险过去，找到帮助再抓获小偷。你学会了吗？

50. 拉夫托要工钱

拉夫托用围栏把自己围起来，然后说：“我现在是在外面，围栏里面那些地可都归我啦。”

51. 装聋作哑的老农

老农心里非常清楚陌生男人十分不讲理，不管怎样和他理论他也不会听进去，所以索性装聋作哑。法官断定老农是个哑巴，陌生男人自然不会承认，于是就将之前和老农的对话一五一十地重复给了法官。法官听完之后，自然就明白谁是谁非，于是说道："既然这位老农之前已经警告过你了，但是你不听劝诫，责任自然都在你的身上。"法官宣判之后，老农才开口说话："尊敬的法官大人，让他自己将事实讲述给您，不是更令人信服吗？"这正是老农大智若愚的方式，在这种无法争论的情况之下，聪明地选择沉默，等待着对手在不知不觉中说出真相，促使事物按照自己规划的方向发展，才是真正的明智。在深陷窘境的时候，我们也要适度地学会用这种大智若愚的方式来摆脱困境。

52. 齐白石的门

为什么他们第一次不敲门，第二次才敲门呢？门上写"心"就是"闷"字，表示主人心情不好，不要去打扰；门上写"木"字，表示主人现在"闲"着，可以接待来客。

53. 钱包里有多少钱？

第三位应聘人员问面试官："请问，这个钱包里一共有多少钱？"

54. 徐渭的酒令

秦始皇灭六国。

55. 雷布恩发工资

雷布恩不慌不忙地说："我用剩下的一美分，买了3张纸，你看，他们用这3张纸分别写了收据。"

经理看着手里的3张收据，也无话可说，这分法的确是公平。

雷布恩接着又说："买这3张做收据的纸花了一美分，这钱是应该当做工资发给工人们的，还请经理把纸还给他们吧。"

如果这纸还给了工人，公司不就没有了给工人发工资的凭证了吗？这下轮到经理犯了难，经理知道了雷布恩的厉害，所以他以后再也不敢刁难雷布恩了。

56. 约翰的灵感

约翰说道："要当一名好的主持，不仅仅要有演讲的技巧和很好的文采，更要有快速的反应力与超强的记忆力。所以，现在我临时决定为现场的各位重复一次前一位演讲者的演讲内容。"

然后，约翰不慌不忙地讲起那篇自己花了无数心血的演讲稿来，那么的娴熟，那么的动情，那么地富有感染力，整个演讲非常地精彩。别具一格的表现方式，赢得了所有评委、观众和其他应试者雷鸣般的掌声，最终约翰顺利地通过了考试，并取得了优异的成绩。

57. 刘伯温智救工匠

刘伯温说："他俩一个是哑巴，一个是聋子。"

58. 富裕的观众

布林德尔说："看来这座城市的人们都很富裕，为了有更大的空间来感受音乐，大家几乎都买了几个座位的票。"

59. 机智的店主

店主说："你们要三个人同时在场，我才能把箱子交还，现在只有你们两个人，我不能给你们。你们如果想要箱子，得把甲找回来。"

60. 吝啬财主的请帖

回帖是：若是收，便是贪财；若是不收，便是看不起。

61. 罗伯兄弟的火鸡

罗伯兄弟是这样说的："哦，好吧。如果您不相信我们说的话，那我们还是明天一早再带着火鸡来为镇长先生祝贺吧。"说完这句话，他们就当着警察的面，取走了那只火鸡。

62. 杰西赶牛

杰西每次都赶两头牛回家，这样每次没收一半，再退还一头，还是两头，牛的数量不变。杰西往返多次，最后把牛全都赶回了家。

第八章

滴水不漏
——缜密逻辑推理测试

1. 被绑架的富家千金

住在郊区的富商查理有一个非常漂亮的女儿，令人遗憾的是，小女孩从小双目失明，不过，小女孩非常聪明伶俐。某天，查理和妻子外出没多久就接到保姆的电话，说小女孩被绑架了，绑匪打来电话要他们准备好300万美金作为赎金。

爱女心切的夫妻二人赶紧准备好300万美金交给绑匪，小女孩三天后在富商家的后花园被发现。她的手脚都被捆绑起来，嘴里被堵着东西。家庭医生诊断后说，小女孩被绑匪打了镇静剂暂时睡着了，除了精神紧张，其他并无大碍。

回过神来的查理夫妇赶紧报了警。听到惊魂未定的小女孩断断续续的叙述，警察们有了几点推测：绑匪是一对30到40岁之间的夫妻，绑架的地点有可能是在海边的小房子里，在那间房子里能听到海浪的声音，房子还有一个阁楼，晚上能够感受到海风。

经过排查，警察们在海边找到了两间非常相似的带阁楼的房子，区别在于阁楼上的小窗户一个朝北，一个朝南。但是，这两间房子都非常干净，找不出任何有价值的线索。警察们还观察到，那里的海在南面，北面是丘陵。

你能推测出小女孩被关在哪间房子里吗？

2. 悍妇笔迹鉴定

山姆大叔是一个退休老教授，学识渊博，为人忠厚老实，但就是这样一个邻居眼中的老好人却娶了一个凶悍的妻子。他的妻子没有什么文化，平日里唯一的爱好就是搓麻将。他们的关系一直不怎么好，终于在一次争吵中，忍无可忍的山姆大叔失手杀死了妻子。眼看大错已经铸成，冷静下来的山姆想到了一个绝妙的主意：他模仿妻子的笔迹伪造了一份遗书，制造出妻子自杀的假象。

不久，警方介入调查。自以为万无一失的山姆做梦也没想到，就在他正跷着二郎腿坐在沙发上听音乐的时候，警方向他出示了逮捕证。

想想看，警方是如何发现破绽的呢？

3. 血型锁定真凶

警长团三郎遇到了一桩难以解决的案件。

房地产开发商川口长弘有两个儿子：大儿子山城宏，小儿子羽根三郎。新婚还不到半个月的山城宏就横死街头，羽根三郎也不知所踪。团三郎警长和同事进行了一番调查，查到了如下线索：

（1）山城宏和羽根三郎在父亲川口长弘死后，都想继承遗产，并为此争得不可开交，二人都曾扬言要将对方杀死；

（2）山城宏是 A 型血，他身上还留有 AB 型的血迹，可能是犯罪分子留下来的；

（3）山城宏的父亲川口长弘是 O 型血，母亲是 AB 型血，弟弟羽根三郎失踪，血型未知；

（4）山城宏的衣服上有妻子卓子的指纹，但卓子是 B 型血，且已怀孕两个月；

（5）卓子在两年前曾离过婚，卓子的前夫大平征四郎失踪，血型未知；

（6）根据现场勘察，此案并无其他犯罪嫌疑人。

面对这个错综复杂的局面，团三郎警长进行了缜密的推理，顺利找到了凶手。

请问，团三郎警长是怎样推理的，凶手到底是谁？

4. 缠着黑头巾的人

一天晚上，天空中没有月亮，警察张鼎和一个年轻的同事走近一座桥时，突然听到一个女人惊慌失措的喊叫声："救命！救命！"张鼎忙朝桥上冲去，只见一个缠着黑头巾的男人比他们抢先一步迅速跨过栏杆，跳进河里逃走了。桥面上躺着一个漂亮的姑娘，胸口上插着一把匕首，已奄奄一息了。张鼎忙叫唤："喂，醒一醒，这是谁干的？""胡同街……杨家大院……杨……"姑娘说到这里就咽气了。他们赶到胡同街上的杨家大院，发现这个大院住着两个名字带"杨"字的男人，一个是看手相的杨其，另一个是木匠杨深。

杨其是个光头和尚，又矮又胖，他穿着皱巴巴的睡衣，一边喝着黄酒，一边开玩笑说："让我给你们算个卦，来猜猜凶手吧。嘿嘿嘿……"张鼎摇了摇头，带着同事来到木匠杨深的家里。只见杨深裹着被子正在睡觉，他的发型末梢有点斜，地上的水盆里泡着一堆衣服。同事一看，大声喝道："喂，杨深，是你杀了姑娘跳河逃走的吧！"。杨深瞪着眼睛，连连摇头。"你赖不掉，这盆衣服就是你犯罪的证据！"杨深急忙辩护说："别开玩笑，这衣服是我准备洗的。"同事用眼光盯着他说："别装傻，这衣服是你跳进河里弄湿的！"

这时，在一旁观察的张鼎止住了同事，说："真正的凶手是杨其！"

为什么张鼎说凶手是杨其呢？

5. 带血的树叶

某天，电话接线员李萍从电话室坠楼摔死，民警刘东接到报案后，立即和同事前往出事现场。从现场观察，电话室的窗户的确大开，而且死者摔痕明显，手中还紧紧攥着一条湿抹布。

二人来到楼上，电话室的门锁和插销都是完整的。而第二现场，也就是楼下，围观者纷纷议论死者的死因，大多数人都认为是失足致死。

真的是意外摔死的吗？刘东和助手开始了认真巡查。

从楼下到楼上，刘东认认真真地查看每一个角落，终于，在一楼外阳台上发现了一片树叶，也许这只是一片极普通的树叶，但是它的上面却沾染了一个红点，他揣测这是属于死者的血渍。

这时，助手走了过来，对刘东讲道："厂里的人都说这几天死者并没有什么情绪异常，我想她应该没有自杀的可能。而且厂里的人都反映这个人非常正派，群众关系非常好，所以，很难想象会被什么人杀死。"

"你的分析和调查的确都很有道理，但我发现了一个非常重要的证据，我认为足以证明死者是被谋杀的。"

说完，刘东便把那片有血渍的树叶拿给助手看，然后说道："咱们现在开始分头行动吧！你去调查死者的家庭情况，我去局里对树叶的血迹和死者的血型进行化验，看看它们是否吻合。"

一天过去，两个人都带着满满的收获来到警局碰头，原来，李萍的丈夫有非常明显的作案动机，缘于夫妻关系非常不好，丈夫一直想离婚，但是妻子始终不同意，所以……

化验结果果然如刘东所料，树叶上的血迹与李萍的血迹完全吻合。所以，李萍的丈夫有最大的嫌疑，刘东果断地逮捕了李萍的丈夫刘文。

经过审问，刘文交代了犯罪事实：那天晚上，刘文趁李萍一人值班之时，悄悄地进入电话室，趁妻子不备，将妻子杀害，而且试图伪造妻子因擦玻璃而失足坠楼的现场。可是天网恢恢疏而不漏，即使清理了现场，大自然还是留下了他犯罪的证据。

那片带血的树叶到底是怎么泄露"天机"的呢？

6. 爱因斯坦的谜题

这是爱因斯坦在 20 世纪初出的谜题，据说当时世界上有 98% 的人答不出来。

（1）在一条街上，有 5 座房子，喷了 5 种颜色。

（2）每座房子里住着不同国籍的人。

（3）每个人喝不同的饮料，抽不同品牌的香烟，养不同的宠物。

提示：

（1）英国人住红色房子。

（2）瑞典人养狗。

（3）丹麦人喝茶。

（4）绿色房子在白色房子左面隔壁。

（5）绿色房子主人喝咖啡。

（6）抽 PallMall 香烟的人养鸟。

（7）黄色房子主人抽 Dunhill 香烟。

（8）住在中间房子的人喝牛奶。

（9）挪威人住第一间房。

（10）抽 Blends 香烟的人住在养猫的人隔壁。

（11）养马的人住抽 Dunhill 香烟的人隔壁。

（12）抽 BlueMaster 的人喝啤酒。

（13）德国人抽 Prince 香烟。

（14）挪威人住蓝色房子隔壁。

（15）抽 Blends 香烟的人有一个喝水的邻居。

问题是：谁养鱼？

7. 情人节买花

情人节的黄昏，克林顿在一条陌生的街道上，想要找一家花店为他的女朋友买一大束鲜艳的玫瑰。在他的对面是五家连在一起的店面，都没有招牌也没有玻璃橱窗，他看不到里面的任何东西。

他知道这五家店分别是茶店、书店、酒店、旅店和他要找的花店，并且知道：茶店不在花店和旅店的旁边；书店不在酒店和旅店的旁边；酒店不在花店和旅店的旁边；茶店的房子是上了颜色的。他的另一半还在等着他，他没有足够的时间一家一家地进去看。你能在最短的时间里找出花店，为正在等着他的女朋友买到鲜艳的玫瑰吗？

8. 这块地种的什么？

北宋年间，开封府郊外有个小山村，地方不小，但只住着两户居民，分别是老李和老王。他们历来和睦，分耕着一大块土地，相安无事。

突然在一年秋天，两家因为地界问题起了矛盾。这年，偏逢两家都种了红薯，地界就被混淆了。

“你应该知道，正午时分，树干的立影就是地界。”老李头气鼓鼓地指着树影说。

“我没注意过，我只知道你去年种的是烟草，我种的是玉米。这玉米粒在我的地里才能有，认出玉米粒不难吧！”老王也毫不示弱抓起地上的玉米粒。

“这有什么，我也可以随意在两家的地里找到烟茬来。”李老汉说完，向前走了几步，弯腰在地里扒拉一阵，果然找到了许多烟草渣。

“你不要撕破脸皮忘记旧情！”

“你也不要忘恩负义坑害朋友！”

就这样，李家和王家的矛盾越闹越大，最后一同来到官府，找清正廉明断案如神的包公评理。

包公接受了此案的审理。经过反复查问，包大人发现，两家都拿不出可靠的证据。怎样才能把这个民事案件处理得公平呢？包公考虑了片刻问道：“过去你们为何能分清田地呢？”

李老汉和王老汉异口同声道：“我们过去都种不一样的东西。”

“从没种过一样的作物吗？”听了这话，包公眼睛一亮，问姓李的，“去年你地里种的是什么？”

“我去年种的是烟草。”

包公又转向姓王的问道：“去年你地里栽的是何物？”

“我栽的是玉米。”

“哦，我明白了。”包公决定亲自去地里，为两家人分地界。

两个老农随包公来到了田头。包公命手下随从从最有争议的五条垄里各挖出一个红薯放在桌上，然后说：“两位老农按照次序把这五个红薯拿去尝尝，便知答案，我希望你们今后要互相谅解，友情为重！”

包公言毕，转身离开。李王两位按照包公的方法一试，地界一目了然，从此两家化干戈为玉帛。

那么包公是怎么分清田地的呢？

9. 服务员的证言

这是秋季的一天，天气越来越凉爽了，希尔斯竟然不争气地感冒了，他在警局里一边整理文件，一边打着喷嚏。忽然，电话铃响了，有人报案说，一家酒店里死了人。希尔斯立即动身前去调查。

酒店负责人向希尔斯介绍说："在酒店的307房间里发现了一具男尸，但307号房间这几日都没人入住，不知道这个人为什么会死在里边。"

希尔斯看到307房间的床上果然躺着一个男人，不过已经死了。法医鉴定，死者的死亡时间为昨天晚上10点到12点，是被毒死的，没有发现明显的外伤。

希尔斯问酒店负责人："第一个发现的人是谁？"

一个服务员赶紧凑过来说："是我发现的，我是今天早上来307房间打扫的时候发现的。"

"没人住的房间为什么要打扫？"希尔斯有些不解地问。

服务员回答说："这是酒店的规定，有人住的房间，每天打扫两次，没人住的房间，每天打扫一次。"

希尔斯又问他："你是怎么发现尸体的？"

服务员说："我早上打开307房间的门，就看见这个人躺在床上。我还纳闷呢，这个房间不是没人住吗？这个人是从哪里来的？我走过去想要叫醒他，可是发现他已经死了，我碰了碰他的身体，还有些余温。"

希尔斯听服务员说完后，立即命人逮捕了他。原来这个服务员就是杀人凶手。

那么，你知道希尔斯是如何判断出来的吗？

10. 左轮手枪和百万美金

警长文森接到一个报案电话："中央大街的新世纪银行被5个歹徒抢劫走100万美金。"

据银行职员说，歹徒手里有一支左轮手枪。

问明了歹徒的去向后，文森跨上摩托车追赶歹徒去了。可能是匆匆忙忙，这位警官临走时竟把一支左轮手枪遗忘在办公桌上。他的助手帕特见上司连枪都没带，马上召集了几个警察，乘上警车前去援助。

一阵枪声把警察们引到一处荒无人烟的地方。只见5个歹徒被击毙了，警长捂着受伤的左臂，缓缓地向他们走来，帕特拾起地上从歹徒手里夺来的密码箱，搀扶着警长文森上了警车胜利返回。

为了感谢警局追回被劫走的钱，新世纪银行决定举办一个表彰大会，邀请警长文森和助手帕特他们以及一些地方要员：大名鼎鼎的侦探莱尼先生也被请来了。宴会上，银行行长频频举杯感谢文森，并请文森向大家介绍他的英雄事迹。

"诸位！那天我乘摩托车冲去，一个望风的歹徒一发现我，就朝我连开2枪，打中了我的左臂。我带伤和那个歹徒搏斗，终于抢下他的那支左轮手枪，然后一枪将他打死。这时另外4个歹徒向我扑来，连续向我射击。我连发4枪，打死了4名歹徒。就在这时候，我的助手帕特他们也赶来了……"警长仿佛今天有说不完的话。

等他把丰功伟绩介绍完后，侦探莱尼先生身后的两位警察却向文森亮出了逮捕证。嘉宾们大惊失色。

莱尼告诉大家："警长文森和那帮歹徒是同伙！"

"你有什么证据？"警长双目喷火。

"我问你，你去追捕歹徒，为什么没带枪？"

"匆忙之中，我忘了！"

"忘了？警官在执行任务时不带枪，这真是不可思议的事情。何况你面对的是5倍于你的凶恶强盗呢！唯一可能的解释是，你本来就是这伙匪徒中的一个秘密成员。你是在追赶你的同伙，因此你觉得带不带枪没关系。"

“你胡说！我与歹徒搏斗左臂中弹，你瞧！”

“是的，你左臂的确受了伤。据你说，那个望风的用一支左轮手枪，向你连开2枪，把你左臂打伤了，是不是？可是，你又说，你从那个歹徒手里夺过那支枪。一枪将他打死，又连发4枪打死4个歹徒。这就是说，从这支左轮手枪里打出了7颗子弹。这难道是可能的吗？”莱尼逼视着文森，“你的目的是独吞这100万美元，你必须单独行动，不带你的部下。当你赶到那里时，这5名歹徒在他们认为安全的荒凉山脚下分好了赃，准备潜逃，完全没有你的份儿。于是你恼羞成怒，出其不意地夺过你身旁一个同伙的枪，迅速将这5个人击毙。你以最快的速度，从这5名歹徒身上搜寻出100万美金，匆匆塞进密码箱。你正准备带着它，利用合法身份，骑摩托车逃之夭夭，不料来了增援你的部下。于是你灵机一动编造了这个只身斗群敌的离奇故事。”

为什么侦探莱尼会认为警长文森与歹徒是同伙，并且想独吞这100万美金呢？

11. 没有影子的目击者

富翁艾德里安杀死了自己的妻子。为了摆脱自己的嫌疑，他把妻子的尸体装进运狗的铝合金箱子中，然后开着私人飞机在海上不停盘旋，确认不会有人发现后就把箱子丢进了海里。

自以为做得天衣无缝的艾德里安天天在自己的豪宅里饮酒作乐，谁知，几天后警察还是找上了门。指控他杀害自己的结发妻子，并抛尸大海。

艾德里安狡辩说自己是驾驶飞机玩呢，并没有杀人。

可是警察却说：“我们有一个没有影子的目击者，他说，你曾经从飞机上丢下过一个大箱子。”

你知道警察所说的“没有影子的目击者”是谁吗？

12. 学生公寓的枪声

这是一个寂静的夜晚，但是学生公寓却是热闹至极，学生们都在洗漱、聊天。

突然，一声枪响划破了寂静的长空，学生公寓本来热闹的场景变得嘈杂起来。学生们朝着枪声传来的地方走去，那是一间独栋别墅式公寓，在这栋别墅式公寓的二楼，一个名叫哈里的男生倒在血泊里。

宿管老师立刻报了警，探长亨利带着警员立即赶往学生寝室。

探长经过调查，发现这座别墅里住着四个学生，格伦、桑尼、哈里还有比尔。亨利决定把他们隔开，单独审问。

亨利先生讯问比尔："哈里中枪的时候，你在做什么？"

比尔说道："我正在屋后面车库那里修车，我还把一盏灯带到那里。就在这时，房间里传来了枪声，我赶快跑进屋去。"

亨利又开始讯问桑尼："哈里中枪的时候，你在做什么？"

桑尼一瘸一拐地来到亨利面前说："我把汽车停进了公寓后面的通道里，回屋的时候被地上的电线绊了一跤。我坐在地上揉着脚腕，大约两分钟后，我听到了枪声，就赶紧站起来。"

亨利开始讯问格伦："枪响的时候，你在干什么？"

格伦说道："当时我正往厨房走，我想到厨房盛一杯冰激凌，这时，我听到后门有声音，就向外看了一眼，但是外面漆黑一片，什么都没有，于是就去厨房的冰箱里取了冰激凌，大概几分钟后就听到了枪响。"

为了确定大家说的话，亨利探长开始搜查整栋房子，他先是在冰箱旁找到了一杯融化的冰激凌，接着在后院的地面上，找到了被扯出了插座的电线插头，电线连接的灯还悬挂在比尔的汽车已经打开的引擎盖上。

亨利重新回到屋里，指着比尔说道："你说了谎话，凶手就是你！"

比尔反驳道："你凭什么怀疑我是凶手，拿出证据来。"

亨利当众指出了比尔的犯罪过程，顿时，比尔哑口无言。

你知道，探长为什么怀疑比尔是杀人凶手吗？

13. 透明的湖

世界上最深的湖泊非贝加尔湖莫属，除此之外，它还是世界上透明度很高的湖泊，有人曾做过实验，可以从湖面上看到水下将近40米深的湖景。

某个夏天的清晨，贝加尔湖上漂浮着一具男尸，一条小船翻扣在水面上，这具尸体漂浮在旁边。乍看上去，就像是一起划船时发生的意外事故，可能是湖面吹起的风掀翻了小船，造成船翻人亡。

根据验尸结果，推定死亡时间是前一天晚上7点钟左右。死者是贝加尔湖边上某个工厂的制图员，他平时住在单身宿舍里，那是一栋五层高的公寓楼。死者有恐高症，所以他的房间在一楼。

“他不会游泳吧？”警察去向他的同事们了解情况。

“经常见他去体育馆的游泳池游泳，游泳技术是很高的。所以，也许是船翻了后，他游泳时发生心脏麻痹死去的吧。夏季的湖水也是非常冷的。”同事们回答说。

突然，警察发现了什么，马上做出判断说：“这不是一起划船引起的事故，死者即使因为溺水而死，也是有人故意制造的翻船假象，这应该是一起谋杀案。”

警察为什么会这样说呢？

14. 形迹可疑的花匠

一个夏天的中午，虽然天气非常炎热，但是广场依然人来人往，好不热闹。突然，人群中传来一个女子尖锐的喊叫声。原来，她的挎包被人抢走了，抢匪显然是个惯犯，得手后飞快逃离。附近的警察闻讯赶来，然而现场一片混乱，抢匪早就消失在茫茫人海中，围观人群并未能提供太多有用线索。

这时，约翰队长环顾四周，继而胸有成竹地笑了。他走到一个正在浇花的花匠面前，问道：“这片区域的花儿，一直是你负责的吗？”花匠佯装镇定地答道：“是的，我在此地工作三年了。”约翰队长哈哈大笑道：“那么，请你跟我走一趟。”

你知道，约翰队长是根据什么断定花匠就是嫌犯的吗？

15. 是谁开了枪？

这星期正是美国著名金融巨头——海星召开董事会的时间。各大董事齐聚一堂，一时间，海星的办公大楼下名车云集，人来人往好不热闹。开完会后，董事会成员之一的瑞德坐上自己的私家车，随后驶进旧金山的一处高级别墅群。

回到家后，仆人尽量蹑手蹑脚不敢打扰瑞德休息。晚上，听到门铃声，仆人从门洞里看清来人是钟点工。钟点工走之后，一切正常，仆人稍后就休息了。

谁知深夜两点多的时候，仆人却听到了砰的一声枪响，他一个激灵坐了起来，赶紧跑去客厅，发现主人瑞德已经倒地。

被吓傻的仆人半天才反应过来要去报警。警察勘查现场后发现，屋子里没有翻箱倒柜的痕迹，也没有丢失任何物品，凶手更没有留下任何有价值的线索：指纹、脚印甚至气味……警察们所能看到的就只是死者的尸体。

你知道凶手是如何作案的吗？

16. 案发现场的扑克牌 Q

一天傍晚，扑克占卜师被杀，案发地点就在他独住的公寓房间里。

他是被利器击穿后背致死的，推测被害时间是上午 9 点左右。看上去是在占卜时受到背后突然袭击的，尸体旁边满满的都是扑克牌。占卜师手里紧紧地握着一张牌，是一张方块 Q。

“为什么他死前手里会握着一张方块 Q 呢？”警方感到诧异。

“一定是给我们留下的凶手线索。”大侦探罗根很肯定地说。

“但凶手和扑克牌之间有什么关系呢？”

“扑克牌中的方块是货币的意思，而红桃代表圣杯，黑桃代表剑，梅花代表棍棒。”罗根解释着说。

不久，侦查锁定了三个嫌疑犯：职业棒球投手，男性；宠物医院院长，女性；歌舞伎演员，男性。

“这三个人好像都与扑克牌里的方块没多大联系。”警方很是疑惑。

“这个人就是凶手。”罗根果断指出了凶手。

真凶是谁呢？

17. 福尔摩斯也出错

中学生洛克是位不折不扣的业余侦探，平时尤其喜欢看侦探小说，对大侦探福尔摩斯更是崇拜得五体投地，关于他的书籍他几乎如数家珍。有一次洛克在某本杂志上找到一篇关于福尔摩斯破案的文章，作者是这样写的：

福尔摩斯：“内侧门的钥匙孔内是有把钥匙插着的，莫塔发现尸体时，有没有用手去拔或者摸过这把钥匙呢？”

莫塔：“我没有摸过那把钥匙，因为门本来就是锁着的，打不开，我是跳窗户进来的。”

福尔摩斯：“那好吧，我们可以查查指纹。”

福尔摩斯就在插进的钥匙上撒下了一些化学药剂，用放大镜来观察。

福尔摩斯：“钥匙柄上，表面和背面都可以清晰看到旋涡形的指纹，好了，这可以和被害者的食指指纹比对了。”

福尔摩斯随后趴到床上，用放大镜仔细看着女尸右手的食指指纹。

福尔摩斯：“啊！死者的指纹与这钥匙柄上的指纹完全不同。”

莫塔：“那就是说她是他杀的？”

福尔摩斯：“正是，这样的案件，不需要让我这种名侦探出马吧！”

洛克阅读了这篇文章后，不敢相信大名鼎鼎的名侦探福尔摩斯也会判断错误。

究竟这篇文章错在哪里？

18. 是谁的方糖?

著名的推理小说家坤琪正在赶写稿件，虽然马上就要截稿了，但是他还是被报纸上的赛马信息吸引，满脑子都在想，究竟明天的菊花奖会花落谁家?

正在此时，老朋友柳西警官突然来了，他一副疲惫不堪、无精打采的神态。

“警官，看你那副样子，一定又遇到难事了吧?”

“嗯，就是那件焚尸案。”

“啊，那个案子啊，还没有结案吗，凶手还在逍遥法外吗?”

“别说凶手了，就是被害人的身份还不知道呢。”柳西诉苦说。

这起案子缘于某个周末的早晨，在郊外的森林里发现了一具被烧焦的男尸。估计凶手不想让人知道死者身份，所以转移了尸体，还想毁尸灭迹。

“全身都烧焦了，没留下半点线索，但是让人疑惑不解的是，死者的上衣口袋里装着十几块方糖，因为压在被害者的身下所以没有完全被烧化。”

“方糖? 被害人带着方糖有什么目的呢? 那么，在失踪人群中有没有被怀疑的人呢?”

“有三个人是被怀疑的对象。”

“什么，有三个人?”

“一个是卖马票的酒店老板林田次郎，周末夜里去酒吧喝酒，后来下落不明，据说当时身上带着100万元以上的现金。”

“那么，可能是被抢劫了?”

“另一个是南川伸一，一个年轻的白领，爱好骑马。据说周末去了俱乐部练习骑马，但是到现在都没有回家。”

“失踪的动机?”

“他是出名的花花公子，也许被甩掉的女人报复吧。”

“最后一个是谁?”坤琪递过来一罐啤酒，感兴趣地问道。

“叫左媛正也，是位赛马报记者，星期六没有去工作，据说去夜店玩，之后就杳无音信了。”

“有被谋杀的动机吗？”

“两个月前，他发表了关于赛马场比赛作假的报道，也许被人怀恨在心，伺机报复了吧！”

“三个人都是单身汉吗？”

“是的。三个人无论是年龄、身高还是血型都是一样的。”

“从齿型也无法确认彼此的吗？”

“死者的牙齿在10年内都没有治疗过的记录。”

“那指纹呢？”

“也没有了，10个手指都被烧化了。”

“三个人都与马有关啊！”

“我觉得你是推理家，又是赛马爱好者，一定会有主意的。”柳西一边喝着啤酒，一边想尽快听到这位好友的高见。

坤琪对着这三个人的名单看了一会儿，忽然，注意到了什么。“我知道死者是谁了。”说着便指给柳西看。

死者究竟是谁呢？

19. 卡萨尔斯在哪儿？

FBI的特工卡萨尔斯来到夏威夷，由于迷恋金发女郎，被人用安眠药暗算了。不知睡了多长时间，他一睁眼，不由得惊叫一声，环顾四周，和自己睡在一起的金发女郎不见了，身上穿着不熟悉的睡衣。床和房间完全变了样，他立刻跳起来找衣服，但没找到。

“醒了吗，卡萨尔斯先生？”屋顶突然响起声音。天花板上装着麦克风和监视用的电视摄像机。

“请放心，我们会保证你的生命安全，请你这段时间内一步也不要离开这个房间。”

“这里是什么地方？”

“某个地方。”麦克风里的声音含着冷笑。

“监禁我想干什么？”

"你是位举足轻重的贵客。我们的人员被你们逮捕了，想用你交换。现在正在交涉之中，不久便会有答复了。"

卡萨尔斯紧张地思索起来。最近，情报本部秘密逮捕了数名敌方间谍。不过，其中能与自己对等交换的人物只有两名，一名是在加拿大 WQ 机关的间谍，一名是在新西兰秘密基地 NS 机关的间谍。两个强大的间谍组织，都直接接受基地组织的资金援助。那么，这里是加拿大，还是新西兰呢?

卡萨尔斯仔细地观察起居室，角落放着洗脸用具和便器。高高的墙上，只有一个安有铁栅栏的小窗。窗外全钉着板子。天花板上的荧光灯一直亮着，温度由空调调节，分不清白天和黑夜。

卡萨尔斯仰面躺在床上，看着模模糊糊的窗子，突然，他一起身，抓起牛奶瓶子，准确地击中天花板上的荧光灯，灯被砸破，室内一片黑暗。在黑暗中，他死死盯着窗上的一点。他刚才观察时，发现从窗上钉着的木板缝隙里，透出点阳光，由此可以确定不是夜晚。

由于没指南针，不知窗子朝东南西北的哪个方向。

卡萨尔斯盯着窗户下的地面。从小洞射进的一束阳光，在地上照出一个小光点，随着时间的推移，他发现光点渐渐从左向右移动，他已经知道这里是哪个国家了。

那么，你知道卡萨尔斯从夏威夷被绑架到了哪里吗?

20. 奇怪的列车抢劫案

临近上班时间，差五分钟才九点。兰迪馆长刚刚走到办公室门口就听见急促的电话铃声。电话是博物馆的文物管理员琼斯打来的，他在电话里慌乱地说："馆长，出大事了，昨天夜里，不，是今天凌晨，我们遇到劫匪了，您托我和德里克帮助馆里押运的东西都被抢走了。"

听到这个消息，年过半百的馆长一下子呆住了：都被抢走了！那可是四件具有重大历史意义的文物啊！且不说价值连城，研究意义更是非凡……这几件文物落到文物贩子的手里，后果简直不堪设想。清醒过来的兰迪馆长立即致电琼斯问清地址，叫上自己的好朋友史蒂夫探长一起赶往事发地点。

十分钟后，兰迪馆长和史蒂夫探长来到抢劫现场，琼斯垂头丧气地把他们带到案发的车厢。

德里克一脸沮丧，狼狈不堪地蜷缩在车厢一角。史蒂夫探长仔细查看了一遍车厢后，开始听琼斯和德里克讲述凌晨被劫的经过。

琼斯说："列车还有大约两个小时就要到站时，我忽然听见有人轻轻地敲隔壁车厢的门，过了一会儿又来敲我们这个车厢的门，我便起身去开门。"

"有人敲门你们就去开了？问清来人是谁难道不是第一反应？"史蒂夫反问道。

"案发的时候正是凌晨，我们睡得迷迷糊糊的。再加上快到站了，就放松了警惕，还以为是列车员呢，谁会想到劫匪在这个时候下手？"

"后来发生什么事情了？"兰迪馆长焦急地询问。

"当我打开门的时候，看到三个举着枪，包得严严实实的人，一下子就吓傻了。他们把我们捆绑得结结实实，然后拿着箱子跑掉了。"琼斯接着说道。

"他们最大的疏忽是忘了堵上我们的嘴巴，我们拼命叫嚷，还试图用脚踢门，但是没有人听得到，直到进站了我们才被发现。"德里克在一旁插话说。

德里克话音刚落，史蒂夫就对兰迪馆长说："放心吧，老朋友，古董不会丢的，你这两位爱徒就是直接参与者。"

史蒂夫到底发现了什么破绽？

21. 不翼而飞的几百万元

某市一家企业发生了盗窃案，损失高达百万元。著名侦探罗特带领几名警察赶到事发地点调查情况。财务科的钢筋被钳断，碎玻璃满地都是。看样子，窃贼就是从这里进去的。更离奇的是，摄像头不知道什么时候被泥巴糊上了。看来这是一起有预谋的盗窃案。

晚上，案情还是没有进展，罗特队长带领大家在会议室开会。翻看笔录的时候，罗特突然面露喜色，大家相互看看，知道罗特队长一定有了新发现。

当晚值班的保安说：“当天夜里 12 点的时候，我们是有一次巡逻的，那时候这里还是好好的。”

警察追问道：“你不会记错吧？”

保安道：“当然不会，我们有严格的规定，每天晚上都有工作记录的，当时看到那里的窗帘没拉上，还是我给拉上的呢。”

警察看着满地的碎玻璃和被扭断的铝合金窗户，接着问道：“这么大的动静，难道你们就没有发现？”

保安道：“离这里不远的地方就是铁路，火车经过的时候，我们什么都听不到，有可能就是那个时候作案的吧？”

罗特猛地一拍桌子，喊了一声：“连夜抓捕所有的保安，不管案发当天有没有值班。”

看着大家不解的样子，罗特给出了一个合情合理的解释。你能猜透罗特的想法吗？

22. 卡洛尔谜题

英国剑桥大学数学讲师卡洛尔曾出了下面这道题目来测验他的学生的逻辑思维能力。题目是这样的：

（1）教室里标有日期的信都是用粉红纸写的。

（2）丽萨写的信都是以“亲爱的”开头的。

（3）除了约翰外没有人用黑墨水写信。

（4）皮特没有收藏他可以看到的信。

（5）只有一页信纸的信中，都标明了日期。

（6）未标记的信都是用黑墨水写的。

（7）用粉色纸写的信都收藏起来了。

（8）一页以上的信纸的信中，没有一封是做标记的。

（9）约翰没有写一封以“亲爱的”开头的信。根据以上信息，判断皮特是否可以看到丽萨写的信。

23. 不在场的漏洞

深冬的晚上，在市郊的一个小区内发生了一起谋杀案，一家三口被罪犯残忍地杀害了。据调查，案发时间大概是晚上9点左右，当时刚刚下完大雪，到处都积满了厚厚的积雪，恶劣的天气给警方破案带来了不便。

警方经过一晚上的搜查，终于找到了犯罪嫌疑人德克。早上，霍尔警官带领几名警员来到德克家中。在进屋之前，霍尔发现德克家的房屋和烟囱上都覆盖着厚厚的积雪。

霍尔问道："德克先生，昨天晚上你在什么地方？"

德克回答说："警官先生，昨天晚上我一直在家中看电视，睡前我还烧了些热水，洗了个热水澡。你们也看到了，我一个人独自生活在这里，没人能够为我作证，但是请你相信我，我发誓我说的都是实话。"

霍尔听了后，却立刻指出了德克的漏洞，揭穿了他的谎言。经过进一步调查，果真，德克就是杀人凶手。

你知道霍尔警官是如何发现德克漏洞的吗？

24. 漏洞在哪里？

杰森探长告诉孩子们，他的老师洛克探长是一个非常注重细节的人。洛克说，探案过程中的每个细节，其实都是非常珍贵的。有时，要想破获案件，往往需要注意这些小细节。接着，杰森探长又说了一个洛克探长曾经破获的案子，而这个案子关键的地方，就是细节。到底是怎样的案子呢？

一天，洛克接到朋友哈利太太打来的电话，说她的1万元现金放在桌子上不见了，请他赶快来一趟。

洛克立刻赶到哈利太太家，时间是下午5点钟。他问哈利太太最后一次见到钱是什么时候？

哈利太太说是下午4点钟。她说她把装钱的信封放在房间桌子上就去洗澡了。4点半左右出来就不见钱的影子了。

洛克又问："当时还有别的人在家吗？"

"还有我家的保姆罗斯，她帮我料理一些家务。"

洛克点点头，来到罗斯的房间。罗斯热情地招呼他，请他坐在屋内唯一的一把椅子上。洛克感到椅子很凉，问道："罗斯小姐，请问哈利太太丢钱的时候你在做什么？"

罗斯回答说："我4点前回到哈利太太家，就进了自己的屋里，一直坐在你身下的那把椅子上织毛线活儿，一直没离开半步，可是我好像听见有人把门'砰'地关上了。"

洛克听完，笑了一下，说："我知道罪犯是谁了，但还是希望罪犯自己能够亲自承认，这样也算是一次自首的机会。"

你知道罪犯是谁了吗？

25. 怎样"揪"出大毒枭？

这天，吃过晚饭后，陈彦就坐在电视机旁看起了他最喜欢的缉毒类题材的电视剧。这一集的剧情很是精彩，讲述的是一个贩毒集团的首脑抵达一座海滨城市后，藏匿在一艘豪华游轮上。

警方监视这艘游轮已经三天三夜了，船上人员的每日情况如下：一个绅士，他除了每天早晚到船舱外做运动外，就是整天都待在船舱内；一位厨师，他每天都定时去采购，先去面包店，再去调味料店，经常满载而归；还有5名水手，他们偶尔会上岸去休闲娱乐场所。警长心急如焚，因为游轮可能在明天或者当晚起航。

看到这里，这集结束了，陈彦坐在沙发上想，到底这3人中谁会是大毒枭呢？他根据自己的分析进行了预测，结果下一集一开始，就印证了他的猜测是正确的。

你能从上述条件中分析出贩毒者是谁吗？

26. 盗贼留下的手表残物

这天早晨，吃过早饭后，百无聊赖的赵焰打开电视看早间新闻，突然这样一条新闻引起了他的注意：

昨天，在本市郊区的一家仓库，发生了一起抢劫案，警察搜遍了现场，想从中找到一些蛛丝马迹，最后发现小偷留下的一堆支离破碎的手表残物。手表的长针和短针正指着某个刻度，而长针恰比短针的位置超前一分钟。除此以外再也找不到更多的线索。正当大家一筹莫展时，其中的一位警察却据此判断出了盗贼的作案时间，最后顺着这个线索，警方一举破获了这起抢劫案。

新闻已经播完了，赵焰却有了一个悬念：盗贼的作案时间到底是什么时候？可是想了半天，却没有一点儿头绪。

你能分析出这个时间是几点几分吗？

27. 跳车的姿势

一具男尸横在铁路旁边，头朝下，肢体扭曲，脖子都断了。警长勘察现场后初步认定，死者叫拉福特，是个诈骗犯，应该是从芝加哥开往洛杉矶的快车上跳下来的。这次列车是今天唯一从这里经过的火车。

随后赶来的尼克探长说：“你根据什么说他是从火车上跳下来的？

警长领着尼克探长顺路轨西行，走了100码左右，看到第一个旅行包，往前走300码左右，又看到另一个旅行包，包里有崭新的纸币，共5万美元。

警长说：“钱是假币，看来是有人想抢这笔钱，拉福特便跳车要带它逃跑。”

探长说：“不，他是被人从火车上扔下来的。”

请问，探长的判断是否正确呢？

28. 冬夜里的谋杀案

在一个寒风凛冽的冬夜，侦探卢德接到布伦达·史密斯的电话，说是她的丈夫被人杀死了，让他立即赶来。

卢德放下电话，拿起钢笔，在一个小记事本上记下了史密斯夫人的地址，然后穿好衣服，走出公寓大楼，钻进了自己的那台奔驰。四十分钟后，他赶到了史密斯夫人家里。

史密斯夫人正焦急地等他，卢德的车一到，她就开门迎了出来。

屋子里非常暖和，和外面的冰雪世界简直有天壤之别。卢德跺掉鞋上的雪，摘下围巾、帽子和手套，脱去了厚呢子外套，然后揉了揉冻得有些发酸的鼻子，打量起站在自己面前的这个女人。

穿着粉色睡衣的史密斯夫人看起来气色并不差，不知道是因为焦急还是屋内真的很热，她面色红润，金黄色的头发散落在肩膀上。

“我丈夫被人杀死了，尸体在楼上。”

“怎么回事儿?”

“半夜十二点的时候我就去睡觉了，当时他还在客厅里看电视。等我一觉醒来，发现他还没有休息，就想催他快点儿睡觉。然后当我走出屋子的时候，发现窗户开着，而他却被人杀死了。凶手很有可能是从窗户跳进来的。”

“您当时没记住是什么时间吗?”

“没有。”

“可我记住了，您打电话的时间是三点半钟，而现在是四点一刻。”卢德顿了一下，问道，“后来呢? 后来您又干了些什么?”

“我已经六神无主了，就坐在客厅里等你过来。”

“窗户您有关上吗?”

“没有，我怕上边会有凶手的线索，就没敢动。”

卢德顿时有所悟，忙走过去，关上了窗户。然后，他猛地转过身来，冷笑着对史密斯夫人说：“夫人，我想在警察到来之前，还是请您谈谈事情的真相吧！这方面您是最有发言权的。”

史密斯夫人还想抵赖，但看见卢德那不容置疑的神情，额头上滚落下大粒大粒的汗珠，不得不供出了她杀害丈夫，并伪造现场的真相。

卢德根据什么判断出史密斯夫人没有说出事情的真相呢?

29. 离奇爆炸案

秋天是一个干燥的季节。中午时分，伦敦一条环境优美的街区发生火灾。起火的是第十三街区的房子，所幸事发不到20分钟，警察和消防员便赶到现场，大火已经被扑灭。

经过仔细勘查发现，此次火灾是由煤气爆炸引起的。在案发现场发现了一名死者，死亡的地点是在卧室。经过法医鉴定，死者生前身体状况良好，死因是煤气中毒。

卧室中的煤气管道存在漏气的现象，但是，警方未找到引起爆炸的火花。更令人匪夷所思的是，在爆炸发生的时候，该地区大面积停电，因漏电引起火灾的可能性几乎没有。

对死者长期来往的人进行调查后发现，死者的外甥有重大作案嫌疑。死者拥有一大笔遗产，没有直系亲属，遗产的直接受益人就是他的外甥。而在这段时间内，死者的外甥却因投资失败欠下了大笔债务，有充分的作案动机。但是，案发当时，死者的外甥却在距离现场10公里远的一个度假村休息。

这一消息后来从度假村的服务员处得到验证，但是，服务员说："这个人非常奇怪，来了以后也不说话，总是坐在大厅的沙发上打电话。"

警方邀请了几位精通电子信息的专家来破案，介绍完案情后，一位专家站起来说："嫌疑人有很大的作案可能性——利用他手里的电话！"

你知道他是怎么做到的吗？

30. 浴缸谋杀案

深夜11点钟，警察接到报警，报案人发现自己的新婚妻子死在浴缸里。

刑侦队值班队长立即率领众人赶赴现场。报案人是一个经理，他说今晚轮到自己在公司值班，9点45分打电话到家，妻子在卫生间接电话，说刚坐进浴缸里洗澡，请他15分钟后再打过来。他也听到了洗澡的水声。半小时后，他打电话回家却没人接。又过了15分钟，他再打电话回家，依然没人接电话。

他很担心，于是赶回家中，却发现妻子已经死在了浴缸中。鲜血把满是肥皂泡的水都染红了，浴缸边有一只啤酒瓶。

队长吩咐手下给报案人做笔录，可法医却走过来说："报案人在说谎，杀人凶手就是他。"队长有点儿迷惑，问法医找到了什么证据，法医却笑而不答。

你知道吗？

31. 警长的根据

在森林公园的深处，发现一辆高级的敞篷车，车上有少量树叶，一个老板模样的人死在车里。警方封锁了现场。

"有什么线索？"警长问。

"法医估计这个人已经死亡两天。没有发现他杀的迹象，死者手边有氰化钾小瓶，所以初步认定是自杀。"

"有没有发现第三者的脚印？"

"没有，地面上落满了树叶，看不到什么脚印。"

"请大家再仔细搜查现场，排除自杀的主观印象。这不是自杀，而是他杀后移尸到这里。估计罪犯离开不到一小时，他一定会留下马脚的。"大家又开始仔细搜查，果然发现了许多线索，追踪之下，当天便抓获了杀人犯。

请问：警长为什么认定不是自杀，而且罪犯没有走远呢？

32. 晒不黑的手

一个初夏的晚上，富商亚历山大被人发现死在了自己的别墅里，是被人谋杀的。名侦探艾伦先生受到老朋友简恩警官的委托，调查此案。警方将嫌疑人锁定为富商的情人安妮小姐。

这天，艾伦侦探来到安妮的公寓，进行了调查后发现，安妮住在公寓的顶层。

艾伦问道："昨天下午3点左右，您在哪儿？"

安妮回答说："我当时在阳台上写生，画了一幅油画。"说着，她将那幅油画拿给艾伦看。这幅画画的是从楼顶上仰视摩天饭店的景观，画得很不错。

安妮补充说："我从昨天起一直在画画，而且这几天连续大晴天，是多好的日光浴呀。"

艾伦侦探笑道："怪不得您的脸晒得黑红黑红的，显得很健康的样子。现在几点了？不巧我忘了戴表。"

安妮看了看戴在左手腕的手表，回答说："6点半。"

艾伦注意到，她的左手指好似白鱼一样白皙细嫩，很漂亮。

她察觉到艾伦侦探敏锐的视线在注意自己的手，不安地问道："怎么了？"

艾伦笑道："被您漂亮的手指迷住了啊。您是右撇子吧？"

"嗯，是的，怎么了？"

"我只是觉得有点儿奇怪，您晒了几天日光浴，还天天画画，可是左手却一点儿也没晒黑。"

安妮说道："因为左手需要端着颜料板，所以没有晒着……"话说了一半，安妮突然觉得说漏了嘴，慌忙闭了口。你知道这是为什么吗？

33. 怪盗H的谎言

费斯警官接到报案说，周日下午2点，百万富翁安德鲁先生的家中进了窃贼，他盗走了安德鲁先生最珍视的名画——《稻田中的少女》。

费斯警官迅速展开了调查，从作案手法上分析，他猜测是著名怪盗H所为。

费斯警官很快找到了怪盗H，当问及不在案发现场的证明时，怪盗H拿出一张照片，回答道："星期天下午2点，我正在赛马俱乐部骑马呢，这就是当时朋友帮我拍的照片。你瞧，纪念塔的大钟指的是2点吧，我可没有说谎。"

费斯警官接过照片，只见照片上，怪盗正在一匹马前，做出从右侧上马的动作，远处是纪念塔，大钟所指的时间确实是2点。

然而，费斯警官只扫了一眼照片，便看出了名堂："这么一张伪造的照片是骗不了人的。这是上午10点钟拍的。"

那么，照片上什么地方不合情理？

34. 偷电视的贼

杰克警官在周末驱车看望他在乡下的弟弟。弟弟看到哥哥后说："杰克你来得正好，昨天我刚买的一台电视机被人给偷走了。"

杰克说："你报案了吗？"

弟弟说："不用报案，我已经知道小偷是谁了，可是我实在想不明白他是怎么从我的汽车里把电视机给偷走的。"

杰克说："你现在把事情经过详细地向我叙述一遍，我看看能不能帮你找到罪犯的破绽。"

弟弟说："昨天，我去镇上买完电视后，就把它放在汽车里。刚到家就听我妻子说我们的邻居摔伤了，于是我就把车子停在院子里，和妻子一起去探望受伤的邻居。"

杰克说："你把电视留在了汽车上？"

弟弟说："是的，由于当时走得很匆忙，还没有来得及把电视放进屋里。等我和妻子从邻居家回来后，就发现汽车里的电视机不见了。我知道电视机是被科迪偷走的，但是他们家距离这儿大约两公里的路程，他又没有汽车，他到底是用什么办法把那台沉重的电视机搬走的呢？仅凭一个人的力气是搬不了那么远的。"

杰克想了想说："或许，他是用你的汽车搬走的。"

弟弟摇摇头说："不可能，我下车时清楚地记得车上的里程计数器显示的是63公里。等我发现电视机丢失后，又去看了一次，车上的里程计数器依然显示63公里。可以看出，科迪并没有使用我的汽车。"

杰克笑着说："不，你错了，他肯定是用你的汽车把电视机运走的，只不过他对你的汽车用了一些小手段，迷惑了你。"

当科迪看到杰克把汽车倒着开进了自己家的院子，就知道自己的罪行已经败露，只好如实交代了自己偷电视机的罪行。

聪明的读者，你知道这是怎么一回事吗？

35. 月黑风高夜

很久以前，英国的鲁哈德爵士为了考验他手下的12名亲卫的忠诚度，就让他们去守卫放置在仓库的一箱珠宝，亲卫们被要求分别守卫在仓库的四周。当晚天气寒冷，风也很大，为了确保他们不至于被冻坏，爵士允许每人生火助暖。

第二天清晨，爵士发现仓库里的珠宝被盗了。是谁违背了军令，偷了珠宝呢？他巡视了每一个亲卫所据守的地点，发现只有一个人脚下的火堆余烬里还有很多没烧完的柴火，其他人脚下的柴火都烧光了。于是，爵士确定，这个人就是窃贼。

那么，爵士为什么会得出这样的结论呢？

36. 奇妙寻宝之旅

一个夏天，探险家布拉齐与助手安伯一起外出旅行。一个偶然的机会，他们在所下榻的旅馆酒窖里发现了一张残旧的藏宝图，藏宝地点是赤道附近的一个小岛。

经过一段时间准备后，两人兴高采烈地收拾好行李，准备到小岛上去寻宝。

他们到达小岛后，依照地图上的指示在某地挖掘，几经辛苦才掘出一个小木箱和一根短树枝。他们欢天喜地地拆开一看，只见里面藏着数张字迹模糊的纸片，上面的文字分别为：一、早上最长；二、中午最短；三、傍晚最长；四、从东西的直线上，在傍晚时往东行10米。

“奇怪，这是什么意思？”助手安伯不解地说。

布拉齐说道：“你当然不明白了，不过我已解开这个谜了。只要我们把这根树枝竖起来，画上不同半径的圆，找出东南西北的方向，问题便能够迎刃而解了。”

果然，按照布拉齐所说的，他们很快便找到了宝藏，他们是如何辨别正确方向的呢？

37. 身高有问题

情人节后的第一个工作日，在冷飕飕的寒风中，煤气送货员突然从一间木屋里飞奔出来，慌慌张张地大叫："快救命啊！屋里有人上吊自杀啦！"

他的叫声立即引起周围人的注意，随即有人报了警。警察在第一时间赶到了现场。

据送货青年说，他来送煤气时，门没有锁，轻轻一推门就开了。他还很奇怪，这家主人怎么不关门。当他进入屋子发现，女主人已悬梁自尽了。

警察边听边观察，发现这间木屋梁高 3.9 米左右；死者身高不足 1.5 米；上吊用的绳子只有 1 米左右；地上有一张侧翻的椅子，大约半米高；附近有一张 1 米高的写字台；再看看送货青年，身高约 1.8 米。

经过仔细观察后，警察认为这个送货青年有重大的作案嫌疑。

请问，警察是根据什么来判断的呢？

38. 厚厚的窗帘

麦克唐纳是一个富有的石油大亨，遗憾的是，他与前两任妻子都离了婚，孩子都被前妻带走，他一个人孤独地生活在郊外的别墅里。

某天晚上，警察局接到麦克唐纳秘书打来的电话，说麦克唐纳在家中上吊自杀了。

麦克唐纳的秘书说："晚上我将麦克唐纳送到房间里，还陪他聊了一会儿，随后我就离开了。正当我开车准备离开时，从窗户中看见麦克唐纳准备上吊。关于这件事，我也有责任。他曾多次问我，什么样的自杀方式最没有痛苦，我告诉他上吊自杀。唉，都怪我。"

"难道你没有冲进去吗？"警长詹林斯问。

"一见这种情况，我就从下面冲了上来。可是，麦克唐纳家的门异常坚固，我使出了浑身的力气才撞开。当我冲进屋里时，发现他已经死了。”秘书说。

詹林斯警长看着被帘子遮得严严的窗户，问这个秘书：“屋里的陈设有没有人动过？”

“当然，一切都是麦克唐纳的布置。”

“那就对了，这证明你在撒谎。”

想一想，詹林斯警长是根据什么来推断的呢？

39. 罪犯的暗示

某地警察局接到线人的消息说，有一批文物将会被倒卖。线人提供了走私分子的手机号码，并说，他们通常是用手机联络。警察当即对线人提供的手机号码进行监控。

一天早上，警察通过监听，发现走私分子说了一句不合常理的话：“朝货已办妥，火车站交接。”

“朝货已办妥”这句话明显不通，是不是犯罪分子故意这样说？警察陷入了沉思。

这时，警长何长顺突然意识到了什么，他说：“我已经知道了答案，他们交货的时间很有可能是这一天的早晨。”

根据何长顺警长的判断，警方顺利抓获了走私分子。

想一想，何长顺警长想到了什么？

40. 关键唱片

川口小智是一个小有名气的词作者，凭借作词，他拥有不菲的收入。一天傍晚，警方接到报警，说川口小智被人杀死在家中。警察迅速赶往现场，发现川口小智躺在地上，要害部位中了数刀。

警察仔细察看了川口小智的家，发现财物并没有丢失，警方判断，这是情杀或仇杀。

在现场搜集证据的过程中，警察发现，川口小智的手中紧紧攥着一张唱片。“他是在向警方暗示什么吗?”警长小山智家自言自语道，“这是贝多芬的第三交响曲，难道凶手与这个唱片有关?”

经过调查，三个人进入警方的视线，分别是井上茂、大竹英雄和冈田武史。这三个人都有作案时间，但究竟是谁呢？小山智家警长一时陷入了深思。

“哦，原来是这样。”小山智家警长好像想起了什么，大声对警员喊，“大竹英雄是犯罪嫌疑人，快，不要让他跑掉。”

想一想，为什么小山智家警长认为作案者是大竹英雄呢?

41. 纸条指证凶手

大学生李红今早被发现死在宿舍里。现场的桌上留下了半杯水，在死者的手边发现了一张写有“library”的纸条和一支笔。经调查，可能杀死李红的有4人：李红的男友、室友A、室友B、室友C。以下是对4人及法医问话的回答：

法医：“死亡时间为昨晚9点左右。死因为氰化钾中毒，从死者桌上水杯中的液体里可以检测出氰化钾。氰化钾是一种剧毒，食用后可令人立即死亡。”

男友：“我昨晚7点到10点一直在图书馆，我每天这个时间都会去那里。我和我女友关系很好，不过最近吵了一架，到现在还没有和好。”

室友A：“我昨天下午就回家了。我和李红关系最好，她常常和我讲她和她男友之间的事。”

室友B：“我昨天5点和朋友出去玩，一直到天亮才回来。我和李红因为琐事吵过架，所以不怎么来往。”

室友C：“我昨晚8点去网吧通宵了，今早才回来。我和李红曾经发生过矛盾，不过和好了，我们关系一般。”

请推理谁是凶手。

42. 现金被盗案

一个星期日的中午，绿庄公寓8号房间的单身职员到距离很近的售货摊上买东西，只离开房间五六分钟，没有锁门，结果5万元现金被盗。报案后，警察问他："公寓里有谁知道你出去买东西？"

"10号房间的北村知道，我出去时他还托我买东西呢。"

警察马上到10号房间查看。一进门，就见北村一边吃方便面一边看漫画。

"8号房间的失盗者出去买东西时，你在哪儿？干什么了？"

"我一直在看漫画呀。"

"你没听见那个房间里有异常动静吗？"

"没有，那时正好有直升机在这座公寓的上空盘旋，噪音很大，一点动静也察觉不到。"

据公寓管理人员说，中午并没有外人进公寓，由此肯定是内部人员干的。

"别的房间里有人在吗？"

"今天星期日，别人出去玩了，只有6号房间里一个叫寺内的青年人在。"

警察又来到6号房间，见寺内正穿着睡衣躺在床上，边吃花生米边看电视。那是台新彩电。

"哎呀，好漂亮的彩电啊！图像一点不闪动吗？"

"从来没有过，这是我3天前才买来的新产品。"

"听到8号房间里有可疑动静吗？"

"没有，一点没察觉到。电视里有我喜欢的歌手在演唱，我看得入了迷，再加上那架讨厌的直升机在盘旋……"

"你说谎。直升机盘旋时你并没看电视，而是溜进8号房间偷钱了吧。"

警察凭什么识破了寺内的手段呢？

43. 门口的雪茄烟头

一天，费斯警官接到报案，说本市著名的女钢琴家卡洛琳在自己的公寓中被杀了。

费斯警官立即赶到现场，进行了调查。现场除了钢琴家门口的地上有一支刚吸了几口的雪茄，没有任何线索了。法医鉴定说，死者是两天前的下午 1 点 30 分到 2 点之间被害的，这个时间是年轻貌美的女钢琴家独自一人在家的时间。

费斯警官调查发现，只有两个人在这段时间内有杀人嫌疑，而且这两个人抽的也都是那个牌子的雪茄。这两个人其中一个是被害者的情人，他与被害人关系十分密切，但最近不知发生了什么事，他们经常争吵；另一个是当地的推销员。

费斯警官低着头，深深地吸了几口烟，忽然眼前一亮，回身对助手说："凶手一定是推销员。"

你知道为什么吗?

44. 鸟类爱好者的谎言

卢德、维特和约翰三个人是纽约的一家颇负盛名的珠宝公司的合股人。去年 1 月，他们一同飞往佛罗里达州，在卢德的别墅度假。

一天下午，卢德带着维特——一位不谙水性的钓鱼爱好者，乘坐游艇出海钓鱼，而约翰这位鸟类爱好者则情愿留在别墅。

卢德是载着维特的尸体回来的。他说维特在船舷探出身子钓鱼，因风急浪大、游艇颠簸，失去重心而落水，待他救起维特时，维特已经被淹死了。

而约翰则说，他坐在别墅后院乘凉，发现一只稀有的橘红色小鸟飞过，他便兴致勃勃地追踪小鸟来到前院，用望远镜观察那只鸟在高大的棕榈树上筑巢。说来凑巧，他的望远镜无意中对准了海面，只见卢德与维特在游艇上扭打成一团，卢德猛地把维特的头按入水中。

验尸报告证明维特的确死于溺水。但在法庭上，卢德的辩解与约翰的证词互相矛盾。法官去拜访名侦探圣弗朗，请他帮助解开疑团。圣弗朗说："约翰的证词是假的。"

你知道为什么吗？

45. 吃了安眠药

某女演员在拍戏时，因事故而毁容。本来花容月貌的她，痛不欲生，时时想自杀了事。除了女演员自己之外，还有一个人也很希望她尽快结束自己的生命，这个人就是女演员的男友——某男演员。如果他在这个时候抛弃了她，对他而言，声誉上肯定会受到影响。男演员左思右想，感觉只有女演员自杀，他才不会背负"负心汉"的恶名。不过，医生每天晚上都会给女演员服用安眠药，为的就是防止她自杀。

那只有一种办法了，就是制造自杀的假象。男演员找到杀手，让他帮助解决此事。

午夜时分，当护士查完房后，杀手悄悄潜进病房，将女演员从病房的窗户上扔了下去，并且还特意在窗框上留下女演员的脚印和指纹。他们都感觉这件事做得天衣无缝。

令他们意想不到的是，第二天，电视上报道，昨天夜里有人谋害了女演员。警方已经开始调查，不久后，凶手就会浮出水面。

他们大惊失色，不知道警方从哪里找到了破绽。

请问，警察是根据什么判断这位女演员不是自杀的？

46. 失火的玫瑰园

这天晚上，名侦探布朗先生的朋友詹姆·雷斯来拜访他。詹姆·雷斯在伦敦郊区有一个漂亮的玫瑰庄园，那里种着闻名全国的玫瑰。布朗先生曾经去参观过那个玫瑰庄园，那里非常漂亮，给人留下深刻印象。

可是，詹姆·雷斯先生的庄园最近发生了一场火灾，玫瑰被烧得所剩无几，心痛难当的詹姆·雷斯希望布朗先生能够帮他找出那个可恶的纵火者。

詹姆·雷斯为他详细讲述了事情的经过：詹姆·雷斯为他的玫瑰专门盖了自动调节温度的玻璃房，让玫瑰在最好的环境里成长。盛夏到来，詹姆·雷斯生怕玫瑰给太阳烤坏了，那天他一大早就起了床，拿出冬天储存下来的干草铺到玻璃房里，并将玻璃房的温度也调到最低。到了傍晚，忽然下起了淅淅沥沥的小雨。雨越下越大，一直下到第二天天亮。詹姆·雷斯望着难得的雨水，高兴地想着，再也不用怕玫瑰给晒坏了。他想趁这时候去买点儿肥料回来，便在中午时分出门了。回来时，他却发现玻璃房的干草已经被点燃，珍贵的玫瑰就这样葬身火海了。等火完全被扑灭的时候，玫瑰也烧得差不多了。

警察赶到现场，在现场只有詹姆·雷斯自己和两个赶来救火的仆人的脚印，此外什么线索也没有。警方一直没有抓到凶手，凶手简直就像幽灵一般。詹姆·雷斯特意给现场拍下了照片，并且在今天拜访了布朗先生，希望他能够从中发现蛛丝马迹。

布朗先生看着手中的照片，只见照片中的玫瑰园已经被烧得满目狼藉，玻璃房中的玻璃槽中还残留着当天下雨时的雨水。

布朗先生沉思良久，突然道："纵火者找到了，那并不是什么幽灵！"

你知道谁是那个纵火者吗?

47. 挂钟里的秘密

黛布拉是一个女间谍，有一次，她接受了一项任务：刺探某国的军情。

为了完成这项任务，她乔装成一个女佣人，来到了军政要人卡尔将军的宅邸中。

经过一段时间的调查后，黛布拉知道了卡尔将军的机密文件全放在书房的秘密金库里。但这个秘密金库的锁用的是拨号盘，必须拨对了号码，金库的门才能开启，而这号码又是绝密的，只有将军一个人知道。

卡尔将军年纪已经很大了，事情又多，近来特别健忘。因此黛布拉推测秘密金库的拨号盘号码，肯定是记在笔记本或其他什么地方，而这个地方绝不会很难找、很难记。

一天夜晚，她用放有安眠药的酒灌醉了卡菲尔，蹑手蹑脚地走进书房。这时已是深夜2点多钟，黛布拉已经查明秘密金库的门就嵌在一幅油画后面的墙壁上，拨号盘号码是6位数。她从1到9逐一通过组合来转动拨号盘，但都没有成功。眼看天快亮了，如果这次不能成功，必然会引起卡菲尔将军的警觉，黛布拉感到有些绝望。

忽然墙上的挂钟引起了她的注意。她发现来到书房的时间是凌晨2点多，而挂钟上的指针指的却是9时35分15秒。这很可能就是拨号盘上的号码，否则挂钟为什么不走呢？但是9时35分15秒应为93515，只有5位数，这是怎么回事呢？她进一步思索，终于发现了6位数密码，完成了刺探情报的任务。

她是怎样找到的呢？

48. 地下室的暖炉

托尼是A国的特工，在B国窃取了机密文件后，返回A国。

两年后，托尼接到命令让他再度前往B国窃取机密。当托尼回到他曾经居住过的房间时，发现桌面、地面上布满了灰尘，地上的电热炉也布满了灰尘。

托尼将地面擦拭干净后，准备阅读他得到的情报。由于屋子太冷，托尼将电热炉打开，电流一通，屋子很快就变得暖和起来。

就在这时，托尼好像意识到了什么，自言自语道："这里已经被人光顾过了，光顾的还不是小偷，而是难缠的对手。可能我的身份暴露了，我得赶快换一个地方。"

想一想，托尼为什么会这样说？

虽然对手很狡猾，但百密一疏，还是在此留下了破绽。

49. 野花盛开的案发现场

马伦夫人住在温哥华市内的一家公寓里，多年来一直过着孤独的生活。她丈夫在几年前因飞机失事遇难，此后她便靠抚恤金和生命保险金维持生活。她因花粉过敏很少外出，喜欢织毛衣和刺绣，是个性格孤僻的女人。

然而，一个夏天的早晨，有人在附近的草地里发现了她的尸体。那是一个风景宜人的小山冈，草地上开满了黄色的小花。

警方推定其死亡时间为前一天傍晚，死因是氰化钾中毒。尸体旁边扔着掺有氰化钾的空果汁易拉罐，空罐上还留着她本人的指纹和唾液。警方还在她的手提包里发现一个日记本，里面抄写有一首美化死亡的诗句。于是，警察把它当作遗书，认定此案为自杀。

可是，当死者的哥哥纳特赶来收尸，并顺便到山冈上查看现场时，就马上向警察提出："刑警先生，我妹妹不是自杀。如果服毒自杀，也绝不会选择这种场所的。而且，她一向喜欢那些悲伤的诗句，可能是以前就抄写好的，并不能认定为遗书。"

刑警问他理由，他很快向警察说明了原因。

之后，警察重新进行了侦查，几天后便抓到了嫌犯。

被害人的哥哥怎么能一眼就看出现场的问题，对妹妹的死因提出疑问了呢？

50. 消失的弹头

费斯警官接到一个酒店经理报案，称在其酒店房间里发现了一具尸体。

费斯警官立刻前往现场，展开了调查。死者是一个名叫阿尔曼的青年男子，费斯警官发现了一个十分奇怪的现象，死者的胸口处有一处伤痕，似乎是被子弹射中而造成的，伤口深达10厘米。

法医随即对尸体进行了解剖，却发现伤口内并没有子弹。

但这是不可能发生的事，死者的伤口明明是弹痕造成，子弹头为什么会不翼而飞呢？在随后的调查中，费斯警官发现，该凶手可能是一名职业杀手，他杀人之后，不想留下任何破案的线索，因而使用了一种特制的子弹。

你知道凶手使用了什么特制的子弹，才能让子弹头消失吗？

51. 画中“凶手”

名侦探卡门先生是一位美术爱好者，一天，他接到富商雷切尔先生的邀请，请他到家中欣赏其收藏的几幅油画。

这天，卡门刚走进雷切尔的家中，便见雷切尔满脸沮丧，遗憾地说：“您要是早来5分钟，说不定我那几幅名画就保住了。”

卡门吃惊地问：“怎么回事？”

雷切尔回答说：“我把这6幅名画都挂在这书房里。10分钟前，我一个人正在这儿欣赏作品，一个歹徒突然闯进来，用枪指着我，命令我脸朝墙站着，他取下了5幅画，又命令我把面前那幅毕加索的油画作品取下来递给他，随即便带着6幅画逃走了。”

卡门问：“这么说，你肯定不知道他的长相了？”

雷切尔说：“不，在镶第6幅画的玻璃镜中我看清了他的长相，我能认出这个人。”

卡门却笑了起来，“尊敬的雷切尔先生，我可不会为你去骗取保险金做证人。你根本没丢什么油画。”

卡门到底发现了什么漏洞？

52. 会移动的墓石

一天，M男爵的遗孀劳拉夫人拜访柯南·道尔，向他谈了一件令人难以置信的事。

她说：“5年前，先夫不幸去世，由于先夫生前爱玩高尔夫球，所以临终时曾嘱咐要给他建造一个像高尔夫球那样形状的坟墓。于是，我依照他的遗嘱，为他建造了一座墓。谁知道从那以后，每年冬天，墓石就会移动一些。”说着，她从手提包里取出一张照片给柯南·道尔看。

这是男爵的墓地的照片。在一块很大的台石上面，放着一块球形的大石头，这个球石就是男爵的坟墓。

“这张照片就是在墓建成之后拍的。球石正面还雕刻了十字架。现在，这个球石差不多移动了1/4，十字架也一点一点地被埋在下面，都快看不见了。”男爵的遗孀说道。

“球石仅仅是在冬天移动吗?”柯南·道尔问。

“是的。这个地方的冬季特别冷，每年一到冬天，我就到法国南部的别墅去，春天再回来，并去先夫的墓地扫墓。这时，总是发现球石有些移动。”

之后，柯南·道尔请夫人带他去墓地看看。

在一堆略微高起的土丘上，墓地朝南而建，四周有高高的铁栅栏围住，闲人不能随便进入。在沉重的四方形台石上面，有一个直径80厘米的用大理石做成的球面，为了不使球面滑落，台石上挖了一个浅浅的坑，球正好嵌在里面。

浅坑里积有少量的水，周围长满苔藓。如果有人用杠杆来移动球石，那么在墓地和苔藓上该留有一道痕迹，可是又一点儿痕迹也没有；如果有人不用杠杆，而用手或身子去推球石，那凭一两个人的力气是根本推不动的。

柯南·道尔摸了一下浅坑里的积水，沉思了片刻后说：“夫人，墓石的移动是一种物理现象。”

他说的物理现象是怎么回事呢?

53. 217 号房间杀人案

保罗是一名优秀的警探，年头忙到年尾，一年也难得休息一两次。在太太的强烈要求下，他终于同意一起去纽约旅行，他们住进一家五星级酒店二楼的一间客房。

深夜时分，突然从走廊传来一个女人尖锐刺耳的呼救声。凭借警察的职业敏感，他循声找去。只见在217号房间门前跌坐着一个年轻妇女，她大声哭喊。从开着的房门能看到房间里的沙发上倒着一个男人。保罗对尸体做了简单检查，发现此人刚刚死亡，子弹穿入心脏致命。

很快，当地警署派来工作人员。年轻妇女边哭边说：“几分钟前，我听到有人敲门。打开门时，门外有一个戴面具的人，突然朝我丈夫开了枪，然后把枪扔进房间就跑了。”保罗搜寻房间，在地毯上发现一支装了消音器的枪，左侧散落着两个弹壳，弹壳相距很近，死者身后的墙上有一个弹洞。

随后，他告诉警署人员：“应该把这位太太带回去讯问。”

他为什么对死者的妻子产生了怀疑呢？

54. 超级名模与金发美男子

清晨，一家侦探事务所接到报案：一所高级公寓内发现了一具女尸。

洛克警长立即带上助手前往案发现场。死者是超级名模丽娜，她的脖子上有深深的勒痕，尸体被发现时躺在床边的地上。死亡时间推定是昨晚9点至10点之间。

法医尸检时观察到被害人的右手紧紧攥着什么东西，一行人费了很大的周折才将手掰开，只见她手指上缠着几根烫过的头发，看此情形，很像是死者在挣扎的时候扯下来的凶手的头发。

经询问丽娜小姐的女佣得知：丽娜的助手霍林曾向丽娜求婚遭拒，并且霍林是烫过头发的，他就住在这栋公寓的9楼。

洛克立即带领几名警员赶到霍林住处，霍林的确是个有金色鬈发的美男子，看上去刚刚理过发。洛克侦探将丽娜被杀的事情告诉了他，并询问他昨晚9点至10点时在哪里。

霍林表示自己就待在房间内看电视，但是提供不出证人。面对洛克警长关于头发的询问，霍林回答剪头发的时间是在昨天中午，理发师可以作证。接着洛克警长拿出放大镜仔细研究了一下霍林的头发，十分肯定地告诉他：“这是你的头发没错，但是不要紧张，你要配合我们的调查，虽说这头发是你的，但是，凶手另有其人。”

洛克警长看着一脸茫然的霍林，启发他道：“最近有没有跟丽娜小姐有过节的人来过你这里？”霍林仔细思考了半天，才问道：“不知道佣人算不算？我跟丽娜小姐有一个共用的佣人，每个星期有固定的两天，那个佣人过来整理卫生。”

“那你有没有发现这个佣人有什么不寻常的举动？”

"我想想，不知道这个信息对你们有没有帮助。那个女佣每次搞完卫生回去后，我都发现我的咖啡和威士忌什么的会少一些。因为也不是什么太大的问题，所以没有太在乎。"

洛克立即下令拘查女佣。

你知道为什么吗?

55. 彩虹抢劫案

一天下午，名侦探布朗先生和费斯警官正在一个餐馆里吃饭，忽然外面下起了一阵大雷雨，驱散了街上的行人。不一会儿，雨停了，天空中竟然现出一道亮丽的彩虹。

两人吃完饭，刚走出餐馆，只见几名歹徒忽然闯入旁边的一家珠宝店，抢了不少首饰。

费斯警官连忙联系警方，组织抓捕嫌犯。警方很快抓获了3名外形符合的嫌疑犯：卡斯兰、阿尔杰和安德烈。

卡斯兰激动地说："什么抢劫?我当时正在北公园附近的小吃店吃面，突然下起雨，我躲了一会儿，雨停了，才走没多远就被抓来了，为什么?"

阿尔杰说："我正走在路上，突然下起了大雷雨，我很怕闪电和打雷，所以就去附近的咖啡屋避雨。等到雨停了，我走到教堂前忽然看到彩虹，就停下脚步观赏。因为看得太久，而且阳光又很刺眼，所以就离开了，可是刚要走就被警察抓住了，到底怎么回事?"

安德烈也接着说："我和朋友一起出来逛街，因为刚好下雨，就只好在一家书店里躲了一会儿。雨停后，我们就分手，各自往家里走去。我没看到什么彩虹，反正什么事我都没做。"

费斯警官沉默了一会儿，断定这三个人中有一个人在说谎，你们知道是谁吗?

56. 公园里的枪声

这天的天气晴朗，又是星期天，福伦警长驾驶着警车，正在一个公园附近巡逻。一大早，孩子们就牵着大人的手，蹦蹦跳跳地走进公园。进到公园后，就放开大人的手，欢呼着往儿童乐园奔去。满头银发的老人们，相互搀扶着，嘴里一边唠叨着，一边慢吞吞地走到树林边，尽情呼吸新鲜的空气。

银行家洛特刚刚退休，他不用再像以前那样，早上一睁开眼睛，就要忙碌到天黑。现在，他每天起床后的第一件事，就是到公园里来散步，反正公园离家不远，只有5分钟的路程。

公园门口，两辆轿车撞在一起，福伦警长把警车停住，准备跑过去处理。这时，公园里忽然传出一声枪响，又传来人们的惊叫声："不好了！有人被杀了！"福伦警长一听，立刻转身往公园里奔去。他来到现场，只见洛特头部中了两枪，倒在地上死了。福伦警长询问旁边的游人，很多人都说，他们也是听到枪声以后才赶来的，没有看到谁开的枪。

这时，有个人拉住福伦警长，轻声说："我叫约尼尔，是公园里的清洁工，我有重要的线索向您报告。"约尼尔说："我刚才在河的对面扫地，远远看见这里有个陌生人在和洛特说话。他的声音很轻，洛特的声音很响，我转身的时候，就听到了枪声。"福伦警长问："你听到他们说些什么了吗？"约尼尔说："距离那么远，我怎么听得见呢？"福伦警长听了以后对约尼尔说："我怀疑你就是凶手！"

福伦警长凭什么怀疑约尼尔就是凶手呢？

57. 奇怪的脚印

星期天的清晨，晨报上的头条新闻让大家唏嘘不已，"身家过亿的年轻银行家查理被发现死在离家不远的街心花园内"。

离这个街心花园不到十米的地方有一个网球场，经法医鉴定，他是被利刃刺入心脏致死，街心花园应该就是案发第一现场。经尸检后推断，死者死亡时间在星期六晚上8点左右。案发当天下午刚下过一场雨，地面潮湿。尸体周围除了死者自己的脚印，还有一个高跟鞋的足迹，非常明显，这双高跟鞋的主人极有可能就是凶手。但让人捉摸不透的是，这两个足迹并不是并行的，除了被害者的足迹，高跟鞋只有离开现场的痕迹。

在受到广泛关注的同时，警方不负众望地锁定了两名嫌疑犯。她们都跟查理过从甚密，并且具备作案动机、作案时间。一个是查理的现任女朋友露莎小姐，也就是查理的秘书；另外一个是查理的前任女友凯勒，她是芭蕾舞教师。他们三人之间存在感情纠葛。

在死者卧房的备忘录中，警方发现上面记着：下午 8 点和凯勒小姐在网球场会面。

经调查，露莎小姐案发时具备不在场的证据。警方迅速将目光转移到凯勒身上，经审讯，凯勒招供，但是，拒不讲述如何能够只在现场留下离开的脚印。自此，案件陷入僵局。

警探安迪思考了一会儿，恍然大悟，他对凯勒说了一番话，凯勒就瘫坐在椅子上默认了。你知道安迪发现了什么吗？

58. 不能自圆其说

一天夜里，在美国曼哈顿的一家高级酒店里发生了一起枪杀案，死者是一家公司的董事长。案发时，死者斜靠在椅子上，手中还握着话筒。

死者住的是一间豪华的客房，地上铺着厚厚的地毯，这家酒店安全措施很到位，为什么凶手可以轻而易举地进入房间？警长哈布森心里想着。

“当时在场的人只有死者的秘书，就是他报的案。”警员汇报说。

哈布森警长叫来死者的秘书，问道：“当时你在哪儿？”

秘书回答说：“当时我正在外面给董事长打电话汇报情况，突然听到两声枪响，接着就听到了凶手逃走的脚步声。我知道出事情了，当即就报了警。”

哈布森警长问道：“你确信听到了凶手的脚步声吗？”

“确定！”

“凶手就是你，你趁死者不注意的时候，开枪打死了他，然后将话筒放进他的手中，伪装现场。”

在哈布森警长的严密推理下，死者的秘书承认自己杀死了死者，如实交代了罪行。

请问，哈布森警长的根据是什么呢？

59. 可疑的发型

盛夏季节，沿海的别墅群成为一些游客消暑的首选之地。碧水、蓝天、沙滩、美女、帅哥……海岸边热闹非凡。然而，就在人们浸泡在海水中尽情享受阳光的时候，一个神出鬼没的贼，连续大半个月在别墅的客房里疯狂作案，有不少游客的贵重物品被盗。

走访了多名失主后，警方已经基本上确定了嫌疑人的体貌特征。专业的画像人员绘制出嫌疑人的模拟像，警察四处派发、张贴，提醒游客注意，并悬赏缉拿。很快，宾馆的前台向警方报告，该宾馆刚刚办理好入住手续的一名客人与模拟像上的犯罪嫌疑人极为相像。

警察们迅速赶到该宾馆，借口查看身份证敲开了这位客人的房门。客人与嫌疑人的长相确实非常相似，唯一不同的是，该客人梳的是大背头，而犯罪嫌疑人则是三七开分头。

在询问中警察得知，该客人已经来海滨半个多月了，最近因为妻子跟孩子回家了，自己只好换一间小的客房。说完，还拿出了自己的数码相机，相机中拍摄的照片都是大背头。

正在警察们疑惑为难的时候，该酒店洗浴中心的经理偷偷给了警察一个建议，说是请他去洗浴中心坐坐便知他是否在撒谎。后来，按照经理所提供的办法，案子果然破了。

你能说出经理提这个建议的原因吗?

60. 凶杀案现场的脚印

联邦调查局的年轻警探布伦特，正在碧海蓝天的海滨别墅里度假。天刚亮，布伦特就去沙滩上跑步，呼吸着新鲜空气的他感到非常愉悦。

当他跑到被礁石阻隔开的另一片海滨沙滩时，发现沙滩上躺着一个体态婀娜的年轻姑娘，蓝白相间的游泳衣上缀着一大朵红色的花朵图案，美妙极了。

布伦特心想：这位姑娘真有雅兴，一大清早就来晒日光浴。于是就走上前去打算搭讪。可是，当布伦特走近了才发现，那根本不是什么红色花朵，而是一摊鲜血。布伦特因为职业的缘故，在当地警方勘查现场的时候自行回避。

度假归来的布伦特心情大好，当他哼着小调来到办公室的时候，感觉所有同事看他的眼神都怪怪的。原来，他被当成了犯罪嫌疑人，当地警方正准备将他带回去审讯。几经盘问后，当地警方实在找不到合适的理由怀疑布伦特，无论作案时间、作案动机、作案条件，都不成立。警方的一句话让布伦特哭笑不得："你说，既然人不是你杀的，那为什么沙滩上最早出现的脚印就是你的？你既然最早发现尸体，为什么不报案？"在了解到姑娘的死亡时间是晚上 7 点后，他只说就是因为在沙滩上留下了脚印才说明凶手不是我，然后凭借一句话为自己洗脱了嫌疑。

他说的是什么呢？

61. 穿红色毛衣的男子

已是初春时分，历经了一冬的严寒，天气终于渐渐回暖，人们都脱掉了厚厚的棉衣，穿上了毛线外套。公园里的小树也渐渐开始有了绿意。年轻的孩子们很愿意在这个时候放下手中的手机，出来呼吸新鲜空气。

虽说已是早春，但天黑得还是很早，这天晚上 7 点多钟，夜幕已经降临，值班员詹姆斯照例开始巡视。詹姆斯走到一个相对偏僻的地方时，听到有小女孩挣扎的哭声，詹姆斯顿时警觉了起来，大喝一声："谁？"声音刚落，就看见一个黑影从密林深处"噌"地蹿了出去。一个穿着白色毛衣的小女孩正坐在树下哭泣。经了解，小女孩与爸爸妈妈走散了，一个人走到这里，被一个穿红毛衣的男人按倒在地，幸亏詹姆斯救了小女孩。

詹姆斯立即想到了最近在公园发生的一系列猥亵案，认为极有可能是同一人所为，于是赶紧向警方报了案。园内所有的出口都被封死了，有 10 多个穿着红色毛衣的男子被截留。

刑警队长观察了一下他们，不等开口询问就直接把一个男人带走了，一番理由说得他哑口无言。

这是为什么呢?

62. 停电之夜

警长威利斯深夜被电话铃声惊醒了。原来有人报案，斯隆公寓发生抢劫案。威利斯警长挂断电话，赶往出事地点。

公寓门前，报警的人正在等候。“是这样的，我是这里的值班人员。一刻钟前突然停电，我刚要出去查看一下原因，一伙人冲了进来。我见他们人多，忙躲进储藏室内。他们直奔外出不在家的卡玛先生和艾利尔先生的房间，撬开保险柜，偷走了卡玛先生的200万美元和艾里斯先生的金表。他们一走，我就立刻报警了。”

“你看清这些人了吗?”

“看清了。他们一共5个人，为首的一个好像是外国人，左脸上有一块伤疤。”

“虽然你很能说，但却破绽百出。你就是窃贼，没错吧!”威利斯警长说。

想一想，威利斯警长为何会做出这样的判断?

63. 被刺杀的证人

经过长达2个月的努力，一个组织系统庞大的国际走私团伙终于要浮出水面。这天，警员在审理一起打架斗殴的案件时，意外发现了该组织的一名核心成员汉尼。经过耐心开导，汉尼答应为此案担任证人，从而获取减刑资格。

为了保护汉尼，警方派出警员24小时在汉尼的病房外值守。谁知，汉尼还是被该组织派出的杀手用无声手枪杀死在病房中。警长亲自调查此事，当时值班的警员是大卫，他说自己一直守在病房的门口不敢大意，这中间只有护士进去过一次，再也没有别人进去。警长仔细观察了一下汉尼遇害的病房，房间的垃圾桶内有吃剩下的大半个苹果、烟头、卫生球等垃圾，警长看过之后就知道有人在半个小时以前来过，警员擅离职守。

警长是如何判断的呢？

64. 白色领带上的调味汁

贝亚特是英国的一位富商，这天他在家中举办了一场家庭宴会，年轻影星凯特也受到了邀请。凯特被女士们围在中间，神采飞扬，尽管平日有些酒量，但由于连着喝了好几杯威士忌，现在也有了几分醉意。

主人贝亚特厌恶地望着得意扬扬的凯特，心里充满了憎恨，因为不久前，他聘请的私家侦探刚把妻子茱莉亚和凯特暧昧的照片放在他面前。

“凯特，今晚你的精神很好啊。”贝亚特一边说着，一边若无其事地晃动着手中的叉子，盘子里黑红的调味汁溅到了凯特的领带上，雪白的丝绸料上顿时污迹斑斑。

“哎呀，真对不起。”贝亚特漫不经心地道歉道。

“不，没什么。”凯特毫不介意，取出手帕欲将上面的污迹擦掉。

这时，贝亚特的妻子茱莉亚走过来说道：“要是用手帕擦会留下痕迹的，洗手间里有洗洁剂，我去给你洗洗。”

“不用了，夫人，我自己去洗就行了。”凯特微笑着回答说。

因有贝亚特在场，凯特假装客气一番，便朝洗手间走去。洗洁剂就在洗手间的架子上放着，他将液体倒在领带上擦拭污迹，擦掉后立即回到宴会席上，边喝着威士忌，边与人谈笑风生。突然，他身子晃了一晃便倒下了，威士忌的杯子也从他手中滑到地上摔碎了。

宴会厅里举座哗然。救护车立即赶来，将凯特送往医院，但为时已晚。死因诊断为酒精中毒死亡，而报复成功的贝亚特在暗地里幸灾乐祸。

那么，他究竟用什么手段杀了凯特呢？

※ ※ ※

答 案

1. 被绑架的富家千金

小女孩被关在窗户朝北，也就是面对丘陵的那间屋子里。这从小女孩所说的“晚上能够感受到海风”这句话可以得到证实。

海岸一到夜晚，陆地上的气温要比海面的温度降得快，这种凉的空气就从丘陵向海上流动，所以从朝北的小窗口吹来阵阵清风。反之，白天由于陆地很快变热，风就改从海上吹来，而在早晚气温相同的时候，海岸上就处于无风状态了。

2. 悍妇笔迹鉴定

是山姆伪造遗书时，为保证笔迹一致，他亲手抄写了一些妻子留下的笔记。因为妻子不学无术，残存的笔记很少，山姆可以在短时间内做到这一点。警方从遗书着手查起，发现遗书的笔迹跟死者笔迹确实一致，但是，遗书的内容完全不像是一个学问不高的人写的，字体也过于苍劲，联想到山姆的职业，很轻松地找出破绽。

3. 血型锁定真凶

根据川口长弘和其妻的血型可知，羽根三郎为A型或B型，所以他不应该是凶手。由于现场并没有留下其他人的痕迹，所以凶手可能是山城宏的妻子卓子和卓子的前夫大平征四郎。但卓子的血型不符，可能是帮凶，大平征四郎才可能是真正的凶手。他们通过假离婚，达到夺取财产的目的。

4. 缠着黑头巾的人

关键在于头发，凶手缠着黑头巾，然后跳河潜走。一来，如果头发被水打湿了，在短时间内很难弄干；二来，打湿的头发弄干之后，必然是很顺的。杨深头发是歪过一边的，说明他一直在睡觉，把一边头发给压歪了；而杨其是个光头，第一点和第二点条件都满足，故张鼎警长说凶手是杨其。

5. 带血的树叶

那片带着血的树叶，说明死者在摔到地面以前已经负伤或死亡，是在从楼上下坠过程中，死者的血洒在一楼外窗台上的树叶上，因此是他杀。如果是不慎失足坠到地面以后出血的，那么血就不会落在上面的窗台上了。

6. 爱因斯坦的谜题

德国人养鱼。

挪威人住黄屋子，抽 Dunhill，喝水，养猫；

丹麦人住蓝屋子，抽 Blends，喝茶，养马；

英国人住红屋子，抽 PallMall，喝牛奶，养鸟；

德国人住绿屋子，抽 Prince，喝咖啡，养鱼；

瑞典人住白屋子，抽 BlueMaster，喝啤酒，养狗。

7. 情人节买花

花店就是从右边数的第二家。

根据前三个的条件，旅店不在茶店、书店和酒店的旁边；所以旅店应该是两头的两家店里的一家。而它的旁边就是茶店、书店和酒店以外的花店了。花店的旁边不是茶店或酒店，那就是书店了。

根据第二个条件，酒店不在书店的旁边，所以下一家应该是茶店。那么，剩下的酒店就是在两头的两家店中的一家。但是，茶店的墙是上了颜色的，所以茶店应该是左数过来的第二家。依此类推，就可以推出答案的顺序了。

8. 这块地种的什么？

包公依照最基本的农业常识推理，得出了结论：第一年地里种了玉米，那么第二年地里结的红薯就是甜味的；而第一年地里种了烟草，第二年地里的红薯就会味道发苦。两位老农尝完红薯的口感便明白了地界分割方法。

9. 服务员的证言

法医鉴定死者的死亡时间是昨天晚上 10 点到 12 点，在秋天的季节里，人死了这么长时间，身体就不会有温度了。而这个服务员却说早上来时，死者还有体温，明显就是谎言。

10. 左轮手枪和百万美金

其一，文森说从一支左轮手枪里射出7颗子弹，是不切合实际的；其二，密码箱里的美金已经相当凌乱，并且还沾上了文森警长的血手印，通过这两点证实了侦探莱尼的推断是合理的、正确的。因此，侦探莱尼会认为文森警长与歹徒是同伙，并且想独吞这100万美金。

11. 没有影子的目击者

是雷达。因为箱子是铝合金做的，所以雷达基地发射的雷达波碰到箱子后，会反射回来，并显示在雷达的屏幕上。

12. 学生公寓的枪声

格伦听到了后门有声音，证明桑尼的确在命案发生前回了家，并且被电线绊倒了，这样，扯出插座的电线，又证明了桑尼说的是实话。

可是，既然桑尼摔倒，扯出了电线，正在修车的比尔就应该突然陷于黑暗之中，可比尔却没有向亨利提到他的电灯突然间熄灭，这是因为此时他正悄悄地上楼，杀死了哈里，电灯熄灭了他根本不知道。

13. 透明的湖

警察想起了被害者有恐高症，并且单身宿舍也是在一楼的事情。

多数有恐高症的人，是不会轻易乘船去深海和湖泊游览的，因为在透明度那么高的湖泊里，犹如在高楼上，一定会感到头晕目眩，两腿发软，所以死者一定是被移尸到那里的。

14. 形迹可疑的花匠

养过花的人都知道，夏天中午温度很高，植物要通过蒸发水分来散热，此时若给植物浇水，植物根部突然遇冷，会影响对水分的吸收，造成植物死亡。一个自称工作了三年的花匠怎么可能犯这种低级错误呢?

15. 是谁开了枪?

凶手在行凶时，手枪是放置在门孔上的，当瑞德先生想要看清楚是谁时，凶手就扣下扳机，一枪要了瑞德先生的命。

16. 案发现场的扑克牌Q

宠物医院院长就是杀害死者的凶手。Q是英文皇后（Queen）的缩写，也就暗示是女人，而嫌疑犯中只有宠物医院院长是女性。

17. 福尔摩斯也出错

问题就出在钥匙的指纹上。

一般人开钥匙时，都使用拇指和食指，不过用的是食指的关节旁边部分，而不是指尖部分，这样才能转动钥匙，所以钥匙柄处，留的是拇指处指纹，而不会是食指的指纹。

18. 是谁的方糖?

那具烧焦的尸体上带着方糖，一定是这个男子出门有需要方糖的地方，只有骑马爱好者，才会随身携带，这是练习骑马时喂马用的。所以，死者是南川伸一。

19. 卡萨尔斯在哪儿?

卡萨尔斯被囚禁在新西兰。从窗户板子的缝隙孔射入细小的光线，照在地上的亮点从左向右移动，这就是证据。在南半球，太阳从右向左运行，试想窗子朝北，便容易理解。在南半球，南面的窗子感受不到阳光。如果是北半球的加拿大，正相反，太阳从左向右运行，所以，照在地上的光点，应该从右往左移动。

20. 奇怪的列车抢劫案

他俩说自己呼救和用脚踢门的声音因为火车行进时的声音太大，没有人能听得见，那为什么琼斯却听见了隔壁车厢轻轻的敲门声呢?这显然是自相矛盾的，由此可以断定琼斯和德里克是在编造谎言。

21. 不翼而飞的几百万元

保安说他在玻璃被打碎前拉上了窗帘，如果真的是那样，小偷打碎玻璃时，碎玻璃被窗帘挡住，就不会落得满地都是了。所以罗特判断这个人在说谎。而盗窃这么大一笔钱不可能是一个人单独作案，肯定是有预谋的团伙作案。

22. 卡洛尔谜题

不能。

由（1）知：标有日期的信——用粉色纸写的；（2）知：丽萨写的信——“亲爱的”开头；（3）知：不是约翰写的信——不用黑墨水；（4）知：收藏的信——不能看到；（5）知：只有一页信纸的信——标明了日期；（6）知：不是用黑墨水写的信——做标记；（7）知：用粉色纸写的信

——收藏；（8）知：做标记的信——只有一页信纸；（9）知：约翰的信——不以“亲爱的”开头。

综上所述：丽萨写的信——不是约翰写的信——不是用黑墨水写的信——做了标记——只有一页信纸——标明了日期——用粉色写——收藏起来——皮特不能看到。所以，皮特不能看到丽萨写的信。

23. 不在场的漏洞

如果照德克所说，昨天晚上他曾经烧过热水，那么烟囱上的积雪一定会融化掉。但是霍尔却在进屋前发现德克家的烟囱上仍然覆盖着厚厚的积雪。显然，德克是在说谎。

24. 漏洞在哪里？

罗斯。

洛克就坐在那把椅子上，他感觉很凉，这说明这把椅子很久没有人坐了。

25. 怎样“揪”出大毒枭？

由于调味料的用量比较少，不可能每天用完。但厨师仍然天天到调味料店采购，行径相当可疑，因此断定是厨师往船上运送毒品。

26. 盗贼留下的手表残物

时间是2时12分。

27. 跳车的姿势

探长的判断是正确的。

如果是跳车，那么尸体和两个旅行包应该距离很近，实际情况并不是这样。何况，当时火车上并没有警察要抓拉福特，他完全没有必要跳车。而且，从现场看，死者是头朝下着地的，跳车者一般不会取这种姿势。这只能说明死者是被人抛下火车的，其他东西又陆续被抛下来。

28. 冬夜里的谋杀案

卢德用了四十多分钟才赶到现场。而史密斯夫人声称自己在发现丈夫被害的同时，就看到窗户大开。但是，卢德赶到现场时，史密斯夫人还穿着睡衣，屋子又很暖和，因而可以判定她并没有说出真相。

29. 离奇爆炸案

嫌疑犯可以先在老人的电话机上安放一个能使电话线短路的装置。然后，他让老人吃下安眠药，等老人入睡以后，他就打开煤气灶的开关，让煤气跑出来，他则乘车到那度假村去。

当他估计老人房间里已充满煤气时，就在度假村打电话到老人家。这时电话线因为短路而溅出火花，引起煤气爆炸。电灯线和电话线是两条线路，电灯停了电，电话还是通电的。

30. 浴缸谋杀案

据报案人所述，其妻子应该在 10 点 15 分前遇害，那么在他赶回家中的 11 点左右，浴池中的肥皂泡早就消失了。因此法医认为报案人在说谎。

31. 警长的根据

从落叶上分析的。如果车子在森林中停放两天，车内的尸体一定会堆满落叶；如果车上落叶很少或者基本上没有，证明车子放到这里时间不长。而罪犯只能步行离开，在大森林里这样做既容易留下痕迹，又不容易走远。

32. 晒不黑的手

左手拇指应该是晒黑了的。写生油画时，因一只手端着颜料板，被板遮住晒不着。但是，只有拇指露在颜料板的窟窿外面，会被晒黑。而安妮的左手五个指头都像白鱼一样白，所以才引起艾伦的疑心。

33. 怪盗 H 的谎言

从右侧上马是不对的。西方的骑术，哪怕是左撇子也必须从马的左侧上马。怪盗的照片，为了把上午 10 点钟弄成下午 2 点来骗人，有意将底片翻过来洗，却忽略了上马的位置。

34. 偷电视的贼

汽车在倒车时，里程计数器上的数字就会倒转。科迪正是利用计数器的这一特性，倒着开车把电视偷走的。然后科迪又正着把车开回来，所以车上里程计数器仍然显示 63 公里。

35. 月黑风高夜

问题出在火堆上。首先，当晚天气寒冷，寒风凛冽。这么大的风，火堆很容易被吹散，就算没被吹散，也会有相当数量的木柴上的火被吹灭无法充分燃烧。让火堆持续燃烧下去的办法只有一个，那就是不断地维护火堆，向里面添加柴火。

因此，没有烧净的火堆说明这个火堆在燃烧的过程中有一段时间是无人维护的。那么冷的天气，这名守卫不待在火堆旁边护火，会去干什么呢？显然，他是去偷珠宝了。

36. 奇妙寻宝之旅

太阳在正南方时，树枝的影子最短，把这个影子延长，可画出南北方向的直线，从而得到上午与下午的时间。中午时两个影子相叠，此时将影子顶端连起，画出东西方向的线，进而找到藏宝地点是在傍晚向东行10米左右，便可挖到宝藏了。

37. 身高有问题

以死者的身高，她根本不可能悬梁自尽，她是被人杀死后，才挂上绳索吊上去的。送货青年是第一个发现死者的人，因此他最有作案嫌疑。

38. 厚厚的窗帘

秘书说屋子里的陈设没有动过，那么厚厚的窗帘也是麦克唐纳拉上去的。既然窗户被厚厚的窗帘遮住了，从外面怎么能看见里面的情况呢？秘书明显是在撒谎。

39. 罪犯的暗示

将“朝”字拆开，就是“十月十日”之意，“朝”是指“早晨”，走私分子将在“十月十日早晨交易”。

40. 关键唱片

川口小智手中攥着的是贝多芬的第三交响曲，第三交响曲又称英雄交响曲。被害者在临死前攥着这个唱片，目的是暗示警方，大竹英雄是凶手。

41. 纸条指证凶手

凶手是室友A。

从现场的纸条上看，“library”是英文“图书馆”的意思，因为男友说自己经常去图书馆，并且最近和李红吵过架，所以很容易让人以为男友是凶手。但氰化钾是一种让人吃后立即死亡的毒药，所以死者不可能有时间写纸条，因此纸条是凶手留下故意陷害男友的。

因为李红常常和室友A讲她和她男友之间的事，所以室友A是既知道李红和她男友吵架，又知道李红的男友每天都去图书馆的人，故室友A是凶手。

42. 现金被盗案

附近有直升机干扰，电视定会出现“雪花”。寺内既说自己在房间看电视时有直升机在公寓上空盘旋，又说电视机的图像从没有过闪动的情况。

这是不可能的。即使是新电视，由于电波干扰，图像照样会紊乱。

43. 门口的雪茄烟头

如果凶手是死者的情人，他是不会把刚吸几口的雪茄丢在门口的，因为他经常出入被害人的家，嘴上叼着雪茄进进出出是很平常的，而推销员就不同了。推销员每当走进一户人家时，出于礼貌，他都会在门口灭掉雪茄，所以，烟头是推销员的。

44. 鸟类爱好者的谎言

约翰的证词说明他对热带植物的了解少得可怜。很明显，他并没有像他所说的那样看见一只鸟儿在棕榈树上筑巢，因为棕榈树没有树杈，鸟儿在上面难以筑巢。由此看来，他的证词是假的。

45. 吃了安眠药

女演员晚上吃了安眠药，一个吃了安眠药的人，半夜里是不可能自己起来跳楼的。

46. 失火的玫瑰园

玻璃凹槽在盛满了水的时候，就变成了一面凸透镜。太阳光通过这一排凸透镜聚焦到干草上，便引起了大火。

47. 挂钟里的秘密

如果把它设为21时35分15秒，就变成了6位数，即213515。

48. 地下室的暖炉

如果是小偷光顾了这间屋子，见屋子好久没人住过，没有发现贵重物品，会立刻走掉，这样地板上必定会留下脚印。而地板上并没有留下脚印和其他可疑的印记，显然不是小偷所为。

那么，托尼为什么意识到有人进了房间呢?

当托尼打开电暖炉后，没有闻到灰尘烧焦的味道。如果没人来过，电热丝上应该布满了灰尘。

49. 野花盛开的案发现场

被害人的哥哥发现妹妹尸体所在山冈的草地里野草丛生，并盛开着黄色小花，因此对妹妹的“自杀”产生了怀疑。因妹妹患有花粉过敏症，如果到开满野花的草地里，就会马上连续不断地打喷嚏，涕流不止。所以，她是绝不会特意选择到这种场所自杀的。

50. 消失的弹头

凶手使用的子弹的确是特制的，是利用死者同血型的血液经过速冻后，变成固体，再做成的子弹头。由于死者的体温使血液弹头融化，结果子弹头就消失了。

51. 画中“凶手”

雷切尔说自己从镶画的玻璃镜中看到了歹徒的长相，这是他的漏洞，因为油画从来不用玻璃框镶。

52. 会移动的墓石

这个地方冬天非常冷。由于下雨落雪，使坑里积了水，到夜晚就结成冰。白天，这坑里南面的冰因受太阳的照射，又融化成水，而北面由于没有太阳照射，仍结着冰。这样，北面的水结成冰，而南面的冰又融化成水，沉重的球面便渐渐地出现倾斜，从而非常缓慢地向南移动。其正面的十字架，必然也会渐渐地被掩埋起来。这种物理现象，就是男爵的墓石移动的原因。

53. 217 号房间杀人案

如果真像她所讲的那样，歹徒是在门外朝她丈夫开枪，弹壳就不会落在房间里，也不会落在左侧。因为从自动手枪里飞出的弹壳应该落在射手的右后方。

54. 超级名模与金发美男子

发梢的形状不同是关键所在。洛克用放大镜对比了从被害人手里拿来的头发和刚从头上拔下来的头发。发梢的形状不同。霍林的头发是昨天中午刚理过的。发梢被剪得很整齐，而死者手里攥着的头发发梢是圆的，也就是说是理发之前的头发。凶手女佣人因为盗窃被丽娜发现而将她杀害，为了嫁祸给霍林，在给他打扫房间时偷了几根梳子上的头发，放在了被害人的手里。

55. 彩虹抢劫案

强盗是阿尔杰，因为彩虹的位置永远和太阳相反，所以看彩虹时绝对不会觉得阳光刺眼，他在彩虹出来时抢劫了珠宝店，走出来后发现天边有彩虹，就编出了这个不合情理的谎言。

56. 公园里的枪声

约尼尔说的话自相矛盾，他说听不见河对面两人说些什么，那么，他怎么可能听到一个说话的声音响，另一个说话的声音轻呢？

57. 奇怪的脚印

凯勒是芭蕾舞教师，案发当日，她穿着芭蕾舞鞋，利用脚尖走路的方法来到网球场，然后将死者杀害，再坐在尸体上换回高跟鞋，顺着现场遗留下的芭蕾舞鞋的印迹走回去，这样自然就没有来时的脚印了。

58. 不能自圆其说

死者所住的酒店安全措施很到位，如果是陌生人，死者不可能开门，凶手必定是死者熟悉的人。另外，地板上铺着厚厚的地毯，人在上边跑，很难听见脚步声。死者的秘书说听到响亮的脚步声，这证明他在撒谎。

59. 可疑的发型

经理的建议是：把该客人带到洗浴中心剃成光头，三七开式的分界线就会明显地暴露出来。因为盛夏季节，在海滨住了半个月以上，分界处的头皮和面部一样会受到日光的强烈照射，头发剃光后，光头上就会出现一条深色的分界线，是不是贼瞬间就能看出来。

60. 凶杀案现场的脚印

"姑娘死于晚上 7 点，7 点正是退潮的时间。要真是我杀的，我如何把自己的脚印留在沙滩上？"

61. 穿红色毛衣的男子

毛织物在摩擦之后会产生静电，而静电对于毛织品又具有吸附的作用。当嫌犯与女孩儿接触的时候，双方的毛衣摩擦起电，吸附双方毛衣上的毛绒。刑警队长正是通过对比两个毛衣上的毛绒，最终确定了嫌犯的。

62. 停电之夜

第一，既然停电了，周围会漆黑一片，怎么可能看清对方是几个人呢？第二，即便有些光亮，但也看不清对方偷了多少东西，也不可能看出对方是哪个国家的人。

63. 被刺杀的证人

警长是根据苹果的氧化程度推断的。

64. 白色领带上的调味汁

洗洁剂中含有一种无色味香的四氯化碳。凯特用这种洗洁剂擦拭领带上的污迹时，吸入了足量的四氯化碳有毒气体，尤其是当饮酒过度时，一旦吸入，就会导致死亡，而且证据不明显，所以，往往被误认为酒精中毒死亡。贝亚特为了让凯特吸入这种气体，故意在他领带上溅了调味汁。